사이버 심리

Monica T. Whitty and Garry Young 저
신성만 금창민 김병관 김예나 신윤정 정여주 역

Cyber Psychology

THE STUDY of INDIVIDUALS, SOCIETY and DIGITAL TECHNOLOGIES

박영story

PREFACE
역자서문

불, 화폐, 바퀴의 발명 등은 인류 문명의 양상을 대단히 극적으로 변화시켰다. 인터넷과 그에 따른 사이버 공간의 탄생은 마치 상상 속에서만 꿈꾸던 4차원의 세계가 인류에게 펼쳐진 것처럼 인간 생태의 양상을 급속하게 그리고 본질적으로 변화시켰다. 이러한 사회문화적 관계의 양상변화는 이전의 불이나 화폐 그리고 바퀴의 시작처럼 그에 따른 어두운 측면들도 함께 가져다주었는데 이 책은 사이버세상에서 어떻게 우리가 심리적 균형과 유연성을 지키며 경직되고 극단적인 양상으로 빠져들지 않을 수 있는가에 대한 화두를 던져준다.

보통 이민 1세대 가족들은 육체노동을 중심으로 하루하루 생계를 유지하며 새로운 세상에 정착했다. 2세대는 의식주와 관련한 직업을 중심으로 부를 축적해 갔다. 우리 한인들이 미국에서 세탁소, 슈퍼마켓, 음식점들을 했던 것과 유사할 것이다. 3세대 정도 되면 전문직 종사자들이 등장하기 시작한다. 의사, 변호사 등 부의 안정적인 축적과 사회적 존경을 받는 직업을 탐색하게 된다. 4세대에 오면 예술가들이 나오기 시작한다. 부모세대의 안정적 부를 기반으로 잉여시간과 잉여재화를 바탕으로 자신들의 예술적 창의적 자아를 실현해 나가기 시작한다. BTS나 최고의 영화, 손흥민을 배출한 우리사회는 아마 4세대 언저리에 와 있는 것이 아닐까 싶다.

이러한 성장의 양상은 항상 모두에게 성공적일 수 없기에 그에 따른 그늘을 만들어 내는데, 1세대는 2세대에게 거친 상호작용과 절제되지 못한 의사소통, 감정표현 등을 통해 조현병이나 양극성장애 등과 같은 보다 원초적인 정신장애를 촉발시키고, 2세대는 3세대에게 부모세대로부터 받은 강렬한 의사소통 양상에 더해 경쟁에서 이겨야 하는 필요를 포함시켜 전달하여 결과적으로는 우울이나 불안, 그리고 강박을 경험하게 만들기도 한다. 3세대는 4세대에게 현실과 이상의 크나큰 괴리를 경험하게 하는데, 이는 아무리 노력해도 부모세대만큼 잘 살 수도, 사회적으로 인정받을 수도 없다는 깊은 좌절을 경험하게 함으로써 자아상의 경계가 과도하게 확장되거나 축소되게 만들어 놓기도 한다. 그래서 쉽게 트라우마에 노출되고 중독에 빠져드는 세대가 양산되는 것이다.

사이버공간은 그것 자체로는 매우 유용한 도구이지만 현실을 살아가고 있는 우리 세대의 취약성과 맞물리면 어두움과 고통이 스며 나오는 공간으로 변질될 수도 있다. 피할 수 없는 변화라면 무엇보다도 잘 준비하여 잘 맞이하는 것이 현명할 것이다.

이 책 사이버심리는 이 분야의 탁월한 저자들이 최신의 연구들을 엮어 펼쳐낸 우수한 내용의 책이다. 번역진으로 참여한 교수님들의 면면도 우리시대의 사이버심리학 분야를 앞서서 전문적으로 관여하며 다양한 측면의 통찰을 확장시켜 오신 분들이다. 우리나라에서 이 분야의 특수성을 제대로 녹여 낸 최초의 전문 서적이라고 역자대표는 확신한다. 우리나라 사회문화와 경제적 측면이 점점 더 그 구성원들로 하여금 유약한 자아경계를 가지게 하고 정보의 홍수 속에서 무분별하게 쏟아져 들어오는 타인의 이야기들로 욕망을 부추기는 시점에 이 책 사이버심리는 반드시 사전에 맞아 두어야만 하는 백신과도 같은 책일 것이다.

출판에 도움을 주신 박영스토리 출판부와 대표님께 감사드리고 아무쪼록 이 책이 독자 여러분들에게 배움의 기쁨과 성장을 경험하게 하고 더욱 균형 있고 건강한 사이버생활을 할 수 있게 돕는 역할을 잘 감당하길 기도해 본다.

2024년 1월
포항 한동대학교 연구실에서
역자 대표 신성만

CONTENTS
차 례

QRコ드를 스캔하시면 참고문헌을 확인할 수 있습니다.

01

들어가며

디지털 기술은 우리의 일상생활과 직장생활 모두에서 중요한 역할을 하고 있으며 앞으로도 그 중요성은 계속 증가할 것이다. 이러한 중요성을 고려할 때, 사이버 심리학이 심리학의 새로운 하위 분야로 부상하고, 이를 미디어 및 커뮤니케이션, 철학, 사회학, 범죄학, 보안 연구와 같은 학문들뿐 아니라 많은 주류 심리학 학위과정 안에서 다루고 배우는 것은 놀라운 일이 아니다. 사이버 심리학에만 초점을 맞춘 유명하고 영향력 있는 저널들도 계속 존재해왔다. 이 주제만을 다루도록 기획된 학회도 점점 더 인기를 얻고 있다. 전 세계적으로 사이버 심리학 석사과정이 생겨나고 있고, 인터넷이 계속해서 성장하여 사람들의 삶에 새롭고 도전적이며 흥미로운 방식으로 영향을 미치고 있기 때문에 사이버 심리학 석사과정에 지원하는 학생들도 지속적으로 증가하고 있다.

사이버 심리학은 개인, 사회, 디지털 기술, 그리고 이들이 상호작용하는 방식에 대한 심리학을 연구하는 학문이다. 사이버 심리학은 심리이론을 적용하여 사이버공간에서 개인이 상호작용하는 방식과 이러한 상호작용이 오프라인 생활에 어떤 영향을 미칠 수 있을지를 설명한다. 이는 자아와 사회를 정의하는 새로운 방법을 제시한다. 이 책에서는 사이버 심리학의 폭과 깊이를 다루려고 노력했지만, 학문이 확장됨에 따라 새롭고 흥미로운 영역과 초점이 포함될 가능성이 높다.

이 책은 심리학 학부생과 대학원생들뿐 아니라 심리학을 강의안에 포함시켜 교육과정을 제공하는 유관 학위과정의 학생들을 위한 교재이다. 이 책은 사이버 심리학 분야에서 수행된 주요 이론과 경험적 연구를 설명하는 것을 목표로 한다. 또한 실제 문제와 사건을 고려하고 이 분야의 이론이 이러한 문제에 대한 우리의 이해를 어떻게 더 넓힐 수 있는지를 고려한다. 또한 독자들이 새롭고 관련성 있는 문제들에 관심을 갖도록 유도하여 기존의 문헌을 비판적으로 평가하고 특정 이슈에 대해 자신만의 입장을 취하도록 장려한다.

이 책은 사이버공간에서 '자기'를 정의하는 복잡한 문제에 초점을 맞추고 인터넷이 자기를 바라보고 이해하는 방식을 변화시켰다는 주장을 제시하는 것으로부터 시작한다. 2장에서는 자기에 대한 전통적인 이론, 예를 들어 특성 이론, 사회정체성 이론, 가능한 자아, 사회구성주의적 접근법, 포스트모던적 자아관 등을 살펴본다. 그 다음에는 사이버공간에서 자기가 어떻게 이해되어 왔는지에 대한 역사를 살펴본다. 이 장에서는 개인이 사이버공간에서 정체성에 대한 새로운 통찰력을 탐구하고 얻을 수 있다고 이론화한 터클(Turkle)의 초기 연구를 살펴보고자 한다. 인터넷에 대한 이러한 유토피아적인 관점을 수용한 다른 이론가들도 이 장에서 다루어지고, 특히 헤러웨이(Haraway)와 같은 페미니스트 이론가들도 함께 논의된다. 한편, 터클(Turkle)은 최근 들어 자신의 초기 주장을 철회하고 디지털 기술이 새로운 고독감을 초래할 수 있다고 주장하며 정반대의 견해를 취하고 있어 이 점도 유의할 필요가 있다. 포화된 자기에 대한 게르겐(Gergen)의 이론도 새로운 기술이 자아의 분열을 가져왔다는 그의 견해와 마찬가지로 여기에서 강조된다. 또한 2장에서는 고프만(Goffman)의 '수행적 자기', '가능한 자기' 이론과 사회정체성 이론 등 전통적인 자기 이론이 사이버공간에서 자기를 표현하는 방식에 어떻게 적용되었는지도 간략히 설명한다. 마지막으로, 이 장의 마지막에서는 사용자가 시각적으로 익명을 유지할 수 있는 공간이 거의 없기 때문에 온라인 자기 이론에서는 사용자가 시각적으로 익명을 유지하는 공간과 자신의 이미지를 제시하는 공간의 차이점과 시각적으로 자신을 제시하기 위한 선택에 대해 고려할 필요가 있다는 점을 다룬다.

3장에서는 친구와 연인 사이의 온라인 관계를 연구한 몇 가지 이론과 고전적인 연구들을 소개한다. 먼저 사회진화이론, 사회침투이론, 교환이론, 형평성이론 등 물리적 영역에서 관계들이 어떻게 발전하는지를 설명하는 관계 발달에 관해 잘 알려진 이론들 소개로 시작한다. 이후 이러한 이론들이 온라인 관계의 발달을 설명하는 데 어떻게 사용될 수 있는지 살펴보고 몇 가지 한계를 지적한다. 이러한 단점들을 감안하여 실제 세계와 비교하여 사이버공간에서 시작되고 발전하는 일부 관계의 고유성을 설명하기 위한 이론들이 개발되었는데, 관련하여 '억제효과', 사회적 존재감 이론, 사회정보처리 이론, 초개인적 커뮤니케이션 이론 등을 간략히 설명한다. 또한 온라인 관계 맺기의 간략한 역사를 살펴보고, 기술이 발전함에 따라 관계 맺기가 어떻게 변화해왔는지, 특히 어떻게 텍스트 중심의 공간에서 대역폭이 넓고 시각적 익명성이 보장되는 공간으로 변화해왔는지에 대해 자세히 설명한다.

온라인 데이트는 데이트 상대를 찾는 데 적절하게 보이지 않는 오명을 쓴 방식으로 인식되어 오다가 다양한 연령대의 많은 국가에 걸쳐 있는 매칭 방법으로 변화해왔다. 4장에서는 이러한 현상에 특별히 초점을 맞추고, 3장에서 설명한 이론을 바탕으로 온라인 및 물리적 영역에서 관계의 시작과 발전 양상이 어떻게 다른지, 또 어떤 공통점이 있는지를 살펴본다. 예를 들어, 일부 연구에서는 수줍음이 많은 사람이 사회적으로 자신감 있는 사람에 비해 데이트 사이트를 이용할 가능성이 더 높다는 사실을 발견했다. 또한 온라인 데이트 사이트에서 자기가 상품화된다는 개념과 자신을 소개하는 방식은 부분적으로 자신의 어떤 측면이 원하는 데이트 상대를 끌어들일 가능성이 높은지에 따라 달라진다는 점을 살핀다(이러한 동기는 때때로 데이트 상대가 키와 몸무게 등 자신의 특정 측면에 대해 거짓말을 하는 속임수로 이어지기도 한다). 또한 새로운 데이트 앱의 등장으로 인해 온라인 데이트 과정에 대한 사용자의 경험이 변화되고 있다는 점에 주목하여 온라인 데이트 과정의 단계들을 살펴본다.

5장에서는 온라인 성행위에 대해서 다룬다. 인터넷 초창기에도 사람들은 에로틱한 텍스트 커뮤니케이션의 형태로 사이버섹스를 했다는 점에 주목한다. 이 장에서는 사람들이 사이버섹스에 참여하는 이유에 대해 잘 인용된 몇 가지 논문들을 간략하게 소개한다. 예를 들어, 트리플 A 엔진은 쿠퍼(Cooper)와 그의 대학에서 제시한 모델로, 인터넷의 경제성, 익명성, 접근성 때문에 처음에는 일부 개인이 이 공간에 이끌려 성행위에 참여하게 되었다고 주장한다. 쿠퍼(Cooper)는 이러한 사람들 중 일부가 사이버섹스 강박증에 걸렸다고 믿었다. 이 장에서는 사이버섹스와 관련된 몇 가지 문제점과 사이버섹스의 해방적인 측면에 대해 자세히 설명한다. 현대에도 여전히 존재하는 문제 중 하나는 인터넷이 위험한 오프라인 성적 만남을 가능하게 한다는 점이며, 온라인에서 성파트너를 찾는 것과 성병(STI) 감염 사이의 상관관계가 밝혀진 연구 결과도 있다. 이 장에서 설명하는 섹스팅 역시 문제가 될 수 있고 때로는 불법적인 활동이다. 그러나 반대로 인터넷은 의사에게 물어봐야 한다는 부끄러움 없이 쉽게 접근할 수 있는 성 관련 건강 정보를 제공하므로 성병의 전염을 예방할 수 있다.

6장에서 논의하겠지만 일부 사람들은 인터넷 외도를 부부의 삶에 실질적인 영향을 미칠 수 있는 불륜 혹은 배신으로 인식하고 있다. 이 장에서는 최신 이론과 경험적 연구 결과를 바탕으로 인터넷 외도를 정의한다. 온라인과 오프라인에서 발생하는 관계 위반의 성적, 정서적 측면을 살펴본다. 또한 이 장에서는 남성과 여성이 물리적 세계에서 질투하는 이유를 설명하는 이론(예: 사회진화론 및 사회인지적 접근법)과 이러한 이론이 사이버공간에서도 현실세계와 유사하거나 거의 동일한 활동들에 대한 질투를 설명하는 데 적용될 수 있는지에 대한 비판적 검토를 함께 제시한다. 인터넷 불륜에 대한 연구는 부족하나, 이 장에서는 온라인과 오프라인 불륜의 질적 차이점을 몇 가지 지적한다. 예를 들어 온라인 불륜은 사람들의 일상과 분리되기 쉬우므로 불륜을 저지르는 사람들이 불륜이 관계 위반이 아니라고 합리화하기가 더 용이하다. 또한 아바타와 사이버섹스를 하는 것이 '실제' 배신 혹은 불륜에 해당되는지도 고려해야 한다. 여기에서는 세컨드 라이프(Second Life)에서 파트너와의 사이버섹스 활동으로 인해 상처와 배신감을 느낀 실제 사례를 몇 가지를 소개한다.

수년 동안 디지털 격차에 대한 많은 논의와 담론들이 존재해왔다. 어떤 이들은 사회계층 간의 격차와 관련하여 논의하기도 하고, 어떤 이들은 연령 간의 차이(예: 디지털 네이티브 대 디지털 이민자)를 고려하기도 한다. 7장에서는 디지털 네이티브, 즉 어린이와 청소년의 디지털 기술 사용에 초점을 맞춘다. 그러나 단순히 젊은이들이 디지털 기술을 생활에 쉽게 적용하는 것만을 다루지는 않는다. 또한 인터넷이 생기기 이전부터 젊은이들이 해결해야 했던 문제(예: 성, 행동주의)와 이러한 문제가 사이버공간에서 어떻게 다뤄지고 있는지도 고려한다. 디지털 기술의 사용이 청소년에게 해가 될 수 있는지, 아니면 도움이 될 수 있는지 살펴보고 두 가지 견해를 모두 뒷받침하는 경험적 연구 결과를 자세히 설명한다. 특히 이 장에서는 위험과 기회를 모두 언급하면서 균형 잡힌 시각을 제공하고자 하였다. 이에, 청소년이 노출될 수 있는 불법 콘텐츠의 유형과 일부 청소년이 관여하는 불법 활동의 종류를 조사하였다. 또한, 일부 청소년의 경우 불법 컨텐츠에 노출되는 것이 지속적이고 더 불법적인 활동들로 빠져드는 미끄러운 경사로의 시작이 되는지도 물으며 이 문제를 다루고자 하였다. 13장에서는 사이버 괴롭힘에 대해 주로 살펴보았으나 이와 더불어 이러한 행위가 청소년에게 어떤 영향을 미칠 수 있는지에 대해 주목하였다. 특히 이 장에서는 범죄자들이 사기를 치기 위해 청소년들을 표적으로 삼는 방법과 청소년들의 신원을 도용하여 다른 사람에게 사기를 치는 방법(예: 조부모 사기)에 대해 간략히 설명한다. 마지막으로, 이 장에서는 인터넷을 통한 청소년의 급진화(radicalization)라는 매우 현실적인 문제를 다룬다.

1913년에 토마스 에디슨은 새로운 기술이 교육의 최전선에 서게 될 것이라고 예측했다. 8장에서 살펴본 바와 같이 에디슨의 예측은 정확했을 수도 있지만, 그가 상상하지 못한 방식으로 이루어졌을 가능성이 높다. 이 장에서는 이러닝(e-learning)에 초점을 맞추어 이러닝을 대면 학습과 비교하면서 이러닝이 제공하는 이점에 주목한다. 또한 이러닝에서 사용되는 기능 중 학생들의 학습 성과에 해로운 영향을 미칠 수 있는 기능에 대해서도 다룬다. 또한, 이러닝과 대면 학습을 비교할 때, 학습유형에 따라 다른 교수법이 도움이 될 수 있다는 사실도 언급된다. 예를 들어, 연구자들은 학생들이 어려운 과제를 수행할 때는 대면 토론을, 간단한 과제를 수행할 때는 컴퓨터 매개 학습을 선호한다는 사실을 발견했다. 이 장에서는 다른 장에서와 마찬가지로 동시에 발생하는(synchronous) 커뮤니케이션과 동시에 발생하지 않는 커뮤니케이션을 비교하고 대조한다. 이 장에서는 이러닝과 관련하여 두 가지의 장점을 강조한다. 또한 성공적인 이러닝을 위한 필수조건인 인지적 존재감, 사회적 존재감, 교수적 존재감에 대해서도 설명한다. 추가적으로 교육 등 다양한 환경에 적용되어 온 미디어 풍부성 이론을 독자에게 소개한다. 이 이론에 따라 이러닝을 사용하기 가장 좋은 시기를 제시한다. 이 장에서는 살몬(Salmon)의 단계 모델과 이 모델을 세컨드 라이프(Second Life)에 적용한 사례도 함께 살펴본다. 실제로 세컨드 라이프 (Second Life) 및 기타 3D 학습 환경은 교육자들이 학습 환경으로 사용하는 인기 있는 공간이 되었으며, 이 장에서는 이러한 환경에서의 학습을 평가한 몇 가지 연구를 살펴본다.

9장에서는 교육에서 여가와 오락의 추구로 초점을 옮긴다. 인터넷은 여가 활동을 추구할 수 있는 시간을 확보하게 하는가? 인터넷은 새로운 형태의 엔터테인먼트를 제공하는가? 이 장에서는 이러한 질문들과 더불어 더 많은 질문들을 살펴본다. 우선 여가의 개념부터 살펴보고, 진지한 취미와 가벼운 취미 등 다양한 형태의 여가와 과거에는 가족이 함께 모여 집에서 보드 게임을 하는 경우가 더 많았음을 이야기한다. 이러한 전통적인 관점과는 달리, 온라인 게임이라고

하면 흔히 문이 잠긴 침실에서 혼자서 게임을 하거나, 다른 청소년들과 어울려 게임을 하는 청소년의 모습들이 떠올려진다. 하지만 연구자들은 온라인 게임이 가족 구성원 간의 연락을 유지하는 데 도움이 될 수 있음을 보고하였다. 또한 독자들도 알게 되겠지만, 고령 사용자들을 위한 인터넷의 주요 기능 중 하나가 가상 취미 활동(예: 가계도 만들기)과 같은 여가 활동의 추구이다. 이 장에서는 여가와 오락을 위해 온라인에서 보내는 시간이 얼마나 되는지, 그리고 이것이 실제 세계에서 오락을 위해 보내는 시간과 어떻게 비교되는지에 대한 문헌 자료들을 참고하여 그 내용들을 다루고자 하였다. 특히 대체(displacement)와 참여 가설을 검토하였다. 아마도 독자들은 많은 사람들이 텔레비전을 보면서 온라인 비디오 게임을 하는 등 두 영역에서 엔터테인먼트를 멀티테스킹 한다는 사실에 놀라지 않을 것이다. 그러나 이 장에서는 그런 작업들을 병행하는 것이 심리적으로 건강한가에 대한 의문을 제기한다. 이 장의 마지막 부분에서는 트위터가 엔터테인먼트의 원천으로 어떻게 사용되어 왔는지, 그리고 트위터가 유명인을 팔로우하는 사람들과 트위터 내에서 유명인 사이의 인식된 관계에 미친 영향에 대해 살펴본다.

　10장에서는 게임과 도박에 초점을 맞춰 엔터테인먼트를 더 자세히 살펴본다. 먼저 온라인 게임과 도박 중독에 대해 살펴본다. 예를 들어, 인터넷 도박은 오프라인 도박보다 중독으로 이어질 가능성이 더 높다는 추측이 있다. 접근성, 프라이버시, 익명성, 더 나은 게임 경험 등 온라인 도박의 특정 기능이 문제 발생 위험을 높일 수 있다. 최신 정신질환 진단 및 통계 편람(DSM)에 '인터넷 게임 장애'가 추가된 것과 더불어, 온라인 게임 문제와 다른 심리적 문제들(예: 주의력결핍 과잉행동장애, 수면부족, 물질남용)을 연관짓는 일부 연구들과 함께 살펴보았다. 또한 이 장에서는 비디오 게임이 폭력적인 행동으로 이어질 수 있는지에 대한 이론과 경험적 증거도 함께 살펴본다. 이러한 이론에는 사회학습이론, 스크립트 이론, 좌절-공격가설, 인지적 신연합(cognitive neoassociation) 모델과 일반적 공격 모델 등이 포함된다. 본 장에서는 이러한 각 이론에 대한 비판을 제공하고, 공격적인 행동과 공격적인 비디오 게임 플레이 사이의 연관성에 대한 증거를 찾으려고 시도한 연구들에 대한 세부 정보를 제공하고자 한다. 하지만 이러한 일련의 연구들은 결과가 약하고 충분치 않기는 하다. 즉 폭력적인 비디오 게임이 공격적인 행동에 미치는 영향이 거의 없거나 전혀 없을 수 있음에도 불구하고, 특정 컨텐츠, 즉 강간, 고문 또는 식인 풍습과 같이 실제 세계에서 금기시되는 컨텐츠가 포함된 비디오 게임을 하는 사람들에 대해서는 여전히 우려할 만한 이유들이 존재한다. 이 장에서는 일부 사람들이 게임에서 이런 컨텐츠들을 접할 때 심리적으로 대처하지 못할 수 있음을 시사하는 문헌들을 살펴보았다. 이 장의 대부분은 비디오 게임의 부정적인 측면에 초점을 맞추고 있지만, 긍정적인 측면도 많다는 점에 유의할 필요가 있다. 첫째, 비디오 게임은 재미있고 많은 사람들이 즐긴다. 둘째, 비디오 게임은 다양한 환경에서 교육 도구로서 인기가 높아지고 있다. 따라서 본 장은 새로운 기술과 태도를 가르치는 데 게임이 사용될 수 있는 몇 가지 방법들을 제안하면서 마무리된다.

이전 장들에서는 사람들이 온라인에서 자신들에 대해 더 많이 공개하는 방식(과잉 정직해지는 방식)을 살펴보았다. 이와는 대조적으로, 11장에서는 사람들이 물리적 영역에 비해 사이버공간에서 더 기만적인지 살펴본다. 온라인에서는 사용자가 새로운 방식으로 더 많은 사람들을 속일 수 있다. 이 장에서는 속임수의 정의를 시작으로, 사이버공간에서 드러나는 기만의 유형인 신원 기반 속임수와 메시지 기반 속임수를 살펴본다. 신원 기반 속임수의 예로 '인터넷에 의한 뮌하우젠' 현상에 대한 사례 연구도 제공된다(뮌하우젠 증후군은 자신이 아프다고 거짓말을 하거나 스스로 질병 증상을 유발하는 심리적 상태를 말한다). 따라서, 인터넷에 의한 뮌하우젠 증후군은 정신장애이며, 일부에서는 이를 정신질환의 진단 및 통계 편람(DSM)에 공식적으로 인정해야 한다고 주장한다. 인터넷은 우리에게 거짓말을 할 기회를 더 많이 제공하긴 하지만, 우리는 실제로 인터넷에서 더 많은 거짓말을 할까? 이 장에서는 이 질문에 대한 경험적 증거를 살펴보고 몇 가지 흥미로운 결론을 설명한다. 현재 연구에 따르면, 사람들은 주로 전화로 거짓말을 더 많이 하는 것으로 나타났다. 이 장에서는 이 결과를 설명하는 특징 기반 모델을 소개한다. 이 모델을 뒷받침하는 연구들을 제시하긴 하나, 자발적인 거짓말과 계획된 거짓말을 구분할 때 이 모델이 항상 지지되는 것은 아니라는 점도 지적한다. 또한 오프라인과 사이버 영역 모두에서 속임수를 탐지하려고 시도한 연구도 살펴본다. 아직 많은 연구가 필요하나, 특히 컴퓨터 과학자들은 여러 개의 신원 뒤에 숨어 있는 범죄자를 탐지하기 시작했다.

12장에서는 피싱, 다단계 사기(Mass-Marketing Fraud: MMF), 온라인 자료의 불법 다운로드 등 범죄자들이 저지르는 속임수에 대해 중점적으로 다룬다. 이 장에서는 피싱에 초점을 맞춰 피싱의 작동 방식과 이 사기에 속는 사람들의 수를 설명하는 것으로 시작한다. 이 장에서는 피싱과 유사하지만 무작위 해킹이 아닌 표적 공격을 포함하는 스피어 피싱에 대해서도 살펴본다. 실제 피싱 이메일을 사용하여 사용자가 이러한 이메일에 응답하는 이유를 조사하는 연구가 수행되었다. 예를 들어 본능적인 유발요인들(trigger)에 주의를 기울이면 이에 반응할 가능성이 높다는 사실이 밝혀졌다. 성격 또한 피싱 이메일에 응답할 가능성이 높은 사람을 예측하는데 중요한 역할을 하는 것으로 밝혀진 바 있다. 이 장에서는 최종 사용자가 피싱 이메일을 탐지하는 데 도움이 되도록 개발된 교육 프로그램과 이러한 프로그램의 평가에 대해 살펴본다. 독자들도 알다시피, 보다 효과적인 교육 프로그램을 개발해야 할 필요성이 여전히 높다. 이 장에서는 대량 메일, 이메일, 인스턴트 메시징, 소셜 네트워킹 사이트 등 대중 커뮤니케이션 기술을 악용하여 금전을 편취하는 사기의 한 유형인 다단계 사기에 대해서도 살펴본다. 트위터에서는 이 사기의 피해자 수에 대한 사례와 데이터를 제공한다. 온라인 데이트 로맨스 사기의 단계에 대한 자세한 설명도 제공한다. 피싱 공격과 마찬가지로 다단계 사기에 반응할 가능성이 높은 사람의 유형을 예측할 수 있는 성격이 보고되었지만, 특정 사기에 따라 프로필은 달라질 수 있다. 피해자가 저지르기 쉬운 인지적 오류와 동기부여 오류의 종류도 이 장에서 소개된다. 이러한 유형의 사기로 인한 피해는 금전적 피해와 심리적 피해가 모두 발생할 수 있다는 점 또한 다루고 있다. 이 장에서 설명하는 것처럼 다단계 사기의 예방과 탐지는 어렵고, 인식 개선 캠페인은 아직 제대로 평가되지 않았다. 마지막으로 음악 및 동영상과 같은 온라인 자료의 불법 다운로드에 대해서도 살펴본다. 이러한 활동에 참여하는 개인이 자신의 행위를 범죄로 인식하지 못하는 경우가 많다는 점에 대해서도 다루고 있다. 이러한 형태의 범죄 행위를 예방하기 위한 접근 방식에 대해 논의하고, 개개인이 앞으로 동영상이나 음악과 같은 자료를 구매할 때, 다르게 생각하도록 격려하는 방안도 논의한다.

13장에서는 사이버 괴롭힘, 증오범죄, 사이버 전쟁을 살펴봄으로써 온라인 범죄라는 주제에 계속 집중한다. 이 장에서는 온라인 괴롭힘과 온라인 스토킹 (괴롭힘의 한 형태)을 고려하는 것으로 시작한다. 이러한 용어를 정의하고 국가별로 법이 일관되지 않은 몇 가지 문제점에 대해 논의한다. 문헌에 따르면 인터넷은 개인과 조직 모두에게 사이버 스토킹을 할 수 있는 새로운 기회를 제공했다. 또한 사이버 스토킹은 물론 물리적 영역에서의 스토킹과 괴롭힘을 동반할 수 있다. 이 장에서는 스토커와 사이버 스토킹 프로필의 주요 차이점을 간략하게 설명하면서 이에 대한 연구가 상당히 부족하다는 점을 지적한다. 그런 다음 증오 범죄를 보다 광범위하게 고려하고 사이버공간에서 어떻게 발생할 수 있는지를 살펴본다. 증오 범죄의 사례와 함께 온라인에서 조직원을 모집하기 위해서 활동하는 극단주의 단체의 사례도 소개한다. 또한 연구자료가 부족한 또 다른 주제인 사이버 전쟁에 대해서도 살펴본다. 여기서 우리는 정부와 사회가 아직 사이버공간에서의 국가 행동을 규율하는 규범을 제대로 성문화하고 제재하지 못하고 있다는 점에도 주목한다. 또한 전통적인 전쟁과 차별화되는 사이버 전쟁의 몇 가지 특징을 강조한다. 학자들과 정부가 사이버 전쟁과 관련하여 전쟁 규칙을 재고할 때 이러한 특징을 고려해야 한다고 제안한다. 사이버 공격을 탐지하고 대응하는 한 가지 방법은 감시와 모니터링이다. 감시는 좋은 의도로 사용될 수 있지만, 그럼에도 불구하고 무고한 민간인의 프라이버시를 침해한다. 따라서 정부가 온라인 활동을 감시하는 것에 대해 시민들이 분노하는 것은 당연한 일이다. 이에 감시와 모니터링에 관한 최근의 논쟁을 살펴보면서 이 장을 마무리한다.

14장에서는 계속해서 온라인 범죄에 초점을 맞추고 있고, 이번에는 아동 포르노와 소아성애에 중점을 둔다. 인터넷의 등장 이후 아동 포르노가 증가했음을 인정하고 그 이유를 몇 가지 제시한다. 또한 이 장에서는 영국과 미국의 아동 포르노 관련 법률을 요약하고 이러한 법률의 몇 가지 차이점을 강조한다. 이러한 비교는 법 집행 기관이 국경을 넘어 이 범죄를 처리해야 할 때 발생할 수 있는 문제를 설명하기 위해 이루어졌으며, 섹스팅과 같은 최근 현상에 대한 법 적용과 관련된 몇 가지 문제도 지적한다. 특정 유형의 소아성애와 관련된 심리적 장애와 이러한 장애에서 인터넷이 하는 역할에 대해 설명한다. 또한 아동 포르노를 보는 소아성애자와 수집하는 소아성애자의 차이점을 설명하고 수집자의 유형을 벽장 수집자, 고립된 수집자, 별장 수집자, 상업적 수집자 등으로 분류해서 설명한다. 이 장에서는 또한 아동 음란물 범죄자의 프로필을 고려한 연구들을 요약하나, 많은 연구들에서 전형적인 아동 음란물 범죄자 프로필은 존재하지 않는다고 주장하는 점들도 함께 고려하고 유의해야 한다. 아동 음란물을 보는 사람과 실제 범죄를 저지르는 사람 사이의 관계를 미끄러운 경사 가설과 관련하여 고려한다. 이 장의 마지막 부분에서는 구애장애 이론, 사회학습 이론, 핀켈호어(Finkelhor)의 전제조건 모델, 경로모델, 통합적 성범죄 이론 등 다른 분야에서 구체적으로 개발되거나 적용된 이론적 모델들을 살펴보고 왜 누군가가 소아성애자가 되는지에 대해 설명한다.

15장의 초점은 온라인 범죄에서 온라인 지원 및 건강 관리로 이동한다. 이 장은 의사와 전문가 서비스를 통해 오프라인에서 건강 관련 정보를 얻는 것에서 온라인에서 출처를 검색하는 방식으로의 전환을 보여주는 숫자와 수치들을 강조하면서 시작된다. 질병 진단을 받은 지 얼마 되지 않았거나 다른 사람들이 그들의 질병에 대처하는 도움을 주고자 하는 사람들이 인터넷에서 건강 관련 정보를 검색할 가능성이 가장 높다는 연구 결과들을 설명한다. 트위터에서는 인터넷에서 건강 관련 정보를 얻는 것의 이점을 인정하면서도 이러한 활동과 관련된 몇 가지 문제점을 지적한다. 예를 들어, 일부 환자들은 특정 질병에 대한 정보를 읽은 후 더 많은 불안감을 느낀다. 또한 '사이버콘드리아'라 칭하는 건강 관련 정보를 인터넷에서 찾는 사람들과 관련된 특정 문제에 주목한다. 사이버콘드리아는 재확인 혹은 재확신을 추구하는 유형일 뿐 아니라 건강 불안과 건강 염려증의 한 형태이다. 이 장에서는 온라인 건강 포럼들의 유용성을 살피며, 이러한 포럼 참여의 긍정적인 효과와 부정적 효과를 모두 보여주는 증거들을 제시한다. 또한 온라인 치료(e-therapy)에 초점을 맞추어 이 용어를 정의하고 이러한 형태의 치료의 장점과 단점에 대한 연구들을 검토한다. 이 장에서는 치료 과정에서 일부 개인에게 발생할 수 있는 문제의 맥락에서 억제효과(disinhibition effect)를 다시 한 번 살펴본다. 온라인 치료(이 중 일부는 이 책에 요약정리되어 있다)의 효과성 평가에 대한 연구들이 존재함에도 불구하고, 더 많은 연구들이 필요하며 현재 그 결과가 일관성이 없이 혼재되어 있다는 점도 같이 설명하고 있다. 특히 이 장은 몰입형 가상 환경이 다양한 심리적 문제를 치료하는 도구로 어떻게 활용되어 왔는지를 살펴보면서 마무리된다. 공포증과 외상 후 스트레스 장애와 같이 이러한 환경에서 잠재적으로 치료할 수 있는 다양한 심리적 문제의 예시들도 제공한다.

이 책의 마지막 장에서는 전체적으로 책을 요약 정리한다. 16장은 이 책에서 논의된 몇 가지 주요 이슈들을 독자들에게 상기시키고 현재 문헌에서 부족한 부분을 살핀다. 인터넷이 발전함에 따라 일부 측면은 동일하게 유지되겠지만, 온라인에서 행동하는 방식이 바뀔 수 있다는 점을 이해하는 것이 중요하다는 사실을 독자들에게 상기시킨다. 또한, 마지막으로 인터넷이 어떻게 새로운 심리적 문제, 기회, 도전과 함께 새로운 세상을 가져왔는지, 그리고 우리의 심리 전반이 얼마나 그대로 남아있을지에 대한 의문을 제기한다.

02

사이버공간에서의 '자기'

이번 장에서는 인터넷을 사용하기 시작한 이래로 사이버공간에서 자기는 어떻게 구성되고 파악되어 왔는지에 대해 이야기해볼 것이다. 우리는 오프라인에서와 온라인에서 다른 사람들인가? 아니면 인터넷은 우리가 스스로에 대해 더 넓은 통찰을 해나가도록 해주는 것인가? 사이버공간에서 만드는 자기의 모습은 다른 공간으로 확대되는가? 이 장에서는 사이버공간에서의 자기에 대해 연구한 주요 심리학 이론과 연구물들을 개관해볼 것이다. 학자들은 다양한 방법으로 자기에 대해 조작적 정의를 내리고 있다. 이 장에서는 다른 이론들보다 더 나은 하나의 이론을 보여주기보다, 몇몇 의미 있는 연구들이 각 영역에서 수행한 결과를 강조해서 보여줄 것이다.

2.1 '자기'에 대한 정의

'자기'의 개념을 설명하고자 하는 많은 이론들이 기존에 있었다. 철학자나 이론가들은 먼저 '자기'를 정의하려고 노력했다. 심리학자들은 '자기'라는 단어를 '정체성'과 섞어서 사용하기도 한다. 그러나 이 개념들이 구분된 개념이라는 주장도 많이 있다(예: Owens, 2006). 이 책이 자기와 정체성에 대한 심리학적 이론들을 보여주기 위한 책은 아니지만, 사이버공간에서의 자기를 살펴보기 전에 기존 이론들에서 이를 어떻게 설명하고 있는지를 고려해볼 필요가 있다.

1890년대로 거슬러올라가보면, 당시 심리학자들은 '자기'가 의미하는 바를 정의하려는 시도를 했다. 심리학의 선구자 중 한 명인 William James(1892, 1963)는 자기를 두 가지 측면으로 구분하였는데, 주체로서의 자기인 'I'와 객체로서의 자기인 'me'이다. Cooley(1902)는 '거울자아(looking-glass self)'라는 한 인간의 자기가 사회의 대인관계 상호작용과 다른 사람들의 지각에 의해 자라난다는 개념을 제시했다. Cooley에 따르면 사회가 없이는 자기도 없다고 볼 수 있다.

2.1.1 특성이론과 자기

특성이론 심리학자들은 자기가 진화론적이고 유전적이며 문화를 가로지르는 보편적인 특정 특성들을 포함한다고 주장했다(MacDonald, 1998; McCrae, 2000). 특성이론가들은 특성이 시간이 흘러도 상당히 안정적이며 사람들은 서로 다른 특성을 가지고 있고 특성은 행동에 영향을 미친다고 보았다. 예를 들어, Cattell(1946)은 두 가지 성격 구조를 제안했다. 이는 따뜻함, 이성적, 정서적 안정성, 지배성, 활력, 규칙적, 사회적 연대감, 민감성, 조심성, 몰두, 개인적, 걱정, 변화에 대한 개방성, 자기신뢰, 완벽주의, 긴장의 16가지 주요 성격 요인과 외향성, 불안, 정신적 강인함, 독립심, 자기통제의 5가지 보충적 성격 요인이다. Goldberg(1990)는 경험에 대한 개방성, 성실성, 외향성, 쾌활함, 신경증의 5가지 성격 요인을 제안했다.

2.1.2 정체성: '나는 누구인가?'

정체성은 '나는 누구인가'에 대한 것이다. Erikson(1950, 1968)은 정체성의 개념을 명확하게 제시한 첫 번째 심리학자였다. Erikson에 따르면, 정체성은 자기 자신에 대한 일관적인 태도와 가치이다. Erikson은 정체성을 획득해 나가면서 자신의 개인적 가치와 목표에 대한 어떤 구체적인 생각을 발전시켜 나간다고 주장했다. 정체성을 형성해 나가면서 사람들은 자신의 생각을 지금 여기에서

부터 과거와 미래의 근원에 대해 생각하는 것으로 옮겨갈 수 있다. Erikson은 '정체성 형성'이 청소년기에 성취해야 하는 발달적 과업이라고 주장했다. 그는 모든 청소년이 정체성 형성 위기에 직면하게 되며 정체성 형성은 청소년기의 가장 가치 있는 성취라고 믿었다. Marcia(1980, 1991)는 Erikson의 이론을 정체성을 성취하는 것과 관련된 과정에 대한 고려로 확장시켰다. Marcia에 따르면, 청소년기에 경험할 수 있는 정체성 형성의 과정은 정체성 혼란, 유실, 성취, 유예의 네 가지 단계로 구성된다. 에릭슨과 다르게, Marcia는 사람들이 자신의 삶의 과정에서 정체성을 성취하고 중단되는 단계를 계속해서 혼란스럽게 경험해 가면서 '정체성'을 끊임없이 재구조화 해나간다고 믿었다. Marcia와 유사하게 많은 사람들은 정체성이 청소년기에 한정된 과업은 아니라고 믿었다. McAdams(1993)는 정체성을 자기자신과 스스로의 삶의 여러 부분들을 목적 있고 확신에 찬 삶으로 이끌어가기 위해 스스로에 대해 구성해가는 개인의 신념 또는 이야기라고 보았다.

2.1.3 사회적 정체성

정체성이 개인적인 정체성이라는 개념에 대해 모든 심리학자들이 동의한 것은 아니다. 어떤 심리학자들은 정체성이 집단 구성원 또는 '사회적 정체성'이라는 점에 대해 더 주장했다. Tajfel과 Turner는 사회적 정체성 이론을 발전시켰는데, 이는 사람들이 더 큰 자기 가치감을 얻기 위해 자신을 어떤 집단에 속한 것으로 분류하고자 하는 경향성이라고 보았다(Tajfel, 1979; Tajfel & Turner, 1979; Turner, 1975). 이 이론에 따르면, 정체성은 사회적 정체성과 개인적 정체성으로 구성되어 있다. 사회적 정체성은 구체적 사회적 집단(예: 취미 활동 집단) 또는 더 넓은 사회적 집단(예: 국가나 성별)의 구성원으로 정의된다. 이 이론가들에 따르면, 집단은 개인에게 사회적 세계에 대한 소속감을 준다. 사람들은 세계를 '우리'(집단 내)와 '그들'(집단 밖)로 나눈다. 사회적 정체성이 확고하면 사람들은 자신의 태도와 행동을 다른 집단 구성원들과 비교한다. 사회적 정체성 이론에 따르면, 사람들은 자기가치감을 향상시키기 위해 그룹 안과 그룹 밖을 구분한다. 연구자들은 사회적 정체성 개념이 개인에게 그룹 안 사람들을 그룹 밖 사람들보다 더 훌륭하다고 생각하도록 만들 수 있다고 보았다(예: Abrams & Hogg, 1988).

　　탈개인화 효과에 대한 사회정체성 모델(The social identity model of deindividuation effects: SIDE)은 사회정체성 이론과 자기분류 이론을 더 확장시켰다(Lea & Spears, 1991; Reicher, 1984; Spears & Lea, 1994). 이 이론은 자아성향(self-construal)을 유연하고 상황특수적인 것으로 개념화했다. Lea(2001) 등은 어떤 상황에서 인간의 행동은 전적으로 개인적인(개개인의 기준을 따르는) 것에서부터 전적으로 집단에 기반을 둔(두드러진 그 집단의 규칙과 기준을 따르는) 것까지의 스펙트럼에 따를 수 있다고 보았다(p. 527). SIDE 이론에 따르면, 사람들이 '시각적으로 익명인 상태'일 때, 사람들의 개인적 정체성은 덜 중요해지고 사회적 정체성이 더 부각된다. 개인적 정체성으로부터 집단 정체성으로의 변화가 일어나며, 행동은 좀 더 집단의 기준에 따르는 방식으로 일어나게 된다. 시각적으로 익명인 상태는 사회적 비교, 자기 인식, 자기 표현 등의 대인관계적 측면을 줄여주기 때문에 탈개인화 현상을 일으킨다. 이런 상황이 되면 사람들은 스스로를 독자적인 개인으로 보고 표현하는 행동을 줄이게 되고 뚜렷한 사회적 집단의 주된 태도(예: 고정관념)와 유사하게 행동하게 된다. 마찬가지로 다른 사람들의 익명성은 그 사람들을 독자적인 개인이기보다는 집단의 속성으로 인식하게 만들 수 있다. '간단하게 말하면, 자기와 타인에 대한 탈개인화된 인식이 집단 구성원에 대한 애정을 높여주며 이러한 과정은 시각적으로 익명인 상태에서 일어나는 상호작용에서 개인에 대한 단서가 부족할 때 더 일어날 수 있다고 SIDE는 주장한다.'(Lea et al., 2001, p.528)

2.1.4 가능한 자기

　　'자기'를 이해하려고 시도하면서 심리학자들은 단일의 측정가능한 자기가 있는 것인지 아니면 다양한 측면의 자기가 존재하는 것인지에 대해 논쟁해왔다. '가능한 자기(possible selves)' 이론은 사람들이 단순히 자기 자신을 현재 순간에 존재하는 사람으로만 인식하는 것이 아니라 미래의 자기를 인지적으로 표현하기도 한다고 보았다(Markus & Nurius, 1986, 1987). Markus와 Nurius(1986, 1987)에 따르면, 자기 개념은 '기대하는 자기(expected self)'인 현실적으로 될 수 있다고 믿는 자기, '희망하는 자기(hoped-for self)'인 되기를 희망하는 자기, 그리고 '두려운 자기(feared self)'인 되기 원하지 않는 자기로 구성된다. Higgins(1987, 1989)는 이러한 자기의 측면들 간에 명확한 구분을 지었다. Higgins는 세 가지 자기를 제안했는데, '실제 자기(actual self)'는 당신이 실제로 가지고 있다고 당신 스스로와 주변 사람들이 믿는 측면을 표현하는 것이고, '이상적 자기(ideal self)'는 당신이 이상적으로 가질 수 있다고 당신 스스로와 주변 사람들이 믿는 측면을 표현하는 것이며, '부과된 자기(out-to self)'는 당신이 가져야 한다고 당신 스스로 또는 주변 사람들이 믿는 측면을 표현하는 것이다. Higgins는 '자기 불일치 이론(self-discrepancy theory)'을 개념화했는데, 이 이론에서는 사람들이 두 가지 다른 방향인 이상적 자기와 부과된 자기에 더 가까워지려는 방식으로 이끌린다고 보았다. '부과된 자기 조절 체계(ought self-regulatory system)'는 부정적 결과가 나타날지 아닐지에 초점을 두는 반면, '이상적 자기 조절 체계(ideal self-regulatory system)'는 가능한 결과가 나타날지 아닐지에 초점을 둔다. Higgins는 또한 이러한 다른 자기들 사이에 큰 차이가 있는 사람은 심리적으로 건강하지 못할 가능성이 높다고 보았다(예: 우울, 불안, 자존감 저하 등).

2.1.5 배우로서의 자기

Goffman(1959/1997)은 자기와 정체성에 대해 매우 다른 접근을 시도했다. 그는 매일매일의 삶 가운데 겪은 사회적 관계와 상호작용에 대해 연극적인 분석을 했다. Goffman은 사람들을 배우로 바라보았다. 그는 자기를 연기자이자 캐릭터로 묘사했다. Goffman에 따르면 '연기자로서의 자기'는 단지 사회적인 존재일 뿐 아니라 기본적인 동기적 핵심을 가지고 있다. 반대로, '캐릭터로서의 자기'는 개인의 독특한 인간성을 표현한다. 이는 사회적 존재인 자기의 일부분이다. 즉, 표면적으로 사회적 삶 속에서 연기해 나간다. '캐릭터로서의 자기'는 한 사람의 내적인 자기이다.

Goffman의 이론에서 개개인은 스스로를 다른 사람에 대해 수용적인 사람으로 표현할 필요가 있다. 그는 개개인이 인상 형성에 전략적이라고 주장한다. 특히, Goffman은 사람과 사람 사이에 있는 '정해진' 표현(예: 대화)과 '풍기는' 표현(예: 비언어적 표현)에 대해 구분하여 설명했다.

Goffman은 사람이 종종 상황에 이상적인 방향으로 연기한다고 주장했다. 그는 '개개인이 다른 사람 앞에 자신을 내보일 때, 그 사람의 연기는 그 사회에서 공식적으로 인정되는 가치를 포함하고 전형적인 예가 되는 방식으로 하는 경향이 있다'고 주장했다(1959/1997, p. 101). 그러므로 그는 개개인의 전략의 부분이 자신을 다른 사람에게 수용적인 사람으로 표현하는 것이라고 믿었다. 고프만에 따르면 '다른 사람들

이 주는 인상은 그들이 암묵적으로 한 주장과 약속으로 받아들이게 되는 경향이 있고, 주장과 약속은 도덕적인 캐릭터로 남을 가능성이 있다'(p.21).

2.1.6 포스트모던 자기

포스트모던 운동은 복잡하고 역동적이다. 그러나 주로 포스트모던 이론가들은 인간의 지식이 주관적이라고 주장하고 있다. 지식은 상대적이고 틀릴 수 있는 것이며, 절대적인 진실은 없다. 포스트모던 학자들은 진실을 상황적이며, 관찰자와 관찰되는 대상을 구분짓는 것은 불가능하다고 보았다. 사람을 이해하기 위해 문화와 언어를 포함한 사회적 맥락을 이해할 필요가 있다.

따라서 포스트모던 이론가들에 의하면, 자기는 해체된 것이며 상황에 따라 다른 것이다. 이들은 단일의 인식할 수 있는 자기란 없다고 주장했다. 예를 들어, Gergen(1991)은 포스트모던 문화가 '자기'의 쓸모없는 영역을 만들었다고 주장했다. 그는 미디어가 '자기에 대한 모순되고 관련 없는 다양한 언어를 우리에게 제공한다'고 주장했다(p.6). 이 장의 후반부에서 Gergen의 이야기에 대해 좀 더 구체적으로 살펴볼 것이다.

2.2 사이버공간에서의 자기

왜 우리는 사이버공간에서의 자기 또는 정체성에 대해서 생각해보아야 하는가? 다른 미디어들과 비교할 때 자기가 다른 방식으로 표현되고 이해되고 있을 것이라 주장할 다른 어떤 것이 있는가? 인터넷 사용 초기 시대에 조차도 많은 학자들은 사이버공간이 자기를 표현하는 데 있어서 독특한 기회를 제공한다고 믿었다. 이미 얘기했듯이, 1990년대에 인터넷은 오늘날 사용하는 것과 매우 다른 형태였다. 현재보다 더 문자 베이스의 형태였으며 더 느리고 더 적은 사람들이 이 공간을 사용했다. 어떤 면에서 오늘날보다 그 당시 인터넷에서는 어떤 사람이 되거나 다른 어떤 사람이 되기 위해 숨거나 그런 척 하기 더 쉬웠다. 1993년도 유명한 뉴요커 만화가 Peter Steiner는 '인터넷에서 아무도 당신이 개(dog)인지 알지 못한다'라고 말했다. 많은 학자들은 인터넷에서의 익명성이라는 특성이 사람들에게 자신의 '몸을 떠나는' 기회를 제공하는데, 즉, 더 이상 신체적 특징에 의존하거나 제한되지 않는 온라인 정체성을 만들어내고 경험할 수 있다고 주장했다.

2.3 사이버공간에서 몸을 떠난 자기들

Sherry Turkle(1995)은 사이버공간에서 몸을 떠난 자기에 대한 개념을 제시한 초기 이론가들 중 한 명이다. 그녀는 컴퓨터를 '두 번째 자기'로 이름 붙이면서 인터넷이 사람들에게 스스로에 대한 '다른 모습을 발견할' 기회를 준다고 주장했다. Turkle(1995)은 MUDs(multiple-user dungeons or multiuser domains)과 MOOs(multiple object oriented)과 같은 가상공간에서의 상호작용을 연구했다. 정신역동 이론에 따라, 사이버공간이 개개인에게 정체성을 가지고 게임을 이용할 기회를 제공한다고 주장했다. Turkle은 사이버공간이 개개인에게 자유를 주는 공간이며 스스로에게 더 깊은 모습을 발견할 수 있는 공간이 될 수 있다는 시각을 가졌다. Turkle은 '게임 이용자들이 게임에 참여할 때, 사회적 상호작용을 통해 새로운 자기를 구성하면서 게임 내용뿐만 아니라 스스로에 대한 작가가 될 수 있다'(p.12)고 보았다.

Turkle은 인터넷이 심리학자들에게 정체성을 들여다볼 수 있는 급진적인 새로운 렌즈를 제공했다고 믿었다. 그녀는 자기에 대한 포스트모더니즘적인 시각을 가지고 단일의 지속적인 자기보다는 복합적인 자기를 사람들이 가지고 있다고 주장한다:

> 나는 MUDs 또는 컴퓨터 게시판이 다양한 성격장애(multiple personality disorder: MPD)를 발현하는 사람들을 증가시킨다든가, MUDs에서 활동하는 사람들이 MPD를 가지고 있다거나, MUDs 활동이 MPD를 생기게끔 한다고 생각하지 않는다. 내가 말하려는 것은 온라인에서의 모습을 받아들이는 것을 포함하여 우리 문화의 많은 다양성 징후가 전통적이고 단일한 정체성의 특징에 기여하는 바가 있다는 점이다(Turkle, 1995, p. 260).

Turkle은 온라인과 오프라인 자기 사이에 완전한 분리가 있다고 생각하지 않았다. 그녀는 가상 공간에서 그들이 매일의 삶에서 '되기' 원하는 정체성에 대해 몇 가지 연구를 했다. 예를 들어, 그녀는 Gordon이라는 이름의 참가자의 경험에 대해 설명하고 있다:

> MUDs에서 Gordon은 많은 캐릭터를 가지고 있었지만 그들은 공통적인 어떤 것을 가지고 있었다. 각각은 Gordon이 스스로에게 발달시키려고 했던 특징들을 가지고 있었다. 그는 현재 사용하는 캐릭터를 '제 아바타 저랑 비슷해요. 모든 것에 대해 농담을 잘하는 로맨틱한 성격인 편이에요'라고 묘사했다(Turkle, 1995, p.190).

Turkle은 Gordon의 사례에서 온라인에서의 활동이 자기 자신을 새롭게 바라보게 해주고 삶의 질을 더 높게 이끌어주는 면에서 심리적으로 건강하다고 믿었다.

　Turkle이 사이버공간에서 '물리적인' 몸이 연결되지 않는다는 점이 자기를 경험할 새로운 기회를 창조한다고 믿었지만, 또한 오프라인과 온라인 자기 간의 완전한 분리가 항상 심리적으로 건강한 것은 아니라는 점도 발견했다. 그녀는 다음과 같이 썼다:

　　종종 그러한 경험은 자기에 대한 지식과 개인적 성장을 일으키지만 또 때때로는 그렇지 않다. MUDs는 사람들이 스스로를 꽃피우는 공간이 되거나 또는 현실 세계에서보다 더 간단하게 무엇을 얻을 수 있는 자기가 포함된 세계에 사로잡히는 공간이 될 수도 있다. 만약 거기서 모든 것이 실패하면 사람들은 자신의 캐릭터를 없애고 간단하게 다른 캐릭터를 만들어 실제 생활을 시작해 나갈 수도 있다(Turkle, 1995, p.185).

　Turkle은 MUDs에 너무 몰입해서 살아간다고 스스로 얘기하는 사람을 만나 사례 연구를 진행했다. Stewart는 MUD 안에서의 삶을 구축하는 데 너무 많은 시간을 보내고 실제 물리적인 현실에서보다 더 광범위하게 그 삶을 구축하고 있었다. Turkle은 '현실의 삶'에서 바라던 자기를 자신의 이상적 자기로 묘사했다. Stewart는 자의식적으로 자신의 현실 세계에서 한 사람으로서 변화를 일으키기 위해 되기를 바라고 희망하는 새로운 방식으로 활동하는 공간으로 MUDs를 사용했다. 그는 온라인 환경이 그렇게 하기에 안전한 공간이라고 느꼈다. 그러나 Turkle은 Stewart의 온라인 페르소나가 실제 자기와 너무 멀리 동떨어져 있다고 주장했다. 온라인에서 그는 매우 사교적이고 파티를 하는 삶을 살았다. 그러나 그의 나머지 삶에서는 매우 사회적으로 불안했다. MUDs에 참여하면서 Stewart는 그가 되기를 바라지만 될 수 없는 자기에 집중했다. 이는 그를 MUDs에서 많은 시간 보내도록 만들었고 자신의 실제 세계보다 이 세상을 더 좋아하게 만들었다. Turkle은 그러므로 MUDs에서 게임하는 것이 어떤 사람에게 심리적으로 얼마나 이로운지를 고려하려면, 그 사람의 온라인 캐릭터가 '실제' 자기와 얼마나 유사한지를 고려할 필요가 있다고 주장했다.

2.3.1 Turkle의 초기 연구에 대한 비판

Turkle의 연구는 온라인 정체성에 대해 심리학자들이 새로운 생각을 할 수 있도록 해주었다는 면에서 매우 중요하다. 더군다나 이러한 생각은 인터넷이 비인간적인 미디어이고, 사람들은 그 안에서 얕고 환상 속에서만 존재하며 적대적인 태도로만 관계를 맺을 거라는(Kiesler, Siegel & McGuire, 1984; Sproull & Kiesler, 1986; Stoll, 1995) 초기 학자들의 시각에 도전장을 내밀었다. 이러한 강점에도 불구하고 그의 연구에는 몇 가지 문제점들이 있다.

사이버공간에서의 정체성에 대한 Turkle의 초기 개념은 MUDs와 MOOs에서의 연구에 기초를 둔 것이었다. 이러한 공간에서 개개인은 캐릭터의 역할을 만들게 된다. 이러한 공간은 즐겁고 재미있도록 만들어진 곳이다. 게임 이용자들은 그들 자신보다는 다른 어떤 사람이 되도록 기대되며(Whitty, 2007a; Whitty & Carr, 2003; Wynn & Katz, 1997), 그래서 사람들은 그러한 공간에서 다른 자기를 보여주는 경향이 있다. 다른 덜 즐거운 공간인 이메일이나 정치적 블로그에서도 이러한 이론이 적용될까? 인터넷은 단일한 공간이 아니기에 우리는 모든 접근에 적합한 하나의 이론을 만들 수가 없다.

이러한 몸에서 분리된다는 개념은 무엇인가? 사람들은 이상적인 자기를 창조하면서 완전히 자기를 물리적인 신체로부터 분리할 수 있는가? 다른 이들은 Turkle의 관점에 동의해왔다. 예를 들어, Clark(1997)는 '가상 세계, 우리는 몸과 분리되거나 사이버공간 형태로 존재할 수 있다'고 주장했다(p.86). Rollman(2000) 등은 '시간, 거리, 몸을 제거하면서 인터넷이라는 것은 정신과 영혼을 연결하는 아무 방해를 받지 않는 미디어를 창조했다'고 썼다(p.161). Haraway(1991)와 Plant(1992) 같은 페미니스트 학자들은 인터넷이 포스트모더니즘적 자기를 창조할 수 있는 진짜 기회를 준다고 주장했다. 사람들이 매일의 삶에서 주어지는 성별에 따른 기대에서 벗어날 수 있게 해준다는 점에서 희망적이라고 보았다. 예를 들어, Klein(1999)은 이렇게 기술하고 있다:

포스트모더니즘과 사이버 세상 속 생각에서 '여성'과 '남성' 카테고리(또는 어리고 나이든, 또는 백인과 흑인)는 의미가 없다. … 그것은 자신이 바라는 무엇이든지에 따라(생각하는 영원한 멋진 옷방에서 캐릭터에 바라는 대로 옷을 입힐 수 있다) 개개인에게 달려있다(p. 202).

그러나 모든 학자들이 개개인이 사이버공간에서 완전히 몸과 분리될 수 있다고 주장하지는 않는다. 예를 들어, 연구자들은 복잡한 성별 정보가 문자로 여자와 남자의 대화를 구분해내는 어떤 특정한 언어적 단서를 가지고 전달될 수 있다고 보았다(Lea & Spears, 1995). Thomson과 Murachver(2001)는 여성들이 온라인에서 더 정서적이고 개인적인 정보를 언급하는 경향이 있다는 점을 발견했다. 게다가 이 연구자들은 실험 참가자들이 온라인에서 상호작용하는 사람의 성별을 알아낼 수 있다는 점을 발견했다. Whitty(2003a)는 비록 우리가 사이버공간에서 물리적이고 만질 수 있는 신체를 가지고 있지는 않지만 그럼에도 불구하고 우리는 신체를 가지고 있다고 주장했다(p. 344). 그녀는 또한 온라인 상호작용 속에서 우리가 체화된 반응을 한다는 점을 지적했다. Whitty는 개개인이 온라인 관계 속에서 어떻게 추파를 던지고 성적인 활동에 참여하며 발전시키고 유지하는지에 대해 연구하면서 신체의 중요성을 주장했다(Whitty, 2003a; Whitty & Carr, 2006).

Turkle(2011)은 스스로 사이버공간에 대한 자신의 초기 시각을 변화시켰다. 그녀는 더 이상 1990년대에 희망했던 것처럼 사이버공간이 이상적인 소망을 가지고 있다고 믿지 않는다. 그녀는 이제 인터넷은 너무 접속하기 쉽고 인간 삶의 너무 많은 부분을 차지하고 있으며 사람들을 압도되고 고갈되게 만든다고 믿는다. 그녀는 가상세계가 현실보다 더 부유하고 더 나은 삶을 제공한다고 주장한다. 그녀의 최근 연구에서 인터넷은 새로운 의미의 고독으로 이끌 수 있다는 점을 밝히고 있다. 그녀는 다음과 같이 기록했다:

기술은 인간의 취약한 부분을 채워줄 때 매우 유혹적이다. 그리고 이런 일이 일어날 때 우리는 정말 매우 상처받기 쉬워진다. 우리는 외롭지만 친밀함을 두려워한다. 디지털 연결과 사교적인 로봇은 우정에 대한 필요 없이도 우정의 환상을 쉽게 제공할 수 있다. 네트워크로 연결된 삶은 우리로 하여금 서로 밧줄로 묶을 때조차도 서로서로 숨어있도록 허락한다(Turkle, 2011, p.6).

2.3.2 포화된 자기

Gergen(2000)은 포스트모더니즘 시대에 자기는 너무 많은 정체성들로 포화된 상태라는 Turkle의 최근 입장과 비슷한 견해를 가지고 있다. 그는 이것이 현대의 의사소통 기술 때문이라는 견해에도 동의했다. 디지털 기술은 '현대 자기'의 문제를 야기시켜 왔다. 그는 자기가 굉장히 파편화되어 왔다고 주장했다.

Gergen(2000)에 따르면, 기차, 우편, 자동차, 핸드폰, 라디오, 영화, 상업출판의 7가지 기술이 이러한 사회적 포화 단계의 과정을 시작했다. '각각은 사람들을 매우 급속도로 가깝고 친밀하게 느끼고 자신을 많은 타인에게 노출시키며 전에는 결코 생길 수 없던 관계의 범위를 넓혀 나가게 만들었다'(p.53). 그 이후 그는 사회적 포화상태가 된 기술에 있어서 두 번째 또는 하이테크 단계가 발생했는데 이는 항공 운반, 텔레비전, 그리고 전자기기 상호작용이라고 말했다. 결과적으로, 우리는 이전보다 더 관계를 발전시켜 나갈 수 있을 뿐만 아니라 이전보다 더 빨리 이러한 관계를 빠르게 퍼트려나갈 수 있다. 더 나아가 Gergen(2000)은 이러한 관계가 실제적인 동시에 가상적일 수 있다고 지적했다. 가상적인 관계의 한 예는 인터넷에서 포르노그래피 이미지를 다운받는 것이다. 그는 다음과 같이 언급하고 있다. '이전의 사람들이 점점 넓어져 가는 인간관계에 너무 노출되어 감에 따라, 그들은 점점 전략적인 조종자로 자기 이미지를 만들어가기 시작한다. 종종 자신과 상반되거나 모순된 행동을 하는 데 사로잡혀서 사람들은 정체성의 폭력성에 대한 고뇌를 키워나가고 있다'(p.17).

2.4 사이보그 자기

이미 이 장의 앞부분에서 언급했던 것처럼, Donna Haraway(1991)는 World Wide Web이 나오던 초기에 사이버공간이 포스트모더니즘적인 자기를 만들어내는 실제 기회를 제공할 것이라는 점을 주장했다. 그녀는 특히 여성들이 성 역할을 탈피할 수 있을 것이라고 믿었다. 그녀는 이 이론을 '사이보그 페미니즘'이라고 이름 붙였다. 그녀는 다음과 같이 기록하고 있다:

> 사이보그는 사이버로 연결된 조직, 기계 조직의 하이브리드 형태이자, 공상의 창조물일 뿐만 아니라 사회적 현실의 창조물이다. 사회적 현실이란 생생한 사회적 관계, 가장 중요한 정치적 구조이자, 공상 속에서 세계의 변화가 일어나는 것이다. 세계적인 여성 운동은 이러한 비판적인 집단 욕구를 알아내고 발견하는 것뿐 아니라 '여성의 경험'을 재구성했다. 이러한 경험은 상상의 영역이자, 가장 비판적이고 정치적인 종류의 진실이었다. 해방은 의식, 상상을 통한 불안, 억압, 가능성의 재구성을 통해 이루어진다. 사이보그는 상상의 영역이고 20세기 후반에 여성의 경험을 변화시켜 나간 생생한 경험의 영역이다(p.149).

Haraway는 사이보그 비유를 정체성의 정치적 연극을 대표하는 것으로 사용했다. 그녀는 우리의 몸이 기술에 의해 바뀔 수 있고 우리의 삶을 극적으로 변화시킬 수 있다고 믿었다. 이러한 시각은 어떤 면에서 Turkle의 초기 연구에서 표현했던 것과 유사하다. 그러나 Turkle조차도 성 역할을 깰 수 있다는 근거를 거의 발견하지는 못했다. Turkle에게 향했던 비판들이 마찬가지로 Haraway의 작업에 대해서도 생겨났다. Haraway가 상상했던 것처럼 기술이 여성들로 하여금 성역할에서 벗어나게 해준다는 근거는 거의 발견되지 못했다.

2.5 Goffman: 온라인에서 자기를 연기하는 것

Goffman은 학문 영역에서 WWW를 처음 연구하기 시작했을 때 이러한 연구를 진행하지는 않았다. 그러나 많은 사람들이 그의 이론을 사이버공간에 적용해왔다. Goffman의 이론을 적용했던 사람들은 자기가 온라인에서 어떻게 연기를 할지 사람들은 자기 자신이 보이는 인상을 어떻게 관리해 나갈지에 대해 흥미를 가졌다. 예를 들어, 학업 웹페이지에 대한 초기 연구들은 대부분의 표현이 '종이 문서' 같으며 자기의 새로운 표현을 연기하지는 않는다고 밝혔다(Miller & Arnold, 2000). 그러나 이러한 연구자들은 1990년대에 인터넷을 연구하기 시작했는데, 이 시기에 이용자들은 개개인의 웹페이지를 만들기 위해 가능한 대역폭과 자료들의 양에 제한을 두기 시작하였다.

더 최근의 연구는 매우 다른 관점을 보여준다. 예를 들어, Tufekci(2008)는 SNS에서 이루어지는 많은 활동이 Goffman의 자기에 대한 이론을 적용하여 이해될 수 있다고 주장했다. 그녀는 '이용자들은 자신의 프로필을 적고, 친구들과 연결하며, 좋아요와 싫어요를 표현하고, 어떤 그룹에 참여하며, 프로필에 어떤 모습을 보여주면서 인상을 관리하는 것으로 보인다'고 말했다(p.547). 다른 학자들도 유사한 주장을 하면서 다음과 같이 말했다. '페이스북은 다양한 정체성을 만들어내는 사이트이다. 이용자들은 자신의 계정의 프라이버시 설정을 통해 "뒤"와 "앞" 영역을 두어 페이스북 페이지에서 칸막이를 구분할 수 있게 되었다 (Goffman, 1959/1997). 이를 통해 다른 사람들에게 다른 정체성을 보여줄 수 있게 되었다.'(Zhao, Grasmuck & Martin, 2008, p.1832) Goffman의 작업은 온라인 데이트 사이트에 대한 연구를 한 사람들에게 가장 인기 있었다. 이러한 연구는 4장에서 좀 더 다루게 될 것이다.

2.6 사이버공간에서의 가능한 자기

수많은 연구들이 Higgins의 '가능한 자기' 이론이 온라인에서의 자기의 표현에 적용될 수 있다고 밝히고 있다. Manago 등(2008)은 포커스 그룹 스터디를 통해 여러 참가자들이 마이스페이스 프로필에 각각 자기 스스로의 다른 부분들을 선택해서 표현하고 있다는 점을 발견했다. 그들은 '프로필은 진솔한 자기, 다양하게 분화된 자기의 선택된 면들, 이상화된 자기, 또는 가능한 자기의 어떤 부분을 표현하고 있을 수 있다'고 주장했다(p.51).

Bessière(2007) 등은 Higgins의 이론을 적용해서 더 흥미로운 연구를 진행했다. 이 연구자들은 MMORPG(massively multiplayer online role-playing games: 거대 다수 온라인 롤플레이 게임)가 사람들이 이상적인 자기를 반영한 캐릭터를 만들어낼 수 있는 이상적 환경이라고 주장했다. 그러면서 이 게임들은 이러한 자기의 표현을 촉진시킬 수 있도록 익명성을 가지고 있는 공간이라는 점을 강조했다. 그들은 먼저 게임 이용자들이 자신이 스스로 그러하다고 믿는 것보다 더 이상적인 자기에 가까운 모습으로 캐릭터를 보여준다고 예측했다. 둘째로 심리적 웰빙 점수가 낮은 사람들은 심리적 웰빙 점수가 높은 사람들에 비해 더 이상적인 자기에 가깝고 실제 자기와 다른 캐릭터를 만들 가능성이 있다고 가설을 세웠다. 위에서 설명한 이러한 가설들은 Higgins의 자기불일치 이론에 따라 세운 것이다. 이 연구자들은 Big5 성격 검사로 성실성, 외향성, 신경증, 우호성, 개방성을 측정했다. 이 연구에서 참여한 사람들은 자신의 워크래프트 캐릭터가 실제 자기와 이상적 자기에 얼마나 가까운지 점수를 체크했다. Bessière 등은 자신들의 가설이 몇 가지 면에서 지지된다는 사실을 알아냈다. 가장 중요하게, 참가자들은 워크래프트에서 사용하는 캐릭터가 실제 자신의 모습보다 더 성실하고 외향적이며 덜 신경증적이라고 점수를 매겼다. 이러한 경향성은 우울하거나 자존감이 낮은 사람일수록 더 그렇게 나타났다. 심리적 웰빙 점수가 더 높은 사람들은 자신들의 캐릭터가 실제 자기 자신보다 더 낫다고 체크하는 경향이 덜했다.

2.6.1 진짜 나

'가능한 자기 이론'의 측면에서 John Bargh와 Katelyn McKenna는 사람들이 온라인에서 자기 스스로를 어떻게 표현하는지 설명하기 위해 Roger(1961, 2004)의 자기 이론으로부터 근거를 가지고 왔다(see Bargh, McKenna & Fitzsimons, 2002; McKenna, Green & Gleason, 2002; McKenna, Green & Smith, 2001). 그들은 개개인이 가지고 있고 소유하고 있지만 대부분의 사람들에게 전형적으로 표현할 수 없는 특징이나 성격특성을 지칭하며 '진짜 나'라는 단어를 사용했다. 이것은 한 개인의 내적 핵심(또는 '정말로 내가 그러하다고' 생각하는 자기)의 측면들을 언급하는 개념이다. Bargh와 McKenna는 사이버공간이 익명의 공간이며, 그 환경 안에서 사람들은 면대면 상호작용에서 전형적으로 드러내지 않는 자신의 특징을 모르는 이들에게 더 쉽게 드러내게 되기 쉽다고 주장했다.

McKenna(2002) 등은 '진짜 나' 척도를 네 가지 질문으로 구성하여 개발했다. 첫 번째 두 질문은 예/아니오 질문이다. 첫째, 참가자들에게 실제 삶에서 만난 사람들('인터넷이 아닌 곳의 친구들')에게 보다 인터넷에서 만난 사람들에게 더 스스로를 드러내는지에 대해 물었다. 둘째, 그들이 '실제 삶' 속의 인터넷이 아닌 곳의 친구들에게 공유할 수 없는 어떤 부분들을 인터넷 친구들에게는 얘기하는지에 대해 물었다. 다음의 두 질문은 7점 리커트 질문이었는데, 가족과 친구들이 참가자들이 쓴 이메일과 뉴스 그룹 포스팅 글들을 읽는다면 어느 정도로 놀랄 것 같은지에 대한 내용이었다.

한편, Bargh 등(2002)은 다른 방식으로 진짜 나를 측정하려고 시도했다. 그들은 사람들에게 자신이 소유하고 있고 표현할 것 같으나 일반적으로는 표현할 수 없다고 느끼는 최대 10개의 특징과 성격에 대해 물어보며 진짜 나를 측정했다. McKenna 등(2002)의 연구에서 가설은 진짜 나는 참가자들에게 알려져 있다는 점이었다.

바그와 맥케나는 한 사람의 진짜 나를 표현하는 것은 관계가 발달하는 데 중요한 영향을 미칠 수 있다고 믿었다. 이러한 이 저자들의 진짜 나와 사이버공간에서의 관계 발전에 대한 더 구체적인 이야기는 이 책의 3장에서 좀 더 구체적으로 기술하였다.

2.7 사이버공간에서의 사회적 정체성

이 장 앞부분에서 소개한 SIDE 이론으로 알려져 있는 사회적 정체성 이론의 확장된 모델은 온라인 정체성과 행동에 적용될 수 있다. SIDE 이론의 가설 중 하나는 사회적 정체성이 시각적으로 익명의 환경에서 현저하게 나타난다는 점이다. 따라서 이 이론은 사이버공간에서의 상호작용에 적용할 수 있는 명확한 이론이 될 수 있다. 연구자들은 익명의 컴퓨터로 연결된 상호작용(Computer Medicated Communication: CMC) 환경에서 집단과 사회적 기준의 영향은 더 극명해질 것이라는 점을 믿었다.

CMC에 대한 초기 연구에서, Spears(1990) 등은 집단 정체성 대 개인 정체성의 특징을 연구했다. 집단 정체성이 현저하게 나타나는 조건을 위해 연구자들은 참가자들에게 연구가 심리학과 학생들의 집단적인 의사소통 스타일을 연구하는 것이라고 말했다. 개인 정체성이 현저하게 나타나는 조건을 위해 연구자들은 참가자들에게 의사소통 스타일의 개인별 특징을 연구하고 있다고 말했다. 참가자들의 반은 각각의 분리된 방에서(시각적으로는 익명인 상태) 터미널을 통해 의사소통했으며, 다른 참가자 반은 서로를 볼 수 있는 같은 방에서 의사소통했다. 이 연구를 통해서 연구자들은 토론 주제에 대한 진보적인 참가자 기준에 대한 피드백을 제공했다. 예측했던 대로, 집단 정체성이 현저할 때 사람들은 집단 기준 방향으로 편향되는 현상을 보였으며, 이런 경향성은 시각적으로 익명의 상태에 있을 때 더 그러했다. 물론 이 연구는 연구실에서 진행된 실험 연구이므로 자연적인 집단에서도 같은 결과를 얻을 수 있다고 말할 수 없다는 비판이 있을 수 있다.

또 다른 실험 연구에서 Cress(2005)는 SIDE 이론에 근거하여 온라인에서 사회적 태만 현상에 대해 연구했다. 참가자들이 개인적인 편인지 친사회적인 편인지 확인하기 위해 사회적 가치 지향 검사를 실시했다. 그리고 나서 서로서로 다른 방에 있는 사람들 6명으로 구성된 실시간 작업 팀에 참가하도록 했다. 이 작업은 사회적 딜레마에 대한 것이었다. 더 많은 팀원이 기부를 할수록 개개인은 더 많이 벌 수 있다. 그러나 더 많은 개개인이 집단에 기여할수록 자기 자신은 덜 벌 수 있다. 이 실험에서 참가자들의 반은 집단 구성원의 사진에 대한 데이터베이스를 공유받았고 나머지 반은 구성원의 사진을 볼 수 없었다. 예측한 대로, 친사회적인 성격이 더 높은 참가자들은 개인주의적 스타일의 참가자들보다 더 현저하게 집단 기준을 따르는 것으로 나타났다. 두 번째로, 협력적인 행동에 사회적 가치기준이 영향을 미치는 데 있어서 익명성은 조절변인 역할을 한다는 점이 밝혀졌다. 구성원의 사진을 본 경우에 친사회적인 사람들은 사회적 태만 상황에 있어서 더 친사회적이 되는 경향이 있었으며, 이는 SIDE 이론에서 예측한 추론대로였다.

2.8 시각적 익명성?

물론 오늘날에는 인터넷을 사용하는 초기 시대보다 사람들이 시각적으로 익명성을 유지할 수 있는 사이버공간이 더 적은 편이다. 요즘 이용자들은 자신의 사진을 올리고 다른 사람의 사진을 보는 것을 즐기기 때문이다(예: SNS, 온라인 데이트 사이트, 블로그, 채팅방 등). 이것이 사람들이 더 이상 자기 자신을 표현하는 방법을 실험적이거나 전략적으로 하지 않게 만들 거란 점을 의미하지는 않는다(온라인 데이트에 관해서는 4장에서 더 살펴볼 것이다). 그러나 진화하는 인터넷을 이해하기 위한 새로운 이론을 발달시켜 나가야 하는 때가 왔다.

우리가 온라인에서 물리적인 자기를 표현할 때 우리는 스스로에 대해 어떻게 표현하는 데 흥미를 가지고 있는가. 예를 들어, 우리는 어떤 사진을 선택해서 게시하고 온라인 프로필을 보는 이용자들에 의해 자신의 정체성이 어떻게 해석당하기를 바라는지에 대해 생각해볼 수 있다. 아마도 우리는 터클이 초기 연구에서 제시한 것처럼, 우리가 표현하려고 선택하는 이미지를 통해 오프라인보다 온라인에서 자기를 표현하는 것을 통해 조작하고 연기할 가능성이 있다. 인터넷이 변화하고 발달해 나감에 따라 훨씬 더 철저한 연구들을 진행하여 자기에 대한 새로운 이론을 실험하고 발달시켜 나갈 필요가 있다. 미래에는 시각적으로 익명성을 가진 인터넷과 비교할 때 온라인에서 자기를 표현할 기회가 훨씬 더 적을지도 모른다.

2.9 결론

이 장에서는 자기와 정체성에 대한 주요 이론들을 요약해보았고 이러한 이론들이 온라인에서의 자기 표현에 어떻게 적용될 수 있는지 살펴보았다. 몇몇 이론은 다양한 자기에 대해서 설명하고 있고 인터넷이 어떤 방식으로 자기를 표현하는 실험 가능성을 높여주고 있는지에 대해 설명할 수 있다. 몇몇 학자들은 사람들이 자기를 표현하는 데 전략적이 될 수 있다는 부분을 얘기했는데 이 내용은 다음 장에서 다시 다룰 것이다. 그러나 우리는 이런 연구들이 진행되던 시기에 인터넷이 어떻게 구성되어 있었는지의 맥락에서 이 이론들을 살펴볼 필요가 있다. 요즈음보다 인터넷 초기 시대에 사람들은 더 시각적으로 익명성을 확보할 수 있었다. 초기 시대와 현재 디지털 기술의 차이가 있음에 따라 우리는 현재 공간에 의존하여 또한 다른 자기 표현을 할 수 있다는 점도 고려해야 한다. 기존 문헌들을 읽을 때, 온라인 환경에서의 존재는 '실제가 아니라는' 주장에 따라 물리적인 세계가 '현실' 세계라고 언급되는 것을 종종 볼 수 있을 것이다. 독자로서 당신은 온라인 공간에서 당신이 행하는 것들이 '비현실적인' 것인지, 또는 정말 단순히 당신자신의 또 다른 표현은 아닌지에 대해 의문을 가질 수 있다. 더군다나 사람들이 물리적 현실의 공간을 대체하는 활동들을 현실 시간대와 동시에 온라인 네트워크에서 사회적 관계를 이뤄나가면서 진행함에 따라, 온라인과 오프라인 공간은 동떨어진 공간이 아니게 되었다(예를 들어, 현재 무엇인가 하고 있는 모습의 사진과 비디오를 온라인에서 공유하고 동시에 친구들과 이것에 대해 의견을 달기도 하는 것). 자기와 정체성에 대한 앞으로의 이론은 대면 공간과 사이버공간을 양분되는 것으로 이해했던 방식에 대해 다시 생각해볼 필요가 있다.

3장에서 우리는 여기서 이야기한 시각적으로 익명성을 가진 인터넷과 온라인 관계를 시작하고 발전시켜 나갈 때 개개인에게 주어지는 기회들에 대해서 좀 더 얘기해볼 것이다. 이 장에서처럼 당신은 디지털 공간에서 상호작용하는 부분에 대한 건강한 면과 건강하지 못한 면들에 대한 학자들의 많은 다른 시각을 배우게 될 것이다.

토론 질문

1. 당신은 온라인 공간에서 스스로를 다르게 표현하고 있는가? 어떤 면은 다르고 어떤 면은 동일한가? 당신은 왜 그렇게 한다고 생각하는가?
2. 당신은 인터넷이 이상화된 놀이 공간이라는 Turkle의 초기 시각에 대해 동의하는가?
3. 당신은 '자기는 포위당한 상태이다'라는 Gergen의 시각에 동의하는가?
4. 당신은 사이버공간에서의 자기표현을 설명하는데 Goffman의 이론을 적용할 수 있다고 생각하는가?
5. '이상적 자기'를 표현하는 데 있어서 이상적인 공간은 있는가?

추천하는 읽을거리

Bargh, J. A., McKenna, K. Y. A. & Fitzsimons, G. M. (2002). Can you see the Real Me? Activation and expression of the 'true self' on the Internet. *Journal of Social*

Issues, 58, 33–48.

Bessière, K., Seay, F., & Kiesler, S. (2007). The ideal elf: Identity exploration in *World of Warcraft. CyberPsychology & Behavior, 10*(4), 530–535.

Gergen, K. J. (1991). *The saturated self.* New York, NY: Basic Books. Goffman, E. (1959/1997). In the presentation of self in everyday life. In C. Lemert & A. Branaman (Eds.), *The Goffman reader* (pp. 21–26). Cambridge, MA: Blackwell.

Haraway, D. (1991). *Symians, cyborgs and women: The reinvention of nature.* London, UK: Free Association.

Lea, M., & Spears, R. & de Groot, D. (2001). Knowing me, knowing you: Anonymity effects on social identity processes within groups. *Personality and Social Psychology Bulletin, 27*(5), 526–537.

Turkle, S. (1995). *Life on the screen: Identity in the age of the Internet.* London, UK: Weidenfeld & Nicolson.

Turkle, S. (2011). *Alone together: Why we expect more from technology and less from each other.* New York, NY: Basic Books.

03

온라인 관계

인터넷이 사회적인 교류의 공간으로만 만들어진 곳은 아니지만, 이용자들은 사회적인 관계를 맺는 방식으로 인터넷을 사용하게 되기 쉽다. 우리가 온라인에서 하는 활동의 많은 부분은 사회적인 것이며, 심리적으로 건강한 관계가 온라인에서 생기고 유지될 수 있다는 연구들도 존재한다. 이 장에서는 이러한 관계가 오프라인에서 이루어지는 관계와 항상 똑같지는 않다는 점(때때로 온라인 관계가 더 가깝거나 친밀하기도 하며 때때로 더 일시적인 것이 되기도 한다)을 학자들이 확인한 부분에 대해 제시할 것이다. 이번 장 초반부에서는 인터넷의 출현 이전에 나온 관계 형성에 대해 설명하는 주요 이론들 일부에 대해 먼저 요약할 것이다. 인터넷에서 형성되는 관계의 시작, 발달, 유지를 설명하는 데 있어서 이러한 이론들은 중요하게 고려될 것이다. 그러나 앞으로는 기존의 공간과 비교할 때 온라인상에서 관계를 맺는 방식의 몇몇 차이를 설명할 수 있는 새로운 이론이 나올 필요가 있어 보인다.

3.1 전통적인 관계 맺기: 오프라인 세계

'전통적인' 오프라인 연인관계가 시작되고 발전해 나가는 것에 대해서 생각해보면 어떤 것이 떠오르는가? 이러한 연인관계의 흐름에 대한 당신의 생각은 당신의 부모와의 관계와 꽤 다를 것이고, 또한 먼 과거 또는 다른 문화권의 사람들과도 매우 다를 것이다. 관계 형성에 대한 문헌을 읽을 때 이러한 점에 대해 유념할 필요가 있다.

연애에 있어서 끌림은 연인에게 함께 나타나는 새로운 자극제이다(see Whitty & Carr, 2006). 19세기 초 유럽에서 결혼은 종종 중매를 통해 이루어졌고 (Murstein, 1974; Rice, 1996), 요즈음도 어떤 문화권에서는 여전히 중매결혼이 이루어지고 있다. 19세기 후반과 20세기 초반에는 결혼 전 교제가 매우 형식적이었으며 부모들은 여전히 자녀들이 결혼하는 데 있어서 의견을 제시했다(Cate & Lloyd, 1992). 20세기 중반이 되어서야 서양 문화권에서는 좀 더 비형식적인 또래 데이트 문화가 생겨났다(Mongeau, Hale, Johnson & Hillis, 1993). 1960년대에 서양 문화권에서 성적 혁명이 일어난 후에 남녀 모두에게 변화가 일어나서, 서로의 부모가 어떻게 만났는지 생각해볼 수 있는 방식의 교제가 생겨나기 시작했다. 요즈음에는 개인에게 좀 더 많은 선택지가 주어졌다. 결혼은 더 이상 연인이 서로에 대한 헌신을 표현하는 필연적인 방식이 아니며, 동거를 선택하는 경우도 많아졌다.

연인 관계에 대한 많은 이론은 특히 1960년대 이후 서양 기준에 근간을 두고 있는 경우가 많다. 우리는 연인 관계가 어떻게 그리고 왜 발전하는지에 대해 설명하는 목적으로 몇몇 이론을 요약해볼 것이다.

3.1.1 사회진화이론

간단히 사회진화이론은 자연 선택을 통해 인간은 어떠한 특성과 감정 반응을 유전적으로 가지게 된다고 설명한다. 인간은 상대 성에 대한 특정 특징에 가치를 두도록 진화해 왔다. 연인 관계를 형성하기 시작할 때, 한 개인이 어떤 특징을 더 많이 가지고 있을수록 반대 성의 사람들에게 더 많이 매력을 느끼게 한다(Buss, 1987). 이 이론에 따르면, 여자는 자식을 낳게 해줄 수 있는 남자에게 더 많이 끌린다. 반대로 남자는 생식력이 있고 아이를 낳기에 더 가치 있는 여자에게 더 끌린다. 매력에 대한 수많은 연구들은 이 이론을 지지하면서, 남자가 신체적으로 매력적인 여성을 찾으며, 여자는 사회적으로 높은 지위에 있는 남자에게 더 관심을 가지게 된다는 점을 밝혔다(예: Buss & Barnes, 1986; Greenless & McGrew, 1994; Kenrick, Sadalla, Groth & Trost, 1990; Townsend & Wasserman, 1997).

3.1.2 사회적 침투 이론

대조적으로 사회적 침투 이론은 연인 관계의 발달에 대해 고려한다(그리고 이 이론은 우정에 적용될 수도 있다). 이 이론은 Altman과 Taylor(1973)에 의해 제시되었으며 다른 연구자들에 의해 수정을 거쳤다(예: Morton, Alexander, & Altman, 1976).

이 이론에 따르면 관계는 시간이 지남에 따라 덜 친밀한 관계에서 더 친밀한 관계로 이동해 나간다. 이러한 과정은 관계가 발전해 나감에 따라 사람들은 점점 더 깊은 자신의 모습을 노출하게 된다는 양파 비유를 사용해서 묘사할 수 있다. 이 이론은 관계 형성의 깊이와 너비에 대해서 설명한다. 깊이는 표면에서 시작해서 성격의 더 중심, 핵심적인 면으로 이동하는 것을 표현한다. 너비는 한 사람의 가족, 직업 등과 같은 주제의 넓은 범위에 대한 정보를 말한다. 사회적 침투 이론에 따르면, 관계 발달의 초기에는 조심성을 가지고 덜 친밀한 주제에 대해 상호간에 대화를 체크하면서 소통을 한다. 점차적으로 사람들은 더 편안함을 느끼게 되면서 자신의 다른 면을 노출하기 시작한다.

3.1.3 교환 이론과 공정성 이론

교환 이론과 공정성 이론은 연인을 선택하는 사람들의 유형을 설명한다. 교환 이론은 보상과 비용의 관점에서 관계를 설명한다. Thibaut과 Kelley(1959)는 이 이론을 처음으로 제시하였으며, 어떤 사람에게 우리의 감정이 어떠하든지(우리의 동기가 순수하거나 존경할 만한가 그렇지 않은가와 관계없이) 사람들은 다른 사람들과의 관계에서 전반적인 보상과 비용을 서로 만족시키기 바란다고 설명했다. 교환 이론에 따르면 사람들은 자신의 이익을 최대화 하려한다. 즉, 보상은 비용을 넘어야 한다. 이러한 이론가들은 또한 개개인이 주어진 관계에 얼마나 만족하는가를 예측하기 위해 그들의 기대를 계산에 넣을 필요가 있다고 주장한다. 예를 들어, 사람들은 과거 관계와 자신과 비슷한 다른 사람들의 관계에 대한 관찰에 근거해서 관계에 대한 기대를 발전시킨다. 그러므로 관계가 만족스럽기 위해서는 결과가 이러한 비교 수준과 맞거나 초과할 필요가 있다. 교환 이론과 마찬가지로 공정성 이론은 개인적 관계를 맺는 사람들이 결과를 최대치로 끌어올리려 노력한다고 주장한다. 이 이론의 창시자들은 사람들이 스스로 불공정한 관계 속에 있다고 생각할 때 고통을 경험하며 이러한 고통의 강도는 불공정성의 정도에 따라 증가한다고 보았다. 이러한 고통을 경험하게 되면 사람들은 공평함을 되찾기 위해 시도할 것이다.

사람들이 관계를 시작할 때 자신의 과거 경험과 비슷한 사람들의 관찰을 통해 비교 수준을 정한다는 Thibaut과 Kelley(1959)의 이론과 대조적으로, 공정성 이론은 상대 연인의 상대적인 헌신과 결과에 초점을 둔다. 그러므로 관계가 공정한지에 대해 관련된 정보는 관계 안에서 나온다. 더 많이 헌신하는 사람들은 더 많이 얻어내기를 기대한다. 덜 헌신하는 사람들은 관계에서 덜 기대한다. 이 이론을 뒷받침하는 꽤 많은 연구들이 있다. 예를 들어, Harrison과 Saeed(1977)는 800개의 이성애자 신상 프로필 광고의 내용 분석을 실시했다. 그들은 사람들이 스스로 제공하고 잠재적인 연인에게 희망하는 것 사이에 있어서 상호보완적이나 성별 차이가 있다는 점을 발견했다. 즉, 사람들은 자신과 비슷한 수준의 매력의 사람들을 찾는다. 만약 어떤 사람이 더 매력적이라고 느낀다면 전형적으로 상대방에게 다른 특징(예: 사회적 지위와 부)을 찾아서 차이를 줄여 나가기를 원한다.

3.2 기존 이론들을 온라인 관계에 적용하기

사이버공간에서 어떻게 관계를 시작하고 발전시켜 나가며 유지하는지, 그리고 이러한 관계가 오프라인 공간으로 어떻게 연결되는지를 설명하는 새로운 이론들이 제시되어 왔다. 그러나 이러한 새로운 이론들에 대해 설명하기 전에

이 장에서는 위에서 제시한 이전 이론들이 온라인 관계를 설명하는 데 어떻게 적용될 수 있는지를 요약해보고자 한다.

3.2.1 사회진화이론

사회진화이론이 반대 성에 대한 끌림을 예측하는 성별 차이의 부분은 온라인에서도 나타난다. 예를 들어, Dawson과 McIntosh(2006)는 온라인 개인 신상 프로필 광고에서 여자들은 신체적 매력을 더 강조한 반면 남자들은 부를 더 강조하는 경향이 있다는 점을 발견했다. 온라인 데이트의 경우에(4장에서 이 내용에 대해 좀 더 구체적으로 살펴볼 것이다) 연구자들은 여성들이 자신의 프로필에 더 매력적인 사진을 올리려고 큰 노력을 하는 경향이 있다는 점을 발견했다(Whitty, 2008a; Whitty & Carr, 2006). 게다가 남자보다 여자가 자신의 외모에 대해 더 거짓말을 하며 예전 사진을 사용하고, 남자들은 자신을 사회적 지위에 대해 더 과장하고 거짓말하는 경향이 있었다. Whitty와 Buchanan(2010)은 온라인 데이트에서 닉네임을 사용하는 경우에 대해 연구했는데, 여자보다 남자들이 더 신체적 매력을 강조하는 닉네임에 끌리며 남자보다 여자가 지적이거나 중성적인 닉네임에 더 끌린다는 점을 밝혔다. 동시에 남자들은 여자보다 더 신체적 매력을 나타내는 닉네임에 연락을 취했으며, 여자들은 남자보다 더 지적인 특징을 나타내는 닉네임에 연락을 하는 경향을 보였다.

3.2.2 사회적 침투 이론

연구자들은 사람들이 온라인에 있으면 대면일 때보다 자기 자신에 대해서 더 깊고 넓게 더 빨리 자기노출을 한다는 것을 발견했다(예: Joinson, 2001). 전통적인 환경에 비해 온라인에서 자기노출이 달라질 수 있다는 점에서 새로운 이론들은 이러한 유형의 관계를 설명하고 있다(이 장의 후반부에서 이야기하고 있는 탈억제 효과와 초개인화 이론에서 이 내용을 살펴볼 수 있다). 그러나 이 장에서 주장하는 바에 따르면 온라인 상호작용 전체를 설명하는 데 하나의 이론이 적용될 수는 없다. 예를 들어, 4장에서 설명하겠지만, 사회적 침투 이론은 온라인 데이트에서 시작되는 관계를 설명하는 데에는 적용될 수 없다(Whitty, 2008a).

3.2.3 교환 이론과 공정성 이론

연구자들은 온라인 데이트에 참여하는 사람들의 성격과 쇼핑 리스트에 있는 특징을 설명했다(Whitty, 2008a; Whitty & Carr, 2006). 이 연구자들은 온라인 데이트 사이트에서는 사람들이 자기 자신과 타인을 상품과 같이 다룬다고 주장했다. 교환 이론과 공정성 이론은 자신과 타인에게 있는 매력적인 특징들(예: 외모, 취미, 성격) 사이에서 균형을 찾으려 하는 부분을 설명할 때 적용될 수 있다. 이에 대해서는 4장에서 더 자세히 설명할 것이다.

제안활동

당신의 이전 연애 경험에 대해 생각해보자. 이 관계를 시작하고 발전시켜 나가는 데 디지털 기술이 어떻게 사용되었는가? 다른 것보다 유혹하기 더 쉬운 점이 있었는가?

3.3 온라인 관계를 설명하는 새로운 이론들

위에서 제시한 이론들이 유용하기는 하나, 학자들은 온라인에서 관계를 맺고 상호작용하는 부분이 전통적인 공간에서 관계를 맺고 상호작용하는 것과 매우 다르다는 점을 알게 되었다. 관계에서 있어서 이러한 다른 점들이 있기에 어떤 온라인 공간에서 일어나는 독특한 상호작용을 설명하는 데 필요한 새로운 이론들이 나오게 되었다. 이 장에서는 이러한 이론들에 대해 생각해볼 것이다.

3.3.1 탈억제 효과

연구자들은 어떤 온라인 공간에서 사람들은 자기자신의 어떤 면을 사이버 공간에 쉽게 오픈하고 전통적인 면대면 공간에서는 하지 않았을 행동을 한다는 점을 발견했다(Joinson, 2001). 이는 '탈억제 효과'라고 알려져 있다(Suler, 2004).

Suler(2004)는 이를 양날의 검으로 묘사하고 있다. 사람들이 두려움과 소망과 같은 비밀 감정을 보여주거나 친절하거나 자상하고 독특한 행동을 보여줄 때 '상냥한 탈억제'라고 표현했다. Barak, Boniel-Nissim과 Suler(2008)는 온라인 탈억제 효과 때문에 사람들이 온라인 지지 그룹에 더 많이 오픈될 수 있다고 하였다. 그들은 이러한 현상이 개인적인 임파워먼트, 통제, 자기확신, 긍정적 감정을 일으킬 수 있다고 주장한다. 반대로 사람들은 대면일 때보다 더 무례하거나, 더 비판적이 되거나, 화내거나 협박할 수 있다. 이를 Suler(2004)는 '악성 탈억제'라고 불렀다. 사이버폭력은 이러한 악성 탈억제의 한 유형이다(이 주제에 대해서 13장에서 좀 더 자세히 다룰 것이다).

3.3.2 사회적 현존 이론

사회적 현존 이론은 온라인 환경에 적용한 첫 번째 이론 중 하나이다. 특히 이 이론은 사람들이 문자 메시지를 통해 의사소통 하는 온라인 상황에서 처음 개발되었다. 이 이론은 사회적 현존이 다른 사람들이 의사소통을 교환하는 데 있어서 연결되어 있다고 느끼는 것을 사실로 받아들인다. 온라인 상호작용에서는 면대면 상호작용에 비해(얼굴 표정, 자세, 옷 스타일 등과 같은) 비언어적 단서와 목소리 단서가 훨씬 적기 때문에, 사회적 현존감이 극도로 낮을 것이라고 예측되었다(Hiltz, Johnson & Turoff, 1986). 이 이론에 따르면 사회적 현존감이 줄어들 때 상호작용은 더 비인격적이 된다. 반대로 외모가 어떠한지에 대한 더 많은 정보를 제공해줄 때 더 긍정적인 관심을 주게 된다. 그러므로 다른 미디어에 비해 온라인에서 사회적 현존감이 덜하기 때문에 온라인 상호작용은 덜 인간적이고 덜 친밀하다고 알려졌다. 이러한 이론에 있어서 문제는 온라인에서 진술하고 친밀한 관계가 형성되기도 한다는 점이다. 이 이론이 예측하는 것과 상반되는 증거들이 발견되었는데, 온라인 환경에서 문자를 통해 진짜 관계가 어떻게 형성되는지를 설명하는 다른 이론들이 점차 나오고 있다.

3.3.3 사회적 정보처리 이론

Walther(1995)는 사회적 현존 이론과 같은 초기 이론들을 비판했다. 그 또한 사회적인 단서가 온라인상에서 줄어들었다고 얘기하지만, 그는 이러한 많은 연구들이 시대의 흐름에 적절하게 반응하지 못하고 있다고 본다. Walther와 동료들은 온라인 환경에서 일어나는 의사소통 교환을 더 면밀히 이해하고자 노력했다. 그렇게 Walther는 '사회적 정보처리 이론'을 제시했다. 이 이론은 면대면 상호작용과 온라인 상호작용 사이에 주요 차이점이 관계를 발전시키는 역량보다 각 공간에서 관계가 발전하는 속도라고 설명했다. 온라인 상호작용이 처음에는 비록 더 공격적일지라도 시간이 지나면서 이러한 부분은 소멸된다고 Walther는 주장했다. Walther(1992, 1995, 1996)는 이 이론에서는 온라인 관계와 면대면 관계 사이의 많은 차이점이 시간이 지나면서 사라지며 온라인에서는 제한된 단서들로 인해 정보 교환의 비율이 제한되기는 하지만 이러한 문제는 더 길게 자주 상호작용하면서 점점 사라질 수 있다고 말하고 있다.

3.3.4 초개인화 의사소통

Walther는 그의 사회적 정보 처리 이론을 확장해서 초개인화 의사소통 구조를 발전시켰다. 이 이론은 온라인에서 사람들이 파트너에게서 친밀감, 애정, 대인관계 평가를 경험하기도 하며 이는 면대면 활동이나 온라인이 아닌 다른 환경에서 일어나는 것보다 더 강하게 나타나기도 한다고 본다(Walther, Slovacek & Tidwell, 2001, p. 109). Walther(1996)는 사람들이 인상을 발달시키는 데 있어서 인터넷의 기술적 역량에 도움을 받는다고 주장한다. 이 이론에 따르면 메시지를 받는 사람들은 파트너가 훨씬 더 매력적인 성격을 가지고 있으며 본인과 유사점이 많다고 믿도록 하는 메시지들 때문에 파트너를 이상화하게 되는 경향이 있다고 말한다. 대조적으로 메시지를 보내는 사람들은 자기 자신에 대해 선택적으로 좋은 면들을 보여주고 사회적으로 더 매력적인 사람인 것처럼 드러내는 데 이 기술을 이용한다. 온라인의 특징은 사람들이 자기를 표현하는 데 더 전략

적이 되도록 해주고 이러한 온라인 환경은 외부 세계에 필터가 씌워지고 대신
에 온라인 상호작용에 초점을 맞추면서 형성된 인지적인 정보들을 수용하게 만
든다는 것이다. Walther(2007)는 '온라인 채널들은 편집, 자유재량, 편리함을 더
활성화시키고, 환경적인 방해요인들을 보지 않게 해주며, 더 나아가 한 사람의
메시지 구성을 향상시키기 위해 인지적인 자료들을 재배열할 수 있게 되어 있
다'(p. 2539). Walther는 이러한 상호작용 사이클이 시작되면 '온라인은 역동적인
피드백 루프를 만들어내어 그 안에서 과장된 기대가 확인되며 계속해서 이러한
편견에 기반한 의사소통 과정을 통한 서로의 상호작용을 통해 반복된다'라고 주
장한다.

　　연구자들은 이러한 이론이 커플만이 아니라 집단에서도 나타난다는 점을
발견했다. 예를 들어, Hancock과 Dunham(2001)에서 연구 참가자들은 문자 기
반의 상호작용 상황 또는 면대면 상호작용 상황에 배치되었다. 이 연구에서 80
명의 참가자들은 파트너의 성격 프로파일에 체크했다. 초개인화 이론에서 예측
한 것처럼, 이 연구에서는 온라인 환경에서 형성된 인상이 덜 세부적이었으나
면대면에서 형성된 인상보다 더 강렬했다. 또 다른 연구에서 Jiang, Bazarova과
Hancock(2013)은 문자 기반 온라인 환경에서 파트너의 초기 자기노출이 면대면
에서의 자기노출보다 더 친밀감을 일으킨다는 점을 확인했다. 온라인에서 일어
나는 상호작용은 친밀감을 계속해서 더 크게 느끼도록 한다는 점을 발견했다.

3.3.5 진짜 나

　　2장에서 살펴본 것처럼 2000년대 초반 연구자들(예: Bargh, McKenna &
Fitzsimons, 2002; McKenna & Bargh, 2000; McKenna, Green & Gleason, 2002)은 인터
넷이 Rogers가 개념화한 '진짜 자기'를 표현하기에 이상적인 공간이라고 제안했
다. 그들은 Rogers(1951/2003, 1961/2004)가 제시한 '진짜 자기'라는 개념과 동등
한 선에서 이 개념을 이해하면서 '진짜 나'라는 용어로 대체했다. 그들은 '진짜
나'라는 용어를 사람들이 소유하고 있지만 일반적으로 대부분의 사람들에게 표
현할 수는 없는 특징이나 성격을 의미하는 것으로 정의했다. 이는 한 사람의 내

적 핵심(또는 '진짜 내가 누구인가')의 측면을 언급하는 구조이다. 이러한 연구자들은 사이버공간이 면대면 상호작용을 하는 전통적인 특징에서는 없었던 점인 익명성을 가지고 있고 모르는 사람들에게 자기 자신을 더 쉽게 표현한다는 점 때문에 이러한 '진짜 나'가 나타난다고 주장했다.

2장에서 McKenna 등(2002)이 진짜 나 척도를 개발한 것에 대해서 언급했었다. 다시 살펴보면, 진짜 나 척도는 네 개의 질문으로 구성되어 있다. 첫 번째 두 질문은 네/아니오 응답을 요구한다. 첫째, 참가자들에게 그들이 실제 생활에서 알게 된 사람들('인터넷 친구가 아닌 이들')보다 인터넷에서 알게 된 사람들에게 자기자신에 대해서 더 많이 노출하는지 아닌지에 대해 묻는다. 둘째, 인터넷 친구가 아닌 이들과 '진짜 삶'에 대해 공유할 수 없다고 느끼는 부분에 대해 인터넷 친구들에게는 이야기하는 부분이 있는지를 묻는다. 다음 두 질문은 가족이나 친구들이 그들의 인터넷 메일이나 블로그 포스팅을 읽는다면 어느 정도 놀랄지에 대해 7점 리커트 척도로 묻는 내용이다.

이 연구는 그들의 이론에 대한 명확한 근거를 제시했다. 이 연구자들은 진짜 나를 측정하는 추가적인 방법들도 사용했다. Bargh 등(2002)은 사람들에게 자신이 소유하고 있고 사회적인 상황에서 다른 이들에게 표현하고 있다고 믿는 최대 10가지 특성(실제적 자기)과 그들이 가지고 있지만 일반적으로 표현할 수 없다고 느끼는 최대 10가지 특성(진짜 자기)을 적어보도록 했다. 그들은 또한 자기 기술 과제에 반응하는 시간을 측정했다. 단어가 컴퓨터 스크린에 몇 초마다 나타나면 참가자들은 그 단어가 자신을 묘사하는지 아닌지 결정해서 '네'와 '아니오'를 나타내는 자판을 가능한 빨리 누르도록 했다. 이 실험에서 반응 시간 과제는 진짜 자기 개념이 인터넷 상호작용을 통한 기억에 더 쉽게 접근가능한지, 면대면 상호작용에서의 실제 자기가 더 쉽게 기억에 접근가능한지를 확인하기 위해 고안된 것이었다. 그들의 최종 연구에서 참가자들은 면대면 상호작용과 비교할 때 인터넷에서 진짜 자기 특징들을 파트너에게 더 표현하는 경향이 있다는 점을 다시 확인할 수 있었다. 어떤 사람들은 온라인에서 더 친밀한 관계를 맺어 나갈 수 있으며, 이 공간에서 더 편하게 자신을 오픈할 수 있다고 믿으며 사람들에게 함께 더 가까워지도록 하는 자기노출을 일으킨다는 점을 주장했다. 그들은 특히 부끄러움이 많고 사회적 불안이 높은 사람들에게는 더 그렇다고 보았다.

3.4 온라인 관계에 대한 간략한 역사

15년 전만해도 온라인에서의 로맨틱한 활동이 순수하게 문자적인 상호작용을 통해서 일어날 수 있다는 점을 전혀 상상하지 못했다. 온라인 상호작용에서 비언어적 단서가 부족한 부분을 극복하는 새로운 방법들이 개발되었다(예: 이모티콘 형태). 밀레니엄 시대 전환기에 인터넷이 어떻게 발달해왔는지를 이해할 필요가 있다. 이 장에서는 온라인 관계가 시작되고 형성되기 시작한 온라인 공간들에 대해 간략하게 살펴보고자 한다.

3.4.1 게시판 체제: 한 줄별로 생기는 관계

게시판 체제는 특히 초기 인터넷 시기에 인기있었으며 사실상 많은 사람들이 꽤 성적으로 활용했던 공간이다. 게시판 체제는 WWW의 선구자였다. 그러나 최근 인터넷에서 이용되는 공간과는 매우 달라 보인다. 이 공간은 전형적으로 한 줄씩 글을 쓰는 체제였고 오직 한 번에 한 명의 사용자가 온라인에 있을 수 있었다. 사람들은 오직 문자를 사용해서 의사소통할 수 있었다. 그러한 초기 시대조차도 이러한 게시판은 사람들이 서로 만나고 토론하며 글을 쓰고 소프트웨어를 다운받으며 게임도 할 수 있는 사회적 공간이었다. 게시판 관리자는 때로 이 사이트에서 나타나는 메시지들을 검열하기도 했지만 주로 매우 자유로운 공간이었다. 사용자들은 공적인 메시지와 사적인 메시지를 남길 수 있었다. 어떤 게시판 체제는 특히 성적 호기심을 공유하고 자신의 성적인 욕구를 온라인 또는 오프라인에서 해소해 나가는 사람들이 서로 만나도록 특히 고안되기도 했다(5장에서 이에 대해 좀 더 살펴볼 것이다).

3.4.2 MUDs와 MOOs: 진짜 관계가 형성되는 공간

MUDs와 MOOs는 다양한 사용자들이 한 번에 동시에 접속할 수 있는 문자 기반의 온라인 가상 시스템이다. 이들은 롤플레잉 게임(인기 게임인 던전앤드래곤과 매우 유사)을 할 수 있는 공간이었다. MUDs와 MOOs는 실시간 상호작용의 형태이다. 참가자들은 선택된 문자를 가지고 다른 온라인 캐릭터들과 소통했다. 초기 시대에 연구자들은 이러한 공간에서 진짜 친구와 연인 관계가 실제로 생겨날 수 있는지에 대해 의견이 갈렸다. 경험적 연구를 통해 이러한 관계가 실제로 생겨났고 때로는 성공적으로 이러한 공간으로부터 오프라인 세계로 관계가 옮겨갈 수 있다는 점을 살펴볼 수 있었다. 예를 들어, Parks와 Roberts(1998)는 MOOs에서 발전하는 관계를 조사했고 그들이 조사했던 대부분의 참가자들 (93.6%)이 MOOs에서 활동하면서 적어도 한번의 지속적인 개인적 관계를 형성했다고 응답했다. 친한 친구(40.6%), 우정(26.3%), 연인관계(26.3%)와 같이 다양한 관계가 생겨났다. Parks과 Roberts(1998)는 '이러한 MOOs에서의 개인적 관계 형성이 예외적이라기보다는 일반적인 것으로 보인다'고 말했다(p. 529). 흥미롭게도 온라인 관계의 대다수는 반대 성별과 이루어졌다. 이러한 결과는 연령대나 사회적 지위와 상관없이 비슷하게 나왔다. Parks과 Roberts는 이러한 결과가 같은 성별의 우정이 반대성의 우정보다 더 일반적으로 일어나는 '실제 삶'과 꽤 다른 형태라고 말했다.

Utz(2000)는 MUDs에서 일어나는 상호작용에 대해 설명했다. 그녀의 연구에서 참가자의 76.7%가 온라인에서 형성된 관계가 오프라인 관계로 발전했다고 말했다. 이 중에서 24.5%는 연인 관계였다. 게다가 Utz는 동시에 사람들이 '비언어적 단서를 언어로 표현하는 방법'을 배웠다는 점을 발견했다. MUDs 사용자들은 일반적으로 자신의 기분과 감정을 보여주는 이모티콘을 사용했다.

3.4.3 채팅방: 더 적은 것은 더 많은 것을 의미한다

채팅방은 실시간 의사소통과 연관되며, Whitty, Buchanan, Joinson와

Meredith(2012)에 따르면 '거의 실시간에 가까운' 상호작용이다. 대부분의 채팅방은 굳이 필요하지 않지만 특정한 주제를 가지고 있다. 사용자들이 채팅방에 들어오면 모든 다른 사람들에게 보여지는 메시지를 칠 수 있다. 수백만의 사람들이 동시에 동일한 채팅방에 있는 그룹에게 메시지를 칠 수 있다. 채팅방은 문자 메시지와 유사하지만 두 명 이상의 사람들에게 사용할 수 있다는 특징이 있다. 동시에 이러한 채팅방들은 적절하다. 채팅방은 인터넷 초기 시대에 매우 유명했고, 문자로만 이용되었다. 최근으로 오면서 사람들은 자기자신을 아바타로 표현하기 시작했다. 더군다나 사람들은 웹캠을 사용해서 자신의 사진과 영상을 공유하기 시작했다.

과거에 연구자들은 연인관계와 우정이 채팅방에서 생겨나고 발전해 나간다는 사실을 발견했다. 예를 들어, Whitty와 Gavin(2001)은 60명의 인터넷 사용자들을 인터뷰했는데, 전통적이 관계에서 주요하게 여겼던 이상들인 신뢰, 정직, 헌신과 같은 것들이 이 공간에서 형성된 관계에서도 중요하다고 말했다. 조금 덜 '진짜'이거나 덜 만족시키는 관계가 온라인에서 생겨나는 것은 아니라고 했다. Whitty와 Gavin은 연구 참가자 중 몇몇은 그들의 관계가 인터넷에서 더 잘 이루어지는 것 같다고 말했다. Whitty와 Gavin은 또한 채팅방 사용자들이 자의식을 덜 느끼고 사회적인 평가를 덜 인식해서 거리와 개인적 공간을 유지하면서 스스로에 대해 친밀한 부분들을 열도록 해준다고 보고했다. 아이러니하게도 많은 남자 참가자들은 그들의 정체성을 숨기면서 더 정서적으로 진솔하고 개방적이 될 수 있다고 믿기도 했다.

3.4.4 토론 그룹과 유스넷 뉴스 그룹: '진짜 나'를 위한 장소

토론 그룹과 유스넷 뉴스 그룹은 특정 주제에 대해 지속적으로 토론하는 공간이다. 이는 동시에 함께 존재하지는 않는 상호작용이다. 때때로 이러한 집단들은 적절하다. 이것은 인터넷 초기 시대에 매우 인기가 있었다. 이러한 집단은 오늘날에도 여전히 존재하며 사진이나 영상이 게시될 수도 있지만 여전히 문자 기반의 형태로만 존재하기도 한다. 개인적 관계와 관련해서 Parks와

Floyd(1996)는 연구를 통해 참여자의 거의 2/3의 사람들(60.7%)이 뉴스 그룹에서 처음 만난 사람과 개인적 관계를 맺어 나간다는 점을 확인했다. 이들 중 7.9%는 이러한 관계가 연인 관계라고 얘기했다. 온라인에서 남자들보다 여자들이 개인적인 관계를 더 맺는 경향이 있다는 점도 발견했다. 더 많은 뉴스 그룹에 참여한 사람들이 더 많이 개인적인 관계를 발전시켜 나간다는 점도 주목할 만하다. Parks와 Floyd는 또한 온라인에서 시작한 많은 관계가 다른 채널 때로는 면대면의 상호작용으로 옮겨간다는 점도 발견했다. 이 장의 앞부분에서 설명했던 것처럼, McKenna 등(2002)은 사람들이 가지고는 있고 표현하고 싶으나 보통 다른 이들에게 보여줄 수 없는 특징이나 성격을 정의하는 '진짜 나'에 대해 연구하는 데 흥미가 있었다. 이 연구에서 저자들은 오프라인보다 온라인에서 진짜 나를 더 잘 노출할 수 있는 사람들이 온라인에서 더 친밀한 관계를 잘 형성하며 이러한 관계를 오프라인으로도 성공적으로 확장시킬 수 있다는 점을 알았다. 저자들은 랜덤으로 선택된 20명의 유스넷 뉴스 그룹을 이 연구에 포함시켰다. 뉴스 그룹에서 5개의 포스팅 중 하나마다(스팸을 제외하고) 질문지를 이메일로 보냈다. 첫 번째 연구에서 사람들이 온라인에서 진짜 나를 보여줄 때 강력한 인터넷 관계를 만들어 나가고 이러한 관계가 오프라인에도 확장되었는 점을 연구자들은 발견했다. 이 연구 2년 후에 568명 중 354명의 참가자들은 추후 연구에 대한 이메일을 받았다(나머지는 이메일이 더 이상 사용하지 않는 메일이었다). 연구자들의 가설과 같이, 이러한 관계는 상대적으로 안정적이었으며 2년간 지속되기도 했다. McKenna 등(2002)은 인터넷에서 실제 삶이나 진짜 관계 형성을 숨기는 방식으로 인터넷이 활용되기보다는 사람들이 인터넷을 기존의 가족 및 친구들과의 관계를 유지하는 수단으로 활용할 뿐 아니라 상대적으로 덜 위협받는 환경 속에서 의미 있는 새로운 관계를 만드는 방식으로 활용한다고 결론을 내렸다. 인터넷은 수줍음, 사회적 불안, 사회적 기술 부족 때문에 면대면 상황에서 관계를 형성하는 데 어려움을 가진 사람들에게 매우 유용했다.

3.5 현재의 온라인 공간

현대로 넘어오면서 인터넷은 연인들이 만나는 더 인기있는 공간이 되어 왔다. Dutton, Helsper, Whitty, Buckwalter와 Lee(2008)는 호주, 스페인, 영국에서 결혼한 커플에게 설문조사를 했는데, 호주의 결혼한 커플 중 9%, 영국의 6%, 스페인의 5%가 배우자를 온라인에서 처음에 만났다고 응답했다. 온라인에서 만나서 결혼한 커플들 중 가장 많은 비율은 26세에서 55세 사이였다. 인터넷에서 사람들은 그들이 평소에 다른 곳에서는 만나지 않았을 법한 사람들을 만났다. 즉, 인터넷은 사람들로 하여금 연인 선택에 있어서 더 다양성을 추구하도록 열어주었다. 예를 들어, 사람들은 나이나 교육 수준에 있어서 더 큰 차이를 지니나 더 유사한 관심사가 있고 비슷한 가치관을 가지고 있는 연인을 만났다. 이에 대한 더 최근의 연구 프로젝트(Oxford Internet Institute, 2011)를 살펴보면, 연구자들은 유럽 대륙과 호주, 브라질, 일본, 미국을 포함한 연구에서 결혼한 커플의 15%가 온라인에서 배우자를 처음 만났다고 응답했다. 가장 일반적으로 이용한 공간은 채팅방, SNS에 이어 온라인 데이트 사이트였다. 다른 공간들에는 개인 웹사이트, 온라인 커뮤니티, 온라인 게임 사이트, 이메일이나 문자 메시지 등이었다.

이 장의 앞부분에서 먼저 이야기했던 온라인 모드는 주로 문자 베이스의 상호작용이었다. 그러나 오늘날 많은 공간은 시각적으로 익명성이 없기도 하다. 공간의 특징은 우리가 서로서로 어떻게 상호작용 하는지와 서로를 어떻게 인식하는지에 영향을 미칠 수 있다. Walther 등(2001)은 단기적 그리고 장기적인 가상의 국제 집단에서 사람들이 자기 자신의 신체적 이미지를 온라인에서 표현하는 타이밍을 평가했다. 그들은 컴퓨터 컨퍼런스 이전과 그 기간 동안 가상공간 집단 구성원의 사진을 보여주면 단기적이고 서로 잘 모르는 구성원에 대한 친밀감이나 애정 그리고 사회적 매력에 긍정적 영향이 있다는 점을 발견했다. 어떤 기간 동안 서로를 알고 난 후에 사진을 보여준 가상공간 집단은 서로의 사진을 전혀 보지 못한 장기 이용자들과 비교할 때 애정과 사회적 매력을 덜 경험한다는 것을 알 수 있었다.

　더 최근의 트렌드를 살펴보면, 이미 오프라인에서 알고 있는 사람들과 온라인에서 연결될 수 있다. 예를 들어, Subrahmanyam과 Greenfield(2008)는 청소년들이 온라인 메시지, 메일, 문자메시지, 블로그, SNS와 같은 전자 통신을 사용하여 친구나 연인 관계와 같은 이미 존재한 관계를 강화해 나간다는 것을 발견했다. 더군다나 그들은 청소년들이 점점 더 이러한 인터넷 도구를 오프라인 세계와 통합해 나간다고 주장했다. 예를 들어, SNS는 그들이 오프라인에서 만나는 새로운 사람에 대한 정보를 얻도록 해준다. 이 부분은 다음에 현대의 온라인 공간들과 이 공간 안에서 관계가 발전되어 가는 방식에 대해 살펴보며 다룰 것이다(이러한 공간들 중에서 온라인 데이트 사이트는 4장에서 세부적으로 살펴볼 것이다).

3.5.1 MMORPGs(Massively Multiplayer Online Role-Playing games) : 여전히 매우 사회적인 공간

　이 장의 초반부에 MUDs와 MOOs에 대해 기술했다. MMORPG는 이러한 초기의 공간들이 넓게 진화한 것이다. MMORPG에서 게이머들은 전형적으로 환상의 세계에서 공상 속 캐릭터 역할을 하며 많은 캐릭터의 행동에 대리자가 된다. MMORPG는 사람들이 단지 문자 기반이 아니고 정교한 그래픽을 본다는 점에서 MUDs나 MOOs와 다르다. 사람들은 게임을 할 뿐만 아니라 서로에게 메시지를 보내고 이 공간 안에서 사교적이 된다. 이 게임에서 창조된 세계는 게이머가 게임을 하지 않고 있을 때도 계속 진화한다. 에버퀘스트, 파이널 판타지 시리즈, 워크래프트 세계와 최근의 워해머의 예가 그렇다. 이 게임 인구는 점점 늘어난다. 최근 들어서 MMORPG에서의 이러한 상호작용의 특징은 더 '성인' 베이스가 되어가고 있다. 예를 들어, Conan, Requiem: Bloodymare, Moons and Warhammer의 나이는 과도한 폭력성과 폭력의 결과로 나타나는 더 잔인한 그래픽으로 인해 연령 등급이 상승했다. 연구자들은 게이머들이 부분적으로 사회적 요소를 가지고 있더라도 여전히 이러한 폭력적인 게임에 끌린다는 것을 발견했다. Yee(2006)는 사람들이 MMORPGS 게임을 하는 동기를 성취, 관계, 몰입, 현실도피, 조작의 다섯 가지로 제시하고 있다. 그의 연구에 따르면, 여자들은 관계 요인에 더 끌리는 반면, 남자들은 성취와 동기 요인에 더 끌린다. 또한, 게이머들은 MMORPG 안에서 만난 사람들과 의미 있는 관계를 발전시켜 나가기도 했다. 흥미롭게도 Yee(2001)는 남자 게이머의 60%와 여자 게이머의 75%가 오프라인 친구들보다 에버퀘스트 안의 친구들을 더 믿고 있다는 점을 발견했다. 또한, 남자 게이머의 3%와 여자 게이머의 15%가 노라스(에버퀘스트의 한 영역)에서 처음 만난 사람과 오프라인 관계(예: 결혼, 데이트 또는 약혼 등)를 만들었다는 점도 알아냈다.

세컨드 라이프(Second Life)는 MMORPG의 또 다른 예이다. 이것은 린덴 랩에서 개발한 온라인 가상 세계이며 2003년에 시작되었다. 주민(resident)으로 불리는 세컨드 라이프 유저들은 아바타를 통해 서로 상호작용한다. 다른 MMORPG들과 다르게 여기에는 게임은 없다. 대신에 주민들은 다른 주민들을 만나고 가상 세계를 탐험하고 창조하는 일을 돕는다. 참가자들은 서로 사회적 교류를 하고 개인 또는 그룹 활동에 참여할 수 있으며 가상 재화들을 교류할 수 있다. 세컨드 라이프 안에서 연인 관계와 우정이 생기고 발전한다는 점도 알려져 있다. Gilbert, Murphy와 Avalos(2011)는 세컨드 라이프에서 친밀한 관계를 만들어낸 199명의 사람들에게 설문조사를 했다. 그들은 이 참가자들의 대부분이 세컨드 라이프의 관계가 게임하는 형식이라기보다는 진짜 현실인 것으로 보고 있다는 점을 발견했다.

3.5.2 소셜 네트워크 사이트(SNS): 대면과 가상 친구

Boyd와 Ellison(2007)은 SNS를 사람들로 하여금 (1) 경계가 있는 시스템 안에서 공개적인 또는 일부 공개적인 프로필을 만들고, (2) 서로 연결되어 공유하는 타인의 리스트를 만들고, (3) 시스템 안에서 다른 사람들이 만든 연결 리스트를 바라보고 서로 나누도록 만드는 웹 기반 서비스이다. 이러한 연결의 본성과 형식은 사이트에 따라 매우 다양하다. 2002년에 나타난 프렌드스터(Friendster)는 SNS의 첫 번째 주류였고, 이후 마이스페이스(Myspace)와 링크드인

(LinkedIn)이 나왔다. 페이스북(Facebook)은 2004년에 시작되어 현재 세계에서 가장 큰 SNS이다. SNS에 대한 연구는 청소년과 청년들이 이 사이트를 오프라인 관계의 다양한 면들을 강화시키기 위해 사용한다는 점을 밝혔다(Pempek, Yermolayeva & Calvert, 2009; Subrahmanyam, Reich, Waechter & Espinoza, 2008). (청소년과 온라인 관계에 대해서는 7장에서 좀 더 살펴볼 것이다.) 그러나 다른 연구자들은 SNS가 새로운 친구들을 찾는 데도 사용된다는 점도 확인했다(Raacke & Bonds-Raacke, 2008). 흥미롭게도 Pempek 등(2009)은 페이스북 이용자들이 내용을 포스팅하는 것보다 다른 사람들이 올린 내용을 보는 데 더 많은 시간을 할애한다는 점을 확인했다. SNS 구성원이 되면 구체적으로 사회적인 이득이 있다는 점 또한 다른 연구에서 밝혔다(Ellison, Steinfield & Lampe, 2007, 2011; Steinfield, Ellison & Lampe, 2008). Ellison et al.(2007). 예를 들어, 페이스북 이용자는 연결형 사회자본(bridging social capital), 결속형 사회자본(bonding social capital), 유지형 사회자본(maintained social capital)의 세 가지 사회자본과 강력히 연결되며, 가장 강력하게는 연결형 사회자본과 연결된다. 더군다나 페이스북 이용은 이용자의 낮은 자존감과 낮은 삶의 만족도를 향상시키는 데 도움을 주기도 한다.

SNS의 모든 이용 경험이 긍정적으로 도움이 되는 것은 아니다. Muise, Christofides & Desmarais(2009)는 페이스북 이용을 많이 하면 페이스북과 관련된 질투심이 유의하게 늘어난다는 점을 밝혔다. Utz와 Beukeboom(2011)은 SNS 질투심과 SNS 행복감, 그리고 연인관계에서 SNS 사용의 결과에 대해 연구했다. 전반적으로 참가자들은 자신의 연인과 SNS 활동이 연결되어 있을 때 질투심보다는 행복감을 더 많이 느꼈다. 그러나 자존감이 높은 사람들에 비해 자존감이 낮은 사람들이 SNS와 관련한 질투심을 더 많이 느끼고 있었다. 자존감은 또한 SNS 이용이 SNS 질투심과 SNS 행복감에 미치는 영향을 조절해주는 것으로 나타났다.

SNS에서 자신을 어떻게 표현하는가 또한 영향을 줄 수 있다. 예를 들어, Tong, Van der Heide, Langwell와 Walther(2008)는 페이스북 프로필에 나타나는 친구의 수와 사람들이 느끼는 매력과 외향성 점수 사이의 관계를 조사했다.

이 연구에서 사람들의 SNS 친구 수와 개인의 매력도 간에는 곡선형 관계가 있었다. 프로필에 가장 적은 친구 수가 있는 경우 사회적 매력도 점수는 가장 낮았으며, 친구 수가 거의 300명에 가까운 경우 매력도에 있어서 가장 높은 점수를 받았다. 그러나 300명 이상의 친구를 보유한 경우 102명의 친구를 보유한 프로필에 가까운 정도로 매력도 점수가 떨어졌다. 그리고 더 많은 친구 수를 보유한 프로필의 사람들은 외향적으로 판단되었지만 중간 정도의 친구 수를 보유한 경우 외향성 점수가 가장 높았으며, 프로필 친구 수가 더 많은 경우 이 점수는 떨어졌다. 즉, 가장 많은 수의 친구를 보유한 사람들은 내향적으로 평가되는 경향이 더 높았다.

SNS를 통해서 사람을 알게 되는 것은 다른 온라인 공간이나 면대면 상호작용을 통해서 사람을 알게 되는 것과 잠재적으로 다를 수 있다. 예를 들어, Antheunis, Valkenburg와 Peter(2010)는 독일 SNS에서 온라인 상호작용이 시작된 경우 불확실성이 줄어드는 과정을 살펴보았다. 참가자들이 불확실성 감소 전략을 위해 수동적, 적극적, 상호작용적이라는 세 가지 종류를 활용한다는 점을 연구자들은 알아냈다. 수동적 전략은 가장 일반적으로 사용되었으며, 다음으로 상호작용적 전략과 적극적 전략이 사용되었다. 저자는 다음과 같은 내용을 중요하게 지적하고 있다.

문자 기반 CMC 환경과 대조적으로, SNS는 더 많은 청각적, 시각적 단서를 가지고 있으며 상대적으로 열린 체계이다. 명백하게 이는 CMC 참가자들에게 상호작용적 [불확실성 감소 전략](예: 직접적으로 질문하기, 자기노출 등)을 활용하도록 해줄 뿐 아니라, 그들이 원하는 대상을 관찰하고(수동적 전략), 또는 다른 참가자들에게 원하는 대상에 대한 정보를 물어볼 수 있도록(적극적 전략) 해준다(p. 106).

그러나 연구자들은 수동적 전략이 가장 자주 사용되지만, 상호작용적 전략은 정보를 구하는 사람의 불확실성을 줄여주는 유일한 방법이라는 점을 밝혔다.

예상했듯이 연구자들은 낮은 수준의 불확실성을 가질 때 사회적 매력이 높아진다는 점을 알아냈다. 그러나 불확실성 수준과 사회적 매력 간의 관계가 직선적이지는 않으며 정보를 인식하는 특징(예를 들어, 신뢰성이나 그 질적인 면과 관계 없이 사람들이 원하는 대상에 대한 정보를 긍정적 또는 부정적으로 인식하는 정도)에 의해 조절된다는 점을 밝혔다.

3.6 다양한 공간에서의 상호작용

2장에서 살펴보았듯, 학자들은 사람들이 다양한 공간에서 서로 의사소통하고 우정과 연인관계를 발전시키며 유지해 나간다는 사실에 대해 더 많이 인식할 필요가 있다. 더 이상 연구자들은 오프라인 영역을 '현실 세계'라고 언급할 수 없다. 2장에서도 이야기했지만, 이는 사람들이 자기를 다양한 공간에서 다양한 방식으로 표현해가고 있다는 점을 의미한다. 이것이 관계 유지에 어떤 영향을 주는가? De Andrea와 Walther(2011)는 이 질문에 대해 살펴보기 위해 페이스북에서의 표현과 다른 대인관계 상호작용을 통해서 형성된 인상 사이의 차이에 대해 관찰자들에게 설명하도록 하는 연구를 진행했다. 참가자들은 친구와 그냥 지인 사이에서 온라인 자기표현의 왜곡을 쉽게 확인할 수 있었다. 그러나 그들은 친구들의 표현보다 아는 사람의 온라인 자기표현에 대해 더 왜곡하는 것으로 판단하는 경향을 보였다. 게다가 자기를 왜곡하는 표현은 지인들이 왜곡 표현을 할 때 신뢰롭지 못하고 위선적이라고 판단하는 경향이 더 컸다. 지인들을 더 심하게 판단하기는 했지만, 친구들에 대해서도 눈감아주지는 않았다. 정직하지 않은 자기 사진을 게시한 친구들에 대해서는 신뢰할 수 없고(친구들에게는 행동보다는 비도덕적이고 수치스러운 것으로 판단하는 경향) 위선적이라고 점수를 매겼다. 이 연구의 결과를 통해 사람들은 온라인과 오프라인 자기 표현 사이의 차이를 잘 용서하지 않는다는 것을 알 수 있다.

3.7 이 영역에 있어서 미래의 발전

이 장에서 이미 언급한 바와 같이, 인터넷은 계속 성장할 것이고 새로운 유행은 나타날 것이다. 따라서 심리학자들이 미래의 관계에 대해 정확하게 예측하는 연구를 하기는 어렵다. 연결 속도가 더 빠르고 그 범위가 더 넓을 수 있다는 점에 대해서는 의심할 여지가 없다. 지금까지 대부분의 학자들은 관계를 시작하고 발전시켜 나가며 유지하는 데 있어서 온라인 공간과 오프라인 공간 사이에 차이점이 있다고 생각했다. 그러나 사람들은 다양한 미디어를 전통적인 의사소통 방법과 함께 사용한다. 관계 초기에 어떤 사람을 알아갈 때, 완전히 대면으로 만나기까지 온라인에서 서로 알아가기도 하며 미디어를 바꿔서 이용하기도 한다. 사람들은 다양한 미디어 관계를 형성하고 발전시켜 나가는 데 활용한다. 관계에 대한 새로운 연구들을 진행할 때는 이러한 미디어 사용의 변화를 유념해둘 필요가 있다.

3.8 결론

1990년대 이후로 세계는 매우 빠르게 변화해 왔다. 그러나 이 장에서는 관계를 형성해 나갈 때 하는 모든 것이 인터넷 시대 이전에 이루어진 것과 다르지는 않다는 점을 강조하고 있다. 온라인 관계를 설명하는 새로운 이론들이 나오고 있다. 그러나 데이트와 관계 형성에 대해 설명하는 많은 기존 이론들은 여전히 온라인 관계를 설명하는 데 있어서 유용한 렌즈가 되어준다. 새로운 이론들에 따르면 온라인에서 사람들이 형성하는 관계가 대면 관계보다 더 가깝고 강도가 깊다고(더 개인적이라고) 볼 수 있다.

연구자들은 또한 시각적으로 익명인 온라인과 비교할 때 시각적으로 온라인에서 어떤 사람을 알아가는 차이점에 대해서 주목했다. 연구들에 따르면 사람들은 자기표현이 다른 공간과 일관성이 떨어질 때 수용하지 않는 경향이 있다. 미래에 심리학자들은 많은 학자들이 지금 하는 것과 같은 온라인과 오프라인 관계라는 양분화된 시각을 가지지 않을지도 모른다. 게다가 관계 발전의 측면을 고려하면 학자들은 각각의 공간의 특징을 생각하고 그 공간들이 주는 독특한 원칙에 대해 고민해볼 필요가 있다.

4장에서 온라인 공간의 한 유형인 잠재적 연인 관계를 찾는 곳인 온라인 데이트 사이트에 대해 좀 더 세부적으로 살펴볼 것이다. 이 장에서 살펴본 것과 마찬가지로 이 사이트에서 나타나는 자기표현 문제에 대해 살펴볼 수 있을 것이다. 때로는 데이트 하는 상대가 특정 사람에 대해 더 많이 알아가기 원할지 말지를 결정하기 어렵게 만들기도 하는 부분이다. 그럼에도 불구하고, 많은 사람들은 성공적으로 이 사이트에서 만나서 관계를 형성해 가기도 한다.

토론 질문

1. SNS에서 특히 상호작용하는 친구가 있는가? 면대면에서 만나는 친구들과 어떤 차이가 있는가?
2. Walther의 초개인화 이론에 대해 생각해보자. 온라인에서 형성된 관계를 면대면으로 만나는 관계보다 더 가깝다고 느낀 적이 있는가?
3. 진짜 나에 대한 McKenna의 개념에 대해 생각해보자. 자신의 진짜 자기를 온라인에서 노출하는 게 더 쉽다고 느낀 적이 있는가?
4. 디지털 기술을 통해 친구와 연인을 만나는 미래에 대해 어떻게 예상하는가?

추천하는 읽을거리

De Andrea, D. C. & Walther, J. B. (2011). Attributions for inconsistences between online and offline self-presentations. *Communication Research*, *38*(6), 805‒825.

Ellison, N. B., Steinfield, C. & Lampe, C. (2007). The benefits of Facebook 'friends': Exploring the relationship between college students' use of online social networks and social capital. *Journal of Computer-Mediated*

Communication, 12, 1143–1168.

Joinson, A. N. (2001). Self-disclosure in computer-mediated communication: The role of self-awareness and visual anonymity. *European Journal of Social Psychology, 31*, 177–192.

McKenna, K. Y. A., Green, A. S. & Gleason, M. E. (2002). Relationship formation on the Internet: What's the big attraction? *Journal of Social Issues, 58*, 9–31.

Tong, S. T., Van der Heide, B., Langwell, L. & Walther, J. B. (2008). Too much of a good thing? The relationship between number of friends and interpersonal impressions on Facebook. *Journal of Computer-Mediated Communication, 13*, 531–549.

Walther, J. B. (2007). Selective self-presentation in computer-mediated communication: Hyperpersonal dimensions of technology, language and cognition. *Computers in Human Behavior, 23*, 2538–2557.

Whitty, M. T. & Carr, A. N. (2006). *Cyberspace romance: The psychology of online relationships*. Basingstoke, UK: Palgrave Macmillan.

04

온라인 데이트

3장에서는 점점 더 많은 사람들이 온라인, 특히 온라인 데이트 사이트에서 파트너를 만난다는 사실을 배웠다. 우리는 이 책에서 지속적으로 인터넷에서 인터넷에 관해서는 모든 상황에 맞는 하나의 이론은 존재하지 않음을 강조하고 있다. 대신 온라인의 다양한 공간과 그 공간의 구성방식, 그리고 그 공간을 지배하는 규범을 고려해야 한다. 이 장에서는 온라인의 다른 공간에서 관찰되는 초개인적 관계가 온라인 데이트 사이트에서 형성되는 관계에는 적용되지 않는다는 것을 알게 될 것이다. 이러한 사이트에서 사람들이 파트너를 찾기 위해 사용하는 다양한 전략들이 존재하며, 이렇게 형성된 관계들은 다른 온라인 공간에서 형성되는 관계 및 전통적인 대면 환경에서 형성되는 관계들과는 다른 단계들을 거치게 된다.

4.1 온라인 데이트 사이트란?

온라인 데이트 사이트는 1980년대에 등장하기 시작했지만, 오늘날 우리가 알고 있는 것과 비교하면 상당히 원시적인 형태였다. Whitty와 Carr(2006)의 다음과 같은 설명에서도 이를 짐작해볼 수 있다.

온라인 데이트 사이트는 1980년대에 등장하기 시작했으며 오프라인 데이트의 대안 또는 추가 수단으로 여전히 인기가 높아지고 있다. 신문의 인맥 소개와 비슷하지만 훨씬 더 많은 정보를 제공하는 온라인 데이트 사이트에서 개개인들은 프로필을 작성하면서 자신을 설명하고, 종종 자신의 사진 때로는 일부 음악이랑 동영상 등을 제공한다. 사용자들은 일반적으로 이 서비스를 이용하기 위해 비용을 지불해야 하며, 마음에 드는 프로필을 가진 사람을 발견하면 시스템을 통해 온라인 연락을 취해 상대방도 관심을 가질지에 대한 여부를 판단한다. 그 다음에는 일반적으로 개인이 직접 만나기로 약속을 잡는다(p.4).

초창기에는 온라인 데이트에 대한 인식이 좋지 않았고, 연구자들은 수줍음을 많이 타는 사람들이 짝을 찾기 위해 이러한 사이트에 몰린다는 사실을 발견했다(Christ, 1995). 1980년대에는 이러한 사이트들이 대부분 텍스트 위주였어서, 개개인들이 다른 사람들에게 매력적이게 보이기를 희망하며 데이트 프로필을 만드는 데 사용할 수 있는 공간이 제한적이었다. 현재 많은 온라인 데이트 사이트는 사용자들을 효과적으로 매칭하기 위해 많은 노력을 기울이고 있다. 이러한 데이트 사이트는 서로에게 가장 적합한 사람을 매칭하기 위한 도구를 개선하기 위해 계속 노력하고 있다. 온라인 데이트 상대는 성격 테스트와 관심사 및 파트너에게 바라는 점에 대한 설문조사를 완료해야 하는 경우가 많다. 이후에, 적합성 지수(compatibility rating)를 기반으로 매칭을 받는다. 다른 사이트에서는 고객이 직접 상대를 찾을 수 있고, 이러한 사이트에서는 사용자가 수많은 프로필을 직접 살펴보고 선택해야 한다. 일반적인 온라인 데이트 사이트 외에도 e-Harmony, Parship, 그리고 match.com과 같이 비슷한 생각을 가진 사람들을 모으는 전문 온라인 데이트 사이트들도 있다. 예를 들어서, 특별히 기독교인, 유대인, 비건, 고스족, emos, 채식주의자, 그리고 수감자들을 위한 사이트도 존재한다. 이러한 사이트는 같은 가치관이나 관심사를 공유하는 사람들을 찾기 위해 가입하는 소셜 그룹과 유사하다.

4.2 온라인 데이트 사이트 이용 동기

그렇다면 온라인 데이트 사이트를 통해 파트너를 찾는 이유는 무엇일까? 지금까지의 연구에 따르면 온라인 데이트를 짝을 찾기 위한 방법으로 선택하는 사회적 및 성격적 이유가 있다. 예를 들어, Brym과 Lenton(2001)은 다음과 같은 여러 가지 이유를 가설로 제시하였다.

- 직장과 시간의 압박이 커지면서, 사람들은 친밀한 관계를 맺을 수 있는 보다 효율적인 만남의 방법을 찾고 있다.
- 싱글족은 취업시장의 요구로 인해 이동이 잦기 때문에 데이트를 위해 직접 사람을 만나기가 더 어렵다.
- 성희롱에 대한 민감도가 높아지면서 직장 내 로맨스가 감소하고 있어 이에 대한 대안적인 데이트 방식이 필요하다.

Albright(2007)는 온라인 데이트 사이트의 매력은 낭만적 투영을 강화하는 환경 내에서 만나 볼 수 있는 사람들이 많다는 것이라고 주장한다. Whitty와 Carr(2006)는 연구 결과, 참가자들이 온라인 데이트 사이트를 이용하는 이유에 대해 다음과 같은 이유들을 든다는 점을 발견하였다.

- 술집이나 클럽의 대안이기 때문에
- 수줍음이 많거나 내성적이기 때문에
- 다른 선택지가 없다고 생각해서

- 편리하기 때문에
- 사생활이 보장되기 때문에

4.3 온라인 데이트를 하는 사람들의 심리적 특징

이전 내용에서 온라인 데이트 사이트를 사용하는 이유 중 하나는 개인이 부끄러움을 많이 타거나 내성적이기 때문일 수 있다. 그러나, 최근 온라인 데이트를 하는 사람들의 성격 구성 요소에 대한 연구들은 일관성이 있지 않고 혼재되어 있다. 이러한 온라인 데이트를 하는 사람들의 특성에 대한 기존 연구 결과들과 더불어 온라인 데이트 사이트를 이용하는 사람들이 급격히 증가함을 고려할 때, 온라인 데이트를 하는 사람들의 심리적 프로필도 변화했을 것이라 예상 가능하다. 따라서 온라인 데이트를 하는 사람들의 대다수가 수줍음이 많다고 볼 수 없다는 점을 염두에 두어야 한다.

Poley & Luo(2012)는 수년 동안 온라인 데이트를 선호하는 사람들의 유형과 관련하여 다음과 같은 두 가지 경쟁 가설이 존재한다고 주장하였다. 첫 번째 가설은 사회적 보상 가설(social compensation hypothesis: SCH)이고, 두 번째 가설은 부유한 사람이 더 부유해진다는 가설(rich-get richer hypothesis: RGRH)이다. SCH 가설은 데이트 불안이나 사회적 불안이 높고, 사회적 유능감이 낮은 개인 (일반적으로 전통적인 대면 환경에서 관계 형성을 하는 데 어려움을 경험하는 사람들)은 오프라인에서 경험하는 결핍을 보완하기 위해 온라인 데이트를 이용한다고 주장한다. 이와 대조적으로, RGRH는 사회적 불안이 낮고 사회적 유능감이 높은 사람들이 온라인 데이트를 사용할 가능성이 높다고 주장한다. 이러한 사람들은 이미 좋은 사회성과 데이트 기술을 가지고 있기 때문에 이러한 기술을 인터넷으로 옮길 수 있어야 하며, 능력이 떨어지는 사람들보다 더 유능해야 한다.

온라인 데이트에 대한 초기 연구에서는 SCH 가설에 대한 강력한 지지가 있었다. 예를 들어, McKenna 등(2002)(연구에 대한 자세한 설명은 3장 참고)은 사회적으로 불안한 사람들이 온라인에서 자신의 '진정한' 자아를 드러내고 인터넷에서 만난 사람들과 성공적인 연애 관계를 발전시킬 가능성이 더 높다는 사실을 발견했다. Whitty와 Buchanan(2009)은 스피드 데이트와 온라인 데이트에 참여할 가능성이 높은 개인의 특성을 조사하고 이러한 형태의 데이트를 선호할 가능성이 높은 사람들의 유형을 살펴보았다. SCH의 예측대로 수줍음에 대한 점수가 높은 사람은 온라인 데이트를 시도해 본 경험이 있고 향후 온라인 데이트를 고려할 가능성이 더 높다는 것을 발견했다. 그러나 Valkenburg와 Peter(2007)의 연구에서는 정반대의 연구 결과가 나타났다. 이들은 데이트 불안이 낮은 네덜란드인들이 데이트 불안이 높은 네덜란드인보다 온라인 데이트를 더 많이 사용한다는 사실을 보고하였다. 물론 어떤 연구는 수줍음을 측정하고, 다른 연구는 데이트 불안을 측정하는 등 연구들마다 측정한 변인이 다르다는 차이점은 존재한다. Poley와 Luo(2012)의 비교적 최근 연구에 따르면, 불안이 높고 사회적 기술이 부족한 사람들이 대면 데이트를 더 선호하기도 하고 실제로 대면 데이트를 더 많이 함을 보고하였다. 하지만, 사회적 역량과 무능력 차원이 대면과 온라인 데이트 행동에 대해서 실제로 수행하거나 선호하는 정도와 큰 관계가 없는 것으로 보고하면서 RGRH를 뒷받침하는 결과는 발견하지 못했다. 따라서, 기존 연구들의 온라인 데이트를 선호하는 사람들의 유형에 대한 결과의 불일치와 이러한 유형들이 향후 변화할 가능성을 고려할 때 데이트 영역이 지속적으로 변화하는 영역임을 고려할 필요가 있다.

4.4 온라인 데이트 사이트와 개인 홍보 간의 비교

온라인 데이트 사이트가 다른 매칭 방법과 비교 가능할까? 아니면 온라인 데이트 사이트 자체가 독특한 도구일까? 만약 온라인 데이트 사이트가 그만의 고유성이 있다면, 이 공간에서의 관계 형성을 설명할 수 있는 새로운 이론이 요구된다.

3장에서는 전통적인 관계에 대한 이론을 개괄적으로 살펴보고 온라인 관계를 설명하는 데 있어 이러한 이론들의 유용성을 검토하였다. 이러한 이론들이 어느 정도 쓸모가 있음에도 불구하고, 개인이 온라인에서 관계를 시작하고 유지하는 방법의 차이점을 설명하기 위해서는 새로운 이론들이 필수적이다. 온라인 데이트와 이전의 다양한 형태의 중매 방식을 가장 잘 비교할 수 있는 것은 아마도 신문 개인광고와 화상 데이트일 것이다.

심리학자들은 오늘날에도 존재하는, 개인들이 스스로를 신문광고에 내는 방식을 조사하는 데 관심을 가져왔다. 예를 들어, Cameron, Oskamp 및 Sparks(1977)은 싱글즈 뉴스 레지스터(Singles News Register)에 게재된 347개의 이성애 광고를 분석한 결과 구혼과 요청의 패턴이 '이성애 주식 시장을 연상시킴'(p.27)을 발견했다. 다시 말해, 자기가 상품화되었다. 개인들은 자신을 호감이 가지 않는 특성들보다 호감이 가는 특성들(예: 따뜻함, 친근함, 충실함)을 포함하여 기술하는 경향성이 높았는데, 실제 85%의 개인광고가 매력적인 특성들을 묘사하고 있었고, 부정적인 특징을 기술한 정도는 3%의 남성과 6%의 여성에 불과했다.

남성과 여성들이 선호하는 방식의 자기표현과 추구하는 자질에서의 성별에 따른 차이는 이런 개인광고에서 두드러지게 나타났다. Cameron 등(1977)은 남성보다 여성들이 성격 특성을 더 강조함을 발견했다. 이들의 연구 참여자들에서, 여성들(67%)이 남성들(35%)보다 더 자신의 외모를 강조하였다. 이와 대조적으로, 12%의 여성들보다 월등히 많은 숫자의 38%의 남성들이 외모가 잠재적인 파트너에게 기대하는 바임을 기술하였다.

자신의 직업은 여성(20%)에 비해 남성(46%)들이 더 많이 언급하였고, 대조적으로 여성들(24%)이 남성(3%)에 비해 잠재적인 파트너가 갖고 있길 기대하는 직업을 더 많이 언급하였다. Smith, Waldorf 그리고 Trembath(1990)은 514개의 단일 광고들을 분석하였는데 그 결과 남성(57%)이 여성(26%)에 비해 상대방에게 신체적인 매력을 더 많이 찾는 것으로 나타났다. 또한 마른 파트너를 찾는 남성의 비율이 약 1/3 정도인 반면, 여성은 2%에 불과하였다. Koestner와 Wheeler(1988)의 연구에 따르면 남성은 자신들이 표현력이 뛰어나다(예: 대화가 잘 통하는 사람)고 제시하고, 잠재적인 파트너에 대해서는 도구적 특성(예: 야외 활동을 좋아하는 사람)을 찾는다고 대답했다. 반면 여성은 자신의 도구적 특성들을 제시하고, 표현적인 특성을 가진 파트너를 찾는다고 하였다.

Gonzales와 Meyers(1993)는 개인광고를 분석한 결과 많은 광고주들이 자신을 '이상적'인 남성 혹은 여성으로 묘사한다는 사실을 발견했다. 언뜻 보기에는 다소 과해보일 수 있지만, 남성과 여성이 특정한 특징들을 다른 특징에 비해서 강조하는 것은 굉장히 섬세한 전략일 수 있다. 잠재적인 파트너에게 매력적으로 보이고자 한다면, 우선 매력적이지 않거나 평범해 보이는 것보다는 좀 더 매력적인 상품처럼 광고를 해야 할 필요가 있다.

화상 데이트를 하는 고객들에게는 서면 정보 및 잠재적인 데이트 상대에 대한 비디오 클립을 제공한다. 화상 데이트 서비스는 일반적으로 고객과 잘 어울릴 것이라고 생각되는 잠재적인 파트너를 선택해준다. 이후에, 고객에게 녹화된 인터뷰와 함께 잠재적인 데이트 상대의 인구통계학적인 정보와 자기 설명문, 그리고 사진 등을 제공한다. 고객은 이러한 잠재적인 데이트 상대와 데이트를 할지 안 할지를 결정한다. 이후, 선택된 개인들에게 연락이 가고, 선택된 개인들이 해당 개인과의 만남에 관심이 있는지 여부를 확인한다.

이전에 매력에 대한 연구에서 나온 것처럼, 화상 데이트와 관련하여 남성은 주로 아름다운 외모의 여성에게 매력을 느끼는 반면 여성들은 높은 사회적 지위를 가진 남성에 끌리는 것으로 나타났다(Green, Buchanan & Heuer, 1984). 이와는 대조적으로 Riggio와 Woll(1984)은 인기 있는 남성 화상 데이트 상대는 신체적으로 매력적이고, 연기를 잘하며 표현력이 풍부한 사람임을 발견했다. 인기가 있는 여성들은 신체적으로 매력적인 여성들이었다. 교환 이론은 이 경우 남성 데이트 상대자들을 더 잘 설명할 수 있는데, 즉 이들은 자신이 원하는 데이트 상대를 찾기 위해 자신의 장점을 극대화하기 위해서 노력할 것이다.

Woll과 Young(1989)은 화상 데이트 고객의 관계, 자기 표현 목표, 이러한 목표들을 성취하기 위해 사용하는 전략들과 타인에게 보이기 위해 선택한 이미지들을 연구했다. 이들은 화상 데이트 참가자들이 자신의 현실적인 모습을 보여줌으로써 이상적인 데이트 상대에게 매력적으로 보이는 데 성공할 수 있기를 바랐다고 하였다. 이러한 합리적인 전략에도 불구하고, 이들의 연구에 따르면 화상 데이트 참가자들의 경우 이상적인 파트너와 자신의 프로필에 실제로 관심이 있는 사람들 사이 간의 불일치가 있었음을 발견했고, 자신을 선택한 사람들에 대해 불만족스러워했다.

온라인 데이트 개인광고, 그리고 비디오 데이트 모두 많은 측면에서 유사하다(Whitty, 2007b 참고). 이러한 데이트 방식 간의 명백한 유사점 중 하나는 만남 전에 자신을 소개할 시간을 갖는다는 점이다. 이는 일반적으로 개인이 직접 대면하고 대화가 즉흥적으로 이루어지는 전통적인 데이트 형태(예: 술집, 클럽, 직장 등)와는 매우 다른 방식이다. 또한 이러한 대면이 아닌 여러 형태의 데이트 상대 매칭은 직접 만나는 형식의 데이트보다 인상 형성을 더 많이 통제할 수 있다(Whitty, 2007b). 주목할 만한 몇 가지 차이점이 있는데, 우선 신문 광고의 경우 광고주에게 연락하는 사람이 개인광고를 직접 작성한 사람이 아닌 경우가 많다. 또 다른 분명한 차이점은 화상 데이트 상대와 온라인 데이트 상대에게 더 많은 시각적 정보가 제공된다는 점이다. 연구자들은 온라인 사이트에서 자신을 어떻게 표현했는지 구체적으로 조사했으며 이번 장에서는 이를 살펴본다.

4.5 온라인 데이트 사이트에 자신을 소개하는 행위

개인광고를 작성하는 개인과 마찬가지로 온라인 데이트 상대는 매력적인 프로필을 작성하기 위해서 많은 노력을 기울인다라고 주장한다(Elison, Heino & Gibbs, 2006; Whitty, 2008a; 2008b, 2008c; Whitty & Carr, 2006). Whitty(2007b, 2008a)는 신문광고와 마찬가지로 온라인 데이트 상대가 자신을 '상품화'하여 다른 사람들이 '구애'해야겠단 충동이 일어나게 하는 자기를 제시한다고 주장한다. 이는 앞서 언급했듯이, 이러한 신문광고가 '이성애 주식 시장을 연상시킨다(p.17)'라고 한 Cameron 등(1977)의 주장과 유사하다. Whitty(2008a)의 참여자 중 한 명은 이 과정을 '자신을 파는' 과정이라고 묘사했다.

제게 개인적으로 다른 것 한 가지는 제가 누군가를 위해 거래 매뉴얼을 작성하는 건 능숙하지만, 스스로에 대해서 글을 쓰고 나를 팔려고 할 때는 매우 다른 이야기라는 점입니다. 이게 여성의 특성보다 남성의 특성에 더 가까운 건지는 잘 모르겠네요. 자신을 얼마나 잘 팔고 싶은가에 따라 다를 것 같은데 그렇지 않나요? (Wayne)(p.1714)

연구자들이 발견한 온라인 데이트를 하는 사람들이 드러내고 싶어 하는 중요 특징들에는 그들의 외모, 흥미, 활동, 성격, 유머, 직업, 지능, 독특성, 희망과 꿈 등이 있었다(더 자세한 목록과 비율은 Whitty & Carr, 2006 참고). Whitty(2008a)는 온라인 데이트하는 사람들이 몇 가지 특성보다 여러 가지 많은 긍정적인 특성들을 드러내고자 한다는 걸 발견했다. 교환이론(3장 참고)을 다시 살펴보면, 이 이론은 개인이 적절한 관계를 결정할 때 보상을 극대화하려고 한다는 걸 가정하고 있음을 알 수 있다. 따라서 가능한 한 많은 긍정적인 특성들을 설명하면서 보상이 더 많은 선택으로 보이려고 하는 것이 합리적인 전략으로 보인다. 결국, 많은 다른 가능한 데이트 상대 프로필보다 더 보상이 높은 선택처럼 보여야 한다는 것이다.

3장에서는 또한 사회진화이론에 대해서도 설명하고 있다. 이 이론에 따르면, 남성은 가임 가능성이 있고 생식능력 측면의 가치가 큰 여성에게 이끌리며 여성들은 높은 사회경제적 지위를 가진 사람에게 이끌린다. Sears-Robert Alterovitz와 Mendelsohn(2011)에 따르면 파트너 선호도에 대한 진화론적인 예측은 전 생애에 걸쳐 남성의 경우 그대로 유지되는 것으로 나타났다. 남성은 젊은 여성을 찾을 가능성이 높고 이런 경향성은 점점 더 나이가 들수록 커졌다. 또한 남성은 여성보다 프로필에 더 많은 상태 정보를 제공할 가능성이 높았다. 그러나 이 이론은 나이가 있는 여성들에게는 적용되지 않았다. 모든 연령의 여성들이 남성보다 더 상태 관련 정보를 찾았지만, 그럼에도 불구하고 전 생애에 걸쳐 여성은 남성보다는 신체적인 매력을 더 자주 제공하지는 않았다. 게다가, 75세 이상의 여성은 자신보다는 연하의 남성을 더 원했다.

개인광고와 비디오 데이트에 대한 기존 연구들과 마찬가지로, 연구자들은 개인이 온라인 데이트 사이트에서 자신을 소개하는 방식에 매우 전략적으로 임한다는 사실을 발견했다. Whitty(2007b, 2008a)는 온라인 데이트를 하는 사람들이 단순히 매력적인 자신을 보여주는 것만으로는 충분치 않다라는 걸 매우 잘 알고 있다는 사실을 발견했다. 대신 데이트를 원하는 사람들은 또한 매우 진실하고 꾸밈없는 모습 또한 보여줘야 한다. Whitty(2007b)는 이를 바 이론(Bar theory)이라고 칭했는데, 데이트 상대에게 성공적으로 매력적으로 보이기 위해서는, 온라인 데이트를 원하는 사람들은 매력적인 자기와 실제 자기 사이의 균형을 잘 보여주는 프로필을 만들어야 한다고 제안하였다.

4.6. 데이트 속임수

온라인 데이트를 원하는 사람들이 직면하는 어려움은 프로필에 정직한 정보가 포함되어 있는지 아니면 오해의 소지가 있는 정보가 들어 있는지를 구분하고 판단하는 것이다. 1983년에 Austrom과 Hanel, Ahuvia 및 Adelman(1992에서 인용)은 그들의 연구에서 개인광고에 노골적인 거짓말은 없지만 과장되거나 선택적인 진실만을 전달하는 증거가 있다는 사실을 발견했다. Whitty가 수행한 일련의 연구들(Whitty, 2008a; Whitty & Carr, 2006)에 따르면, 온라인 데이트를 하는 사람들이 자신들의 프로필에 잘못된 정보를 올릴 때, 이를 꾸밈 정도로 이해하지만 다른 사람들은 신뢰할 수 없거나 자기 인식이 부족한 걸로 종종 받아들임을 발견했다. 어느 쪽이든 만약 그들의 프로필과 실제 개인이 일치하지 않으면, 대부분 이들은 두 번째 데이트를 할 수 없었다.

Toma와 Hancock(2012)은 온라인 데이트 프로필의 속임수를 조사한 결과, 컴퓨터 언어분석을 통해서만 속임수 프로필을 탐지할 수 있음을 발견하였다. 인간 심사위원들은 서면 구성요소를 기반으로 속임수를 감지하는 것이 훨씬 더 어려우며, 대신 프로필 속임수와 관련이 없는 언어적 단서에 의존해야 한다는 사실을 발견했다. 부정직한 프로필일수록 짧은 자기소개가 포함되어 있었다. 이는 대면 데이트와 같이 동시에 존재해야 하는 환경들에서 속임수를 조사한 연구에서 거짓말을 하는 사람들이 더 많은 단어들을 사용하는 것을 발견한 연구와 대조적이다. 정서와 관련된 단서, 1인칭 단수 대명사 혹은 부정 용어 등은 모두 기만적인 프로필에서 더 뚜렷이 나타났다. 예상과 달리 부정적인 정서 표현은 속임수를 쓴 프로필에서는 많이 나타나지 않았는데, 이에 대해서 Toma와 Hancock(2012)은 온라인과 같이 비동기 환경(asynchronous environment)이 이러한 단어를 더 전략적으로 사용할 수 있도록 하기 때문이라고 설명했다.

연구자들은 온라인 데이트를 하는 사람들이 사이버 환경에서 자기를 표현하는 방식을 설명할 때(예: Elison et al., 2006; Whitty, 2008a; Whitty & Carr, 2006) Gottman(1959, 1997)의 이론을 활용했다. Whitty(2008a)는 온라인 데이트 사이트가 Gottman이 설명하는 방식으로 '발산되는' 표현을 목격할 수 있는 기회를 거의 제공하지 않는다고 하며, 다음과 같이 주장하였다.

참가자들이 진부한 프로필을 회의적으로 바라보았을 때 '행간을 읽거나' '느껴지는' 표현을 찾는 것이 가능했던 것은 분명하다. 뿐만 아니라 온라인 데이트를 하는 사람들은 만약 그들이 상대방을 직접 만났을 때 상대방의 프로필이 실제와 일치하는지를 확인한다. 즉, Gottman의 표현을 빌리자면, 그들은 얼마나 '실제 성격'이 그들의 행동과 일치하는지를 잘 알아차릴 수 있다. 만약 거기에 불일치가 발생할 때, Gottman이 예상한 대로, 온라인 데이트를 하는 사람들은 상대방이 만든 프로필에 작성된 인상과 실제 사람이 일치해야 하는 의무가 있다는 믿음하에, 자신의 데이트 상대가 부도덕적이라 판단한다(p.1720).

4.7 완벽한 매치 혹은 숫자 게임?

이 장에서 살펴본 바와 같이 온라인 데이트를 하는 사람들은 프로필에 자신을 소개하는 방식에 있어서도 전략적이지만, 데이트 사이트를 이용하는 방식에서도 전략적이다. Whitty(2008a, 2008b)는 오프라인 데이트에 대한 기대에 비해 온라인 데이트에 대한 기대가 더 높았던 데이트 상대는 매칭에 불만족하고 잠재적으로 파트너를 찾는 데 성공할 가능성이 낮다는 사실을 발견했다. Whitty 는 많은 온라인 데이트를 하는 사람들이 선택의 폭이 넓어지면 더 까다로워진 다고 주장한다. 앞서 설명한 것처럼, 대부분의 온라인 데이트를 하고자 하는 사 람들은 자신에게 유리한 특성만 설명하기 때문에 이러한 사이트에서는 매력적 인 데이트 상대가 넘쳐난다. 교환 이론이 아마 이 결과를 설명하는 데 도움이 될 것이다. 이전 장에서 설명한 바와 같이, Thibaut과 Kelly(1959)는 개인이 자신 의 관계들과 다른 사람들의 관계들을 비교하면서 관계들에 대한 기대를 발달시 킨다고 주장했다. 온라인 데이트를 하는 사람들의 경우에 도입해보면, 이들이 할 수 있는 '가설적인 비교'의 대상과 범위는 더 넓다. 뿐만 아니라, 아마도 비현 실적인 비교들이 이루어지고, 이로 인해 온라인 데이트를 하는 사람들은 그들이 매력을 느끼는 상대들에 대해서 더 불만족스럽게 느낄 수 있다.

연구자들은 성별에 따른 전략들 또한 존재함을 발견하였다(Whitty, 2008a, 2008b; Whitty & Carr, 2006). Whitty의 연구에 참여한 많은 여성들은 자신의 프로 필을 작성하고 타인의 프로필을 읽으며 이상형을 찾는 데 많은 시간을 소비하 는 반면, 많은 남성들은 '숫자 게임', 즉 누군가가 응답하기를 바라며 많은 사람 들에게 연락을 취하는 전략을 사용한다고 답했다. 온라인 데이트에 참여한 한 남성은 숫자 게임에 대해서 다음과 같이 설명했다.

이것이 바로 스모어가스보드(smorgasbord/설명: 온갖 음식이 다양하게 나오는 뷔 페식 식사)식 접근법이에요. 인생은 숫자 게임이라고 전에 말했던 거 같은 데. 댄스파티에 가면 헛간 댄스는 숫자 게임이고 물론 그 목적은 여자들이 남자들이 만나기 위한 거죠. 단 펍이나 클럽, 심지어 댄스파티에서도 할 수 없는 방식으로 뭔가 행동을 취하기 전에 그 사람을 이해하고 파악할 수 있 다는 점에서 음악이 없는 온라인 데이트 사이트랑 비슷하죠. 따라서 샷건 방식은 상당히 정교한 접근 방식이에요(알란, Alan)(Whitty & Carr, 2006; p.138).

Yang과 Chiou(2010)의 흥미로운 실험 연구에 따르면, 참여자들은 모두 온라인 데이트 사이트에서 제공하는 검색 옵션을 가장 생산적인 방식으로 사용하는 건 아니었다. 저자들은 표본을 '극대화 추구 집단'(즉, 철저한 검색을 통해 최고를 찾는 사람들)과 '만족하는 집단'으로 나누었다. 그들은 극대화 추구집단의 사람들이 더 많이 검색을 하면서 자신의 인지 자원을 사용하면 할수록, 불필요한 정보를 무시할 가능성이 줄어들고 그 결과 원래 선호도와 관련이 없는 속성에 더 많은 주의를 기울인다는 사실을 발견했다. 이에 대해서 Yang과 Chiou(2010)는 다음과 같이 이야기했다.

방대한 양의 고려해야 하는 정보가 있을 때 이 중에서 최고를 식별하는 건 점점 더 어려워지고 있고, 이에 따라서 극대화 추구를 하는 사람들은 평가 및 선택을 위해 내부 기준이 아니라 외부 기준에 의존할 수밖에 없다. 이에 더하여, 매력적인 옵션 간 트레이드 오프가 불가피하기 때문에 더 매력적인 걸 선택해야 할 때, 다른 대안적인 매력적인 옵션 하나를 포기해야 하는 고통이 가중된다(p.209).

4.8. 온라인 데이트 과정의 단계들

온라인 데이트 사이트에서 만난 사람과의 관계 발전 단계들은 온라인이나 실제 공간에서 만난 사람과의 관계 발전 단계와 비교할 때 분명 다른 단계들이 존재한다. Whitty(2008c)는 전통적인 구애 모델에 대한 Givens(1978)의 연구를 바탕으로 온라인 데이트와 관련된 5단계를 고안했다.

Givens의 5단계 모델은 주의단계(여성이 전형적으로 이성의 관심을 끌기 위해서 비언어적 신호를 보내는 신도), 인식(삐죽거리기, 눈썹 깜박임과 같은 유혹 행동), 상호작용(일반적으로 남성들이 대화를 시도하는 단계), 성적 흥분, 그리고 마지막으로 결심 단계로 구성되어 있다. 다른 학자들도 개인광고, 비디오 데이트, 컴퓨터 중매와 같은 공식적인 중매와 관련된 단계에 대한 모델을 만들었다. 예를 들어, Ahuvia

와 Adelman(1992)은 SMI(searching, matching and interacting) 모델(검색, 매칭, 상호작용)을 고안한 바 있다. 이들은 중매 서비스와 기본적인 시장 기능을 병행한다. 일례로, 시장에서는 처음에 '검색', 즉 교환에 필수적인 정보를 얻는 것이 필수적이다(데이트상대 매칭과 관련해서는 잠재적인 상대방에 대한 정보를 검색하는 것을 의미한다). 둘째, '매칭'은 상보적인 교류할 수 있는 파트너를 찾는 것이 필요하다(데이트 상대 매치와 관련해서는 서로 잘 맞는 두 싱글을 모으는 것이 필요하다). 마지막으로, '상호작용'은 그 둘이 실제로 만나는 것이다.

Whitty의 온라인 데이트 과정 모델에서, 그녀는 인터넷 데이트가 Ahuvia와 Adelman(1992)이 강조한 세 단계를 포함한다고 주장하지만 이러한 단계가 반드시 그들이 제안한 순차적 순서에 딱 들어맞는 것은 아니다. 예를 들어, 매칭은 두 가지 지점에서 발생할 수 있다. 먼저 사이트가 '과학적으로' 개인을 매칭하기 위해 고안된 특정 공식에 따라 매칭을 제안한 다음, 고객이 사이트의 선택 항목을 검색하여 적절한 매칭이라고 생각되는 사람을 결정할 수 있다. 또는 고객이 적합한 프로필을 찾을 때까지 수많은 프로필을 검색하는 것부터 시작할 수도 있다. 그 다음에는 사이트에서 먼저 연락을 취해 상대방에 대한 관심을 표시하고 상대방도 상호 관심에 답을 해야 한다. 이 단계에서 두 잠재적인 데이트 상대들은 상호작용을 시작하고 관계를 더 발전시킬지 여부를 결정한다. Whitty의 모델에 대한 자세한 설명은 다음과 같다.

4.8.1 1단계: 주의 단계(The attention phase)

주의 단계에서는 온라인에서 미묘한 비언어직 신호를 표시하여 이성을 끌어들이려고 노력한다. 온라인 데이트에서는 상호작용할 즉각적인 대상이 없다. 대신, 개인은 자신을 표현할 매력적인 사진을 선택하여 자신의 매력의 특성을 보여준다. 일반적으로 사진이 표시되지 않은 프로필들은 관심을 두지 않고 지나쳐버린다(Whitty & Carr, 2006).

이 주의단계에서 온라인 데이트를 하고자 하는 사람들이 자신의 프로필에 다른 사람들을 끌어들이는 또 다른 독특한 방법은 자신을 나타내는 이름(흔히 아이디나 별칭 등)을 사용하는 것이다. 어떤 사람들은 매우 유혹적인 이름(예: Imcute or Bubbly)을 선택하거나, 어떤 사람들은 자신의 개인적 정체성을 반영하거나 흥미(예: 산악등반가)를 선택한다. 다른 사람들은 별로 매력적이지 않은 명칭(예: Jt28 혹은 Smith48)을 사용할 수도 있다. Whitty와 Buchanan(2010)은 특정 아이디나 별칭이 다른 명칭들보다 더 매력적으로 느껴지며, 남성과 여성은 서로 다른 유형의 별칭이나 아이디를 가진 개인과 접촉하려는 동기가 있다는 사실을 발견했다. 예를 들어, 여성보다 남성이 신체적 매력을 나타내는 별칭 혹은 아이디(예: Hottie or Greatbody)에 더 매력을 느끼고 연락하려는 동기가 있으며 남성보다 여성이 지능을 나타내는 명칭(예: Wellread or Welleducated)에 더 매력을 느끼는 걸로 나타났다. 전반적으로 대부분의 사람들은 덜 유혹적인 이름이 덜 매력적이라 인식했다.

4.8.2 2단계: 인식 단계(The recognition phase)

오프라인 데이트와 마찬가지로 온라인 데이트의 두 번째 단계에서는 더 많은 유혹과 약간의 인정이 필요하다. 온라인 데이트 사이트는 웹사이트를 구축할 때 이 단계를 모방하려고 시도했다. 온라인 데이트 사이트에서는 고객이 매력적이라고 생각하는 상대에게 즉시 이메일을 보내는 대신, 온라인 데이트 상대에게 '윙크' 혹은 '키스'라고 불리는 '양식'의 메모를 사이트를 통해 보낼 수 있는 옵션을 제공하는 경우가 많다. 오프라인에서 추파를 던지는 것과 비슷하지만 자신을 소개하고 상대방이 스스로에 대한 정보를 공개하도록 요청하는 식의 자세한 이메일보다는 덜 거슬리고 미묘한 방식으로 보일 수 있다.

4.8.3 3단계: 상호작용 단계(The interaction phase)

오프라인과 마찬가지로 온라인 데이트 구애과정의 다음 단계는 상호작용이다. 물론 이 과정은 온라인에서 이루어진다. 처음에는 사이트를 통한 이메일 교환을 통해 이루어지고, 사이트의 인스턴트 메시지 서비스, 개인 이메일 계정, 또는 오프사이트의 인스턴트 메시지 프로그램, 그 다음 전화 (보통 휴대폰) 또는

SMS 문자로 이동 가능하다. 오프라인으로 구애할 때와 마찬가지로 이 단계에서도 서로 유혹을 하면서 서로를 탐색하는 과정이 있다. 전통적인 물리적인 오프라인에서 사용하는 신호는 없지만 이러한 비언어적 신호를 대체할 수 있는 방법을 찾을 수 있다. 대체적으로 이 세 번째 단계는 비교적 짧은 편이다. 온라인 데이트 상대와 대화를 나누는 동안 약간의 유혹과 자기 공개가 이루어지지만 이 단계는 정보를 확인하고 대면 미팅(또는 둘 중 하나 혹은 둘 다가 이 과정에서 중도포기를 하기도 함)을 설정하는 데 더 중점을 둔다. 프로필에 이미 개인에 대한 이력서가 제공이 되어 있기 때문에 개인에 대한 추가적인 정보는 더 공개할 필요가 없다. 따라서 이 단계에서 서로가 충분히 편안하다고 느끼면 다음 단계로 이동한다.

4.8.4 4단계: 대면 만남(The face-to-face meeting)

네 번째 단계는 '성적 흥분' 단계로 불리는 기븐스의 네 번째 단계와 거의 동일하다. 온라인 데이트의 경우, 첫 데이트가 이후 데이트 여부를 결정짓는 경우가 많다. 이 만남은 이미 성적 매력이 형성되어 커플로서 함께 낭만적인 저녁을 보낼 계획인 '전통적인' 첫 데이트와는 다르다. 대신, 두 사람이 신체적인 케미를 확인하고, 데이트 상대가 프로필과 얼마나 잘 어울리는가를 확인하는 만남이다. 안전상의 이유로 미팅은 일반적으로 공공장소(예: 카페, 바)에서 진행되며 상호작용이 원활하게 진행되지 않을 경우 빠르게 빠져나갈 수 있도록 제한시간 동안만 진행되도록 시간을 잡는다. 일부는 응급 계획을 수립해서 만남이 잘 진행이 되면 적절한 날짜를 잡고(예: 저녁식사) 계속 관계를 이어갈 수 있도록 한다. 상대방이 그들의 프로필에 부합하지 않을 수 있다는 두려움 때문에 일부 온라인 데이트를 하는 사람들은 유리한 위치에서 데이트 상대를 확인할 수 있을 만큼 요령을 가지고 행동하며 데이트가 자신이 기대했던 것과 정확히 일치하지 않을 경우(예; 사진이 몇 년 전 사진이나 설명이나 키나 몸무게 등이 다소 다른 경우) 데이트를 진행하지 않을 수도 있다(때로는 상대방에게 전화를 걸어 예의 바르게 왜 데이트에 나가지 못했는지 변명하기도 한다).

4.8.5 5단계: 결심(Resolution)

Givens의 5단계 구애와 마찬가지로, 결심은 온라인 데이트 구애과정의 마지막 단계이다. 첫 만남이 끝나면 일반적으로 상대방에게 성적인 매력을 느끼는지, 상대방에 대해 더 자세히 알고 싶은지 여부를 알 수 있다. 여전히 확신이 서지 않는다면 몇 번 더 데이트를 할 수도 있지만 일반적으로 사이트의 다른 옵션을 확인하면서 데이트를 진행한다. 이 관계를 더 발전시키는 데 관심이 있다고 확신하는 경우 일반적으로 사이트에서 탈퇴한다. 기대치가 충족되지 않고 한 쌍 중 한 명이 다른 한 명이 탈퇴한 후에도 여전히 이 사이트를 활발히 이용하고 있는 게 발견이 되면 커플 간에 문제가 발생하기도 한다.

4.9 결론

밀레니엄 시대에 접어들면서부터 온라인 데이트는 상대적으로 소수의 사람들만 사용하는 일부 부정적 선입견을 갖게 하는 활동에서부터 남녀노소 모두가 사용하는 매우 인기 있고 대중적인 데이트 도구로 변모했다. 이 장에서 살펴본 바와 같이, 온라인 데이트를 선호하는 사람들의 유형을 분류하기는 어렵고, 이는 수년에 걸쳐 사람들의 유형이 변화해왔기 때문일 수 있다. 또한 앞으로도 계속 변화할 것이다. Tinder와 같은 데이팅 앱은 일부 사람들이 온라인 데이트를 하는 방식을 변화시키는데, 육체적인 일회성 만남은 의미 있는 관계로 나가기보다 성관계를 갖기 위한 목적으로만 이루어질 수도 있다.

온라인 데이트에 대한 최신 연구에 따르면 프로필을 작성하고 사이트에서 다른 사람과 연락을 취하는 데 특정 기술이 필요하다. 연구에 따르면 일부 사람들은 프로필에 자신에 대한 내용을 더 과장하여 꾸미기도 하는데, 이를 알아차리기는 쉽지 않다. 허위 진술의 결과는 일반적으로 구애의 과정이 첫 데이트를 넘어서지 못한다는 것이다. 연구자들은 온라인 데이트를 하는 사람들이 사용하는 일부 전략(예: 대규모 데이터 셋에서 옵션을 최대로 설정)이 성공으로 이어지지 않는다고 본다. 온라인 데이트 사이트는 관계를 시작하는 방식과 관련하여 기존의 대면 방식은 물론 다른 온라인 공간과도 그 성격이 다르다.

토론 질문

1. 고프만(Goffman)의 이론을 온라인 데이트 사이트에서 사람들이 자신을 소개하는 방식을 설명하는 데 어떻게 적용할 수 있는지 생각해보시오.
2. 온라인 데이트 사이트에서 사람들이 다른 장소들(대면 및 온라인 모두)에 비해 어떤 방식으로 다른 사람들을 속일 수 있을 거라 생각하는가?
3. 본인 또는 지인이 온라인 데이트 사이트에서 만난 사람과 연애 관계를 발전시킨 적이 있는가? 이 관계는 어떻게 발전했는가? 이 장에서 제시한 단계 이론에 부합하는가?
4. 온라인 데이트 프로필을 만든다면 어떤 측면을 포함시키는 것이 중요하다고 생각하는가? 어떤 이론이 여러분의 선택을 가장 잘 설명할 수 있는가?

추천하는 읽을거리

Poley, M. E. M. & Luo, S. (2012). Social compensation or rich-get-richer? The role of social competence in college students' use of the Internet to find a partner. *Computers in Human Behavior, 28*, 414– 419. Toma, C. L. & Hancock, J. T. (2012). What lies beneath: The linguistic traces of deception in online dating profiles. *Journal of Communication, 62*, 78–97.

Valkenburg, P. M. & Peter, J. (2007). Who visits online dating sites? Exploring some characteristics of online daters. *CyberPsychology & Behavior, 10*(6), 849–852. Whitty, M. T. (2008). Revealing the 'real' me, searching for the 'actual' you': Presentations of self on an Internet dating site. *Computers in Human Behavior, 24*, 1707–1723.

Yang, M. L. & Chiou, W. B. (2010). Looking online for the best romantic partner reduces decision quality: The moderating role of choice-making strategies. *Cyberpsychology, Behavior, and Social Networking, 13*(2), 207–210.

05

온라인 성행위

인간은 거의 모든 새로운 미디어를 성적인 용도로 사용할 수 있다. 인터넷도 예외는 아니다. 인터넷 이전에는 '폴라로이드 섹스(Polaroid sex)'와 비디오가 존재했다. 이렇듯 미디어는 상업용 및 아마추어 포르노 제작에 사용되어왔다. 인터넷의 특수한 점은 인터넷을 통해 이전과는 다르게 상호작용적인 성적 만남과 탐색의 기회를 열었다는 것이다. 여기에는 사이버공간에서 발생하는 성적 활동과 인터넷을 통해 이용할 수 있는 온라인 성적 활동이 모두 포함된다. 심리학자들은 온라인 성행위가 건강한가에 대해 의문을 제기해왔으며, 일부 학자들은 사람들이 온라인 성관계에 중독될 수 있다고 주장하기도 한다. 반면, 인터넷이 잠재적으로 안전한 환경에서 성을 탐색할 수 있는 새로운 길을 열어준다고 주장하는 학자들도 있다. 앞 장에서 지적했듯이, 인터넷은 새로운 성적 상호작용을 위한 기회의 장을 계속해서 열어줄 것이며, 이는 온라인 섹스와 에로티카(erotica: 성애물)에도 적용된다. 예로, 텔레딜도닉(teledilonic: 사이버세계 속 성행위)과 가상현실은 새로운 성적 경험을 창출하기 위해 계속 개발될 가능성이 크다. 이 장에서는 온라인 성행위의 심리에 관한 문헌을 검토하고, 온라인 성행위가 인간을 해방시키는지 또는 쇠약하게 만드는지 살펴보고자 한다. 한편, 온라인 소아성애 문제를 다루는 것은 매우 중요하지만, 해당 내용은 14장에서 다뤄질 것이다.

5.1 인터넷 섹스의 시작

사람들은 인터넷이 시작된 이래로 온라인을 활용한 성적 활동을 지속해오고 있다. 초기에는 인터넷상에서 서로 성적인 대화를 주고받는 것에 국한되었는데, 사람들은 '에로틱한 대화'를 주고받는 것에 전혀 어려움이 없었다. 이는 Carol Parker(1997)의 저서인 '사이버섹스의 즐거움(The Joy of Cybersex)'에 잘 설명되어 있다.

Gersh: 나는 당신을 누르고..

Geekgirl: 나는 내 손에 오일을 바르고 나를 부드럽게 만지고 있어요..

Gersh: 나는 당신을 밀고… 섹시한… 당신에게서 눈을 뗄 수가 없어요. 당신의 굴곡적인 몸매…

Geekgirl: 허벅지 위쪽을 쓰다듬어 주고… 다른 한 손으로는 나의 가슴을 만져주세요.

Gersh: 나의 손이 아래로 내려와 당신의 다리 사이를 쓰다듬고 있어요.

Geekgirl: 다리를 조금씩 벌리고. 엉덩이를 천천히 움직이고 있어요.

Gersh: 이번에는 더 깊게… 당신을 느끼고 있어. 따뜻해. 음… 음…

학자들은 온라인에서 일어나는 다양한 유형의 성적 활동을 분류하려고 시도했다. 예를 들어 '핫 채팅(Hot chat)'은 '두 명 이상이 가벼운 시시덕거림을 넘어선 성적 대화를 하는 것'으로 정의했다. 이와 대조적으로 '사이버섹스(cybersex)'는 '일반적으로 두 명 이상이 사이버공간에서 개인의 성적 환상에 대해 실시간으로 대화를 하는 것'으로 정의했다.

3장에서 언급했듯이 "전자게시판(bulletin board)"은 인터넷 초창기에 특히 인기 있는 공간이었으며, 이러한 시스템 중 상당수는 성적인 성격을 띠고 있었다. 어떤 게시판은 사람들이 성적 관심사를 공유하는 다른 사람들을 만나고 온라인 및 오프라인에서 성적 욕구를 실현할 수 있도록 설계되었다. 사회 과학자들은 이러한 사이트 및 해당 사이트를 이용하는 사람들을 조사했다(예: Wysocki, 1998; Wysocki & Thalken, 2007).

Wysocki(1998)는 온라인 성관계가 대면 성관계를 대체할 수 있는지, 오히려 대면 관계를 악화 또는 강화했는지에 관심을 가졌다. 그래서 Wysocki는 '플레저 피트(Pleasure Pit)'라는 게시판을 이용하는 참가자들을 대상으로 인터뷰를 실시하였다. 연구결과, 사람들이 성적 게시판을 이용하는 주요한 다섯 가지 이유는 익명성, 사생활의 시간적 제약, 다른 사람들과 성적 환상을 공유, 온라인 성행위에 참여하고 싶은 욕구, 비슷한 성적 관심사를 가진 사람들을 직접 만나고 싶은 욕구 등으로 나타났다. 특히, Wysocki가 인터뷰한 사람들 중 상당수가 오프라인 파트너에게 인터넷을 성적 수단으로 사용하고 있다는 사실을 밝히지 않았다는 사실도 발견했다.

5.2 "트리플 A 엔진", 인터넷의 특성
: 접근성(access), 경제성(affordable) 및 익명성(anonymous)

이전 장에서 설명한 것처럼 인터넷 초창기에는 인터넷이 성(sex)에 대해 탐구하고 배울 수 있는 건전한 공간인지, 아니면 온라인 성적 활동에 참여하는 것이 심리적으로 문제가 되는 행동으로 이어지는지에 대해 학자들의 견해가 분분했다. Al Cooper와 그의 동료들은 사이버공간이 개인에게 제공하는 문제와 즐거움, 특히 성에 관한 문제에 대해 자세히 설명했다. Cooper, Scherer와 Marcus(2002)는 '인터넷은 건강하고 긍정적이며 정서적으로 만족스러운 성생활을 위협할 수도 있고, 도울 수도 있다.'고 말했다(p.210). Cooper(1998)는 인터넷이 성행위를 위한 강력한 매체로 활용되는 이유를 설명하기 위해 '트리플 A 엔진'을 개발했다. 그는 인터넷은 '접근'하기 쉽고, '저렴'하며, 온라인에서는 '익명'이 가능하다는 점에 주목했다. 인터넷의 이러한 측면을 고려할 때, 온라인 성행위는 언제든지 가능하고, 비용이 거의 들지 않으며, 익명으로 사용할 수 있기 때문에 사용자는 자신의 '진짜' 신원을 타인에게 공개하지 않으면서 안전하게 성행위를 할 수 있다. 그러나 연구자들은 인터넷의 이러한 매혹적인 매력이 문제 행동으로 이어질 수 있다고 주장한다. 예를 들어 Cooper 등(2000)은 트리플 엔진에서 강박적인 온라인 성행위를 보이는 일부 사람들을 발견했다. 또한, 사이버섹스 강박증으로 분류된 그룹에 이성애자 여성과 게이 남성의 비율이 더 높다는 사실도 발견했다.

5.3 사이버섹스: 약화시키는가, 해방시키는가?

사이버섹스는 인터넷 초창기부터 존재해 왔다. 이 장의 앞부분에 소개된 Gersh와 Geekgirl 사이의 대화는 사이버섹스의 한 예시이다. 이 장의 앞부분에서 사이버섹스에 대한 정의를 제시했지만, 개인이 사이버공간에서 성적 대화에 참여하는 방법은 다양하다. 성적 대화는 혼자서 또는 다른 사람과 함께 할 수 있고, 실제 대화뿐 아니라 가상으로도 이루어질 수 있다. Shaughnessy, Byers와 Thornton (2011)은 292명의 학생에게 사이버섹스의 정의를 물었다. 이전의 정의와 마찬가지로 참가자들은 사이버섹스를 대화형 온라인 성행위로 정의했으며, 대부분 실시간으로 이루어진다고 설명했다. 참여자의 36%는 사이버섹스가 '묘사하는 활동', 즉 성행위, 성관계를 묘사하는 활동이라고 답했다. 또한, 참여자의 25%는 사이버섹스가 자기 자극(신체의 일부분이나 사물을 반복적으로 움직임으로써 자신의 감각기관을 자극하는 행동)과 관련이 있다고 답했으며, 21%는 흥분과 관련이 있다고 답했다. 13%는 사이버섹스가 시각적 자극을 포함한다고 답했는데, 이는 사이버섹스에 대한 초기 이해가 대부분 텍스트 교환에 국한되어 있던 것에 비해 한 단계 발전한 것이다.

사이버섹스와 관련된 문제로는 사이버섹스 중독(이 장의 뒷부분에서 자세히 설명)과 외도(자세한 내용은 6장 참조) 등이 있다. 과연 사이버섹스에 참여하는 것에 긍정적인 면이 있을까? Whitty(2008d)는 사이버섹스가 특히 섹슈얼리티를 탐구하고자 하는 사람들에게 잠재적으로 해방감을 주는 활동이라고 제안했다. Adams, Oye와 Parker(2003)는 인터넷이 노년층에게도 자유로운 성적 공간을 제공한다고 주장하며, 이렇게 말했다. "의심할 여지 없이 인터넷에서의 성적 표현은 노년층에게 유익한 면이 있습니다. 예를 들어, 노인이 온라인에서 비슷한 관심사를 가진 다른 사람들을 발견하게 되면, 자신의 성적 관심이 '정상적인 것'이라는 생각을 하게 됩니다(413쪽)".

MMORPG 플레이어를 대상으로 수행한 연구에서 Valkyrie(2011)는 연구참여자 간 사이버섹스에 대해 상반된 견해를 가지고 있음을 발견했다. 참여자들은 간혹 사이버섹스가 여성들을 괴롭힌다고 인식했다. 한편, '벡'이 설명한 것처럼 사이버섹스가 가상 세계 경험에 또 다른 차원을 더한다고 느낀 사람도 있었다:

"게임 레벨업은 지루해요. 파티를 찾는 데 많은 시간을 보내야 하고, 뭐, 어떻게든 그 시간을 즐겁게 보내야 했죠. 제가 아는 게임 유저가 한 명 있었어요. 그녀와 대화하는 게 정말 재미있더라고요. 저는 그녀와 게임에 대해 이야기하는 것으로 시작하여 이것저것에 대해 이야기하기 시작했어요. 결국에는 사이버섹스로 발전했죠(웃음). 그렇게 몇 달 동안 사이버섹스는 계속 되었어요. 사이버섹스는 정말 재밌었고, 정신을 못 차릴 정도였죠. 사이버섹스에서 중요한 건, 얼마나 생생하게 상상할 수 있는가, 그리고 얼마나 상대방에게 몰입할 수 있는가 하는 점이지요(p. 89)."

5.4 인터랙티브 섹스 엔터테인먼트

이미 강조한 바와 같이, 사이버공간은 대화형 성행위를 위한 새로운 공간을 제공하고 있다. 과거와 마찬가지로 음란물은 아마추어 또는 전문적으로 제작될 수 있다. 그러나 인터넷은 보다 인터랙티브한 섹스 엔터테인먼트(제작)를 위한 새로운 공간을 제공했다. 이러한 형태의 엔터테인먼트가 10년 넘게 존재해왔음에도 불구하고 현재까지 대화형 섹스 엔터테인먼트의 잠재적인 심리적 이점에 대한 연구는 거의 이루어지지 않았다. 그 예로 많은 사람들이 대화형 섹스 엔터테인먼트 사이트로 사용하는 화상 회의 소프트웨어인 CU−SeeMe를 들 수 있다. 최근에는 사람들이 무작위로 짝을 지어 웹 기반 대화에 참여하는 챗룰렛

(최초의 비디오 채팅 플랫폼)과 같은 사이트도 등장했다. 해당 사이트는 음성, 웹캠 또는 텍스트를 사용하도록 선택할 수 있다. 이 사이트에서 사람들은 한 사람이 다음 사람에게 넘어가기로 결정할 때까지 계속 채팅을 이어간다. Bilton(2010)은 뉴욕 타임즈에 이 웹사이트를 사용한 자신의 경험을 이렇게 설명한다:

"어느 순간 저는 아내와 함께 거실에 앉아 있었는데, 사이트에 들어가자마자 러시아에 있다고 말하는 한 남자와 함께 희미한 조명이 켜진 방으로 끌려 들어갔어요. 잠시 후에 우리는 터키의 한 부엌에서 반나체로 춤을 추는 여성을 보게 되었고, 그 다음 어딘지 모를 기숙사 방에서 대학생들이 웃고 있는 모습을 보게 되었어요. 우리는 충격에 휩싸였어요. 마우스를 클릭할 때마다 낯선 사람의 삶 속으로 이동했다가, 또 다른 낯선 대상을 만나러 이동했거든요.

5분 후, 우리는 연결을 끊고 조용히 앉아서 우리가 본 추악함에 매우 혼란스러워졌어요. 이후에 또 한 번 다음을 클릭하자 암스테르담에서 세 명의 벌거벗은 남성이 Rick Astley 음악에 맞춰 춤을 추고 있었어요. 그 다음에는 한 남자가 자신이 감옥에 있다고 말하더군요. 이건 정말 이상한 일이에요. 초대받지 않은 방문객이 다른 사람의 인생에 낙하산으로 뛰어들어 일종의 불시착을 하는 거잖아요. 근데 한편으로는 이게 완전히 랜덤이기 때문에 기이한 매력이 있기도 해요. 다음에는 과연 누가, 어떤 것이 나타날까요?"

5.5 사이버섹스 중독

연구자들은 온라인 성행위의 부정적인 측면을 조사하는 데 많은 시간을 보냈다. 사이버섹스 중독은 연구자들로부터 많은 관심을 받아온 주제이다(예: 그리피스, 2000a, 2000b, 2001 참조). 성적 활동에 대한 중독에는 사이버섹스 및 음란물 시청과 같은 다양한 활동이 포함될 수 있다. 이 장의 앞부분에서 언급했듯이

Cooper, Delmonico 및 Burg(2000)는 강박적 온라인 성행위의 특징을 드러내는 소수의 사람을 발견했다. 또한, 사이버섹스 강박증으로 확인된 대상 그룹 중에 이성애자 남성보다 여성과 동성애자 남성이 더 높은 비율을 차지한다는 사실을 발견했다. Daneback, Ross, Månsson(2006)은 사이버섹스 강박증은 연애 중이거나 양성애자이며 성병에 감염된 남성일 가능성이 높다는 사실을 발견했다. Schneider(2000)는 사이버섹스 중독이 별거와 이혼의 주요 원인이라고 주장했다. 또한, Schneider의 연구에 따르면 사이버섹스 사용자의 약 절반(52%)이 관계적 성관계에 대한 흥미를 잃은 것으로 나타났다. 최근에는 89명의 이성애자 남성 참가자를 대상으로 한 연구에서 Brand 등(2011)은 사이버섹스를 시청할 때 성적 흥분을 경험하는 참가자들이 인터넷 포르노 사진을 보면서 성적 흥분을 경험한 참가자들보다 일상생활에서 더 많은 문제를 보고했다. 이러한 사람들은 또한 사이버섹스에 중독될 가능성이 더 높았다. Corley와 Hook(2012)은 섹스 및 연애에 중독된 여성을 대상으로 한 연구에서 이러한 여성들이 비중독자에 비해 과잉성욕적 인터넷 행동(hypersexual Internet behaviours)을 할 가능성이 더 높다는 사실을 발견했다.

5.6 위험한 오프라인 성적 만남을 가능하게 하는 인터넷

사이버공간은 성행위를 할 수 있는 새로운 방법을 열어줄 뿐만 아니라 실제 세계에서 성행위를 할 사람을 찾을 수 있는 새로운 기회도 만들어냈다. Gaydar와 같은 웹사이트와 Badoo, Grindr, Hornet과 같은 앱이 만들어지면서 사이버공간이 성관계, 특히 남성 간 익명의 성관계를 위한 인기 있는 장소가 되었다는 사실은 놀랄 일이 아니다(Gass, Hoff, Stephenson & Sullivan, 2012). Malu, Challenor, Theobald 그리고 Barton(2004)은 영국인 참가자를 대상으로 한 연구에서 남성과 성관계를 갖는 남성(47%)이 여성과 성관계를 갖는 남성(14%)이나 여성과 성관계를 갖는 여성(7%)에 비해 인터넷을 통해 성 파트너를 찾는 경우가 더 많다는 것을 발견했다. 특히 성매매업 종사자들은 인터넷이 상업적 성 만남의 기회를 늘리는 데 극적인 역할을 했다고 지적했다(Parsons, Koken & Bimbi, 2004). Liau, Millett와 Marks(2006)는 남성과 성관계를 가진 남성을 대상으로 한 오프라인 설문 조사에서 참가자의 40%가 인터넷을 통해 성 파트너를 찾았다는 사실을 발견했다.

온라인에서 성 파트너를 찾는 것과 HIV를 포함한 성병 감염 사이에 상관관계가 있는 것으로 밝혀진 것을 고려할 때 인터넷을 통해 성 파트너를 찾는 사람들이 늘어나는 것은 걱정할 만한 일이다. 예를 들어, 잘 알지 못하는 익명의 남성과 온라인에서 만나 성관계를 맺는 것은 HIV 감염과 관련한 위험한 성행위를 할 가능성이 더 많은 것으로 밝혀졌다(Kakietek, Sullivan & Heffelfinger, 2011; Klein, 2012). Lee, Tam, Mak와 Wong(2011)은 중국인 HIV 감염 남성 77명을 대상으로 한 연구에서 표본의 절반 이상(58%)이 감염 1년 전에 인터넷을 통해 파트너를 찾았다고 밝혔다.

위 연구는 단순히 인터넷을 사용하여 파트너를 찾는 것이 안전하지 않은 성행위를 할 위험이 높다는 것을 시사한다. 그러나 학자들은 고려해야 할 다른 요인들도 있다는 것을 발견했다. 예를 들어, 연구자들은 남성과 성관계를 갖는 노년층 남성이 젊은 세대에 비해 성적으로 위험한 행동을 할 가능성이 더 높다는 코호트 효과가 있을 수 있다고 주장했다(Kubicek, Carpineto, McDavitt, Weiss & Kipke, 2011). Garofalo, Herrick, Mustanski와 Donenberg(2007)는 이러한 주장을 뒷받침하는 증거를 발견했다. 남성과 성관계를 가진 270명의 젊은 남성을 대상으로 조사한 결과, 표본의 68%가 성 파트너를 찾기 위해 인터넷을 사용한 경험이 있는 것으로 나타났다. 이 중 48%는 파트너를 찾는 데 성공했으며, 이들 중 약 절반(53%)은 콘돔을 지속적으로 사용했다고 보고했다. Coleman 등(2010)은 남성과 성관계를 가진 2,716명의 남성을 대상으로 연구한 결과, 강박적 성행동 점수가 높은 사람들은 피임을 하지 않은 채 항문 성교를 할 가능성이 더 높다는 것을 발견했다.

그러나 온라인에서 성 파트너를 찾는 행위와 안전하지 않은 성행위 간에 직접적인 상관이 없다고 밝혀진 연구들도 있다. Parsons 등(2004)이 남성 성매매

종사자를 대상으로 한 연구에 따르면, 인터넷 내에서 자신들이 고객의 성적 요청을 더 잘 통제할 수 있었다는 것을 느낀다고 보고했다. 또한, 그들은 인터넷이 고객들에게 안전한 성관계에 대해 알려줄 수 있는 기회를 제공했다고 말했다. 인터뷰에 응한 한 남성 성매매자는 다음과 같이 말했다:

"어렸을 때 호스트바에서 일하면서 사람들과 섹스를 하곤 했는데, 원하지 않는 행위도 하곤 했어요. 저는 그런 게 싫었어요. 내가 혐오스럽게 느껴졌고, 스스로가 남창처럼 느껴졌어요. 그래서 이 일[인터넷 광고]을 시작했을 때, 비록 내가 성매매자이긴 하지만 남창처럼 느껴지지 않도록 조치를 취하려고 했어요. 그래서 저는 하고 싶지 않은 일은 하지 않아요. 그게 뭐든, 아무것도, 하고 싶지 않은 건… 안전하지 않은 섹스는 하지 않아요. 사람들이 콘돔 없이(bareback) 성관계를 하냐고 물어보면 전 '아니요'라고 대답해요. 그게 다예요. 그들이 듣고 싶은 말은 그것뿐이죠. 거짓말을 하고 싶지 않고, 조금이나마 설명을 해주려고 노력해요. 저는 서른여섯이에요. 전화로는 서른둘이라고 말하지만 실제로는 서른여섯이에요. 많은 21살의 젊은이들은 에이즈로 죽어가던 이전 세대를 보지 못했다고 생각해요(p.1030)."

5.7 인터넷과 성 건강 정보

인터넷을 통해 파트너를 찾는 것과 성적 위험 증가에 관한 증거는 상당히 명확하지만, 이것과는 반대로 인터넷은 사람들에게 성 건강 정보를 제공하여 성적 위험을 예방할 수 있다는 유용성이 있다. Malu 등(2004)은 성 파트너를 찾기 위해 인터넷을 사용하는 사람들이 성 건강 정보를 찾기 위해 인터넷을 사용할 가능성도 더 높다는 것을 발견했다. 연구에 따르면 인터넷은 남성과 성관계를 갖는 남성에게 성 건강 및 성관계에 대해 배울 수 있는 특별한 기회를 제공한다(Brown, Maycock & Burns, 2005). Kubicek 등(2011)은 526명의 젊은 남성을 대상으로 연구한 결과, 인터넷이 성 파트너를 찾을 뿐만 아니라 성행위와 건강에 대한 정보를 얻는 데 중요한 장소라는 사실을 발견했다. 그들은 인터넷이 많은 젊은 남성들에게 건강 정보를 배우고 자신의 이야기를 공유할 수 있는 새로운 공간을 제공했다고 본다(건강한 인터넷 사용에 대해서는 15장에서 자세히 다룰 예정). 조사에 참여한 많은 남성은 오프라인에서 누군가를 만나기 전에 온라인에서 잠재적인 성 파트너를 먼저 알아가는 데 시간을 보냈다. 이에 저자들은 온라인 개입 프로그램을 시작하려는 제공자는 대상 모집단에 가장 효과적으로 도달하기 위해 젊은 남성들이 인터넷에 접속하는 방법과 목적을 알고 있어야 한다(p.812)는 결론을 내린다. 다른 연구자들도 인터넷이 HIV 예방과 같은 성 건강 정보를 배우는 데 유용하다는 사실을 발견했다(Mustanski, Lyons & Garcia, 2011). Hooper, Rosser, Horvath, Oakes와 Danilenko(2008)는 남성과 성관계를 가진 남성의 대다수가 성 건강 정보를 얻기 위해 인터넷에 접속한다는 사실을 발견했다(정신적인 성 건강 86%, HIV 예방 69%).

연구자들은 여성 성 노동자들이 온라인 HIV/성병 예방 중재 프로그램에 참여할 수 있고 기꺼이 참여할 의향이 있다는 사실을 발견했다(Hong, Li, Fang, Lin & Zhang, 2011). 1,022명의 여성 성 노동자를 대상으로 한 연구에서 Hong 등(2011)은 표본의 40%가 온라인에서 HIV/성병 정보를 검색한 적이 있으며, 표본의 약 3분의 2는 온라인 HIV/성병 예방 프로그램에 참여할 의향이 있다고 보고했다.

15장에서 자세히 설명하겠지만, 인터넷은 성 건강 정보를 제공하기에 적절한 공간이고 일부 사람들은 성 건강에 대해 더 많은 것을 배우기 위해 인터넷을 사용할 의향이 있다는 연구 결과가 있다. 하지만 이러한 정보가 모두 신뢰할 수 있는 것은 아니다. 예를 들어, Eysenbach, Powell, Kuss와 Sa(2002)는 메타 분석에서 검토한 79개 연구 중 70%가 온라인에서 제공되는 건강 정보의 대부분이 부정확하거나 오래되었으며 불완전하다는 결론을 내렸다. Lindley, Friendman 및 Struble(2012)은 레즈비언을 위한 성 건강 웹사이트가 필요한 모든 정보를 다루고 있는 것은 아니라는 사실을 발견했다.

5.8 사회적 지원과 성적탐구

인터넷은 자신의 성적 정체성을 받아들이려는 사람들에게도 도움을 줄 수 있다. 인터넷에는 성적 문제를 가진 개인이나 성에 대해 더 자세히 알고자 하는 사람들에게 제공할 수 있는 다양한 문헌 자료가 있다.

청소년기는 정체성을 탐색하는 시기이며, 정체성의 영역 중 하나가 바로 성이다(Erikson, 1964; Marcia, 1966). 7장에서 자세히 설명하겠지만, 인터넷은 청소년에게 성적 정체성을 탐색할 수 있는 새로운 기회를 제공했다. Subrahmanyam, Smahel과 Greenfield(2006)는 감시 및 비감시 청소년 채팅방 모든 곳에서 대규모의 대화 샘플을 조사했다. 연구 결과, 대화 중 5%가 성적인 내용이었다. 여성 참가자는 암시적인 성적인 대화가 많았고, 남성 참가자는 노골적인 성적인 대화가 더 많았다. Suzuki와 Calzo(2004)는 성 건강이 게시판에서 인기 있는 주제라는 사실을 발견했다. 연구자들은 청소년에게 게시판은 개인적인 의견, 실용적인 제안, 구체적인 정보 및 정서적 지지를 제공하는 귀중한 대화의 장으로 성 및 대인관계와 같은 민감한 주제에 대해 솔직하게 토론할 수 있다고 설명했다(p.685).

인터넷에 대한 연구 초기부터 연구자들은 인터넷이 개인, 특히 청소년이 '커밍아웃'을 할 수 있는 잠재적으로 안전한 공간이라는 사실을 발견했다. McKenna와 Bargh(1998)는 성적 소수자인 모든 연령대(15~62세, 평균 연령 34세)의 개인이 온라인에서 자신의 성 정체성을 표현하고 커밍아웃하는 데 편안함을 느낀다는 사실을 발견했다. 또한, 온라인에서 받은 수용은 오프라인에서 친구나 가족에게 커밍아웃할 수 있다는 자신감을 주었다. Bond, Hefner와 Drogos(2009)는 소규모 표본 56명의 자칭 LGB(레즈비언; Lesbian, 게이; Gay, 양성애자; Bisexual)를 대상으로 한 조사에서 참가자 대부분이 커밍아웃 과정에서 정보를 수집하는 수단으로 대면 커뮤니케이션보다 미디어를 더 많이 사용한다고 응답했다. 이러한 현상은 나이가 많은 참가자보다 젊은 참가자일수록 더 많이 나타났다. 흥미로운 사실은 커밍아웃 과정에서 미디어를 더 많이 사용한 참가자일수록 가족에게 자신의 성 정체성에 대해 덜 개방적이었다는 것이다. 또한, 외로움이나 낮은 자존감과 미디어 사용 사이에는 아무런 상관관계가 발견되지 않았다. 최근에 Mustanski 등 (2011)은 연구에 참여한 329명의 젊은 남성(18~24세)들이 동성애 커밍아웃을 하는 과정뿐 아니라 동성애 혐오적 메시지를 받은 것에 대해 온라인에서 격려와 지지를 받았다고 하였다.

제안활동

온라인에서 제공되는 성 건강 정보를 살펴보라. 여러분 또래의 사람들이 의사에게 물어보거나 병원을 방문하는 것보다 온라인에서 이러한 정보를 찾을 가능성이 더 높다고 생각하는가? 그렇게 생각하는 이유는 무엇인가?

5.9 청소년과 위험한 온라인 성적 행동

사이버공간은 청소년들이 소외된 성을 탐구하고 커밍아웃할 수 있는 안전한 공간을 제공할 수 있지만, 온라인 성행위와 관련된 위험은 무시할 수 없다. 2010년대에는 섹스팅이라는 새로운 행동이 청소년에게 여러 가지 문제를 일으켰다. 섹스팅은 모바일 또는 유사한 전자 기기를 사용하여 성적으로 노골적인 이미지를 유포하는 행위를 말한다. 청소년들은 자신의 이미지를 친구나 파트너에게 보냈다가 나중에 해당 사진이 소셜 네트워크에 유포되었다는 사실을 알게 될 수 있다. 또한, 이러한 사진이 잠재적으로 소아 성애자에게도 전송될 수 있다.

Lenhart(2009)는 미국의 휴대폰을 소유한 12~17세 청소년 중 4%가 문자 메시지를 통해 성적으로 선정적인 나체 또는 거의 나체에 가까운 자신의 사진을 다른 사람에게 전송한 적이 있다고 답했다고 밝혔다. 또한, 12~17세 휴대전화를 소유한 청소년 중 15%가 휴대전화 문자 메시지를 통해 지인의 성적으로 선정적인 누드 또는 누드에 가까운 이미지를 받은 적이 있다고 답했다. 또한, 나이가 많은 청소년일수록 이러한 이미지를 주고받을 가능성이 훨씬 더 높았다: 휴대전화를 사용하는 17세 청소년 중 8%는 성적으로 자극적인 이미지를 문자로 전송한 경험이 있으며, 30%는 누드 또는 누드에 가까운 이미지를 휴대전화를 통해 받은 경험이 있었다. 또한, Lenhart(2009)는 자신이 직접 휴대폰 요금을 지불하는 청소년이 '섹스팅'을 보낼 가능성이 더 높다는 사실을 발견했다: 휴대폰과 관련된 모든 비용을 지불한 10대 중 17%가 문자를 통해 성적으로 선정적인 이미지를 보낸 경험이 있는 한편, 휴대폰 비용을 지불하지 않았거나 일부만 지불한 10대 중에서는 3%만이 이러한 이미지를 보낸 경험이 있었다. 또한, 포커스 그룹을 운영한 결과, 섹스팅에는 (1) 두 명의 연인 사이에서만 이미지를 교환하는 경우, (2) 연인 관계 외의 다른 사람과 공유하는 경우, (3) 아직 연인 관계에 있지는 않지만 적어도 한 명이 연인 관계를 희망하는 사람들 간의 교환 등 세 가지 주요 시나리오가 있는 것으로 나타났다(14장에서 섹스팅에 대해 다시 살펴볼 것이며, 18세 미만 누드와 법과 관련하여 논의할 것이다).

청소년들이 참여하기로 결정한 위험한 온라인 성행위의 유형은 부분적으로 또래 규범에 의해 결정된다(Baumgartner, Valkenburg & Peter, 2011). Baumgartner 등(2011)은 인터넷에서 성에 대해 이야기할 상대를 검색하는 행위, 인터넷에서 성관계를 가질 상대를 검색하는 행위, 온라인에서만 아는 사람에게 자신의 일부가 노출된 사진이나 동영상을 보내는 행위, 온라인에서만 아는 사람에게 주소나 전화번호를 보내는 행위 등 네 가지 유형의 온라인 성적 행동에 초점을 맞췄다. 연구진은 서술적 규범(descriptive norm)과 명령적 규범(injunctive norm)이 청소년이 위험한 온라인 성행위를 할 것인지 예측한다는 사실을 발견했다. 그러나 서술적 규범이 더 강력한 것으로 나타났다. 연구진은 '청소년의 위험한 온라인 성적 행동을 설명하는 데 있어 청소년이 또래가 승인한다고 인식하는 것보다 또래가 인지하는 행동이 더 중요할 수 있다'고 결론지었다(p.757). 위의 연구에서 발견된 또래 규범의 영향에도 불구하고, 흥미롭게도 같은 연구자들은 이전 연구에서 청소년이 성인보다 온라인 성적 위험을 더 많이 감수하지 않는다는 사실을 발견했다(Baumgartner, Valkenburg & Peter, 2010). 그러나 성적으로 노골적인 온라인 자료에 노출되는 것은 청소년의 성에 대한 태도에 영향을 미칠 수 있다. Peter와 Valkenburg(2006)는 네덜란드 참가자들을 대상으로 조사한 결과, 성적으로 노골적인 온라인 자료에 대한 노출은 성에 대한 오락적 태도와 관련이 있다는 사실을 발견했다. 그러나 이러한 관계는 청소년의 성별에 따라 영향을 받았으며 온라인 자료를 현실적으로 인식하는 정도에 따라 매개되었다.

5.10 텔레딜도닉(Teledildonic)과 사이버공간에서의 섹스의 미래

이 책에서 이미 논의한 대로 온라인 관계와 성적 활동은 앞으로 크게 변화할 가능성이 높다. 사이버공간은 계속해서 발전하고 새로운 사용자를 끌어들일 것이다. 잠재적인 새로운 발전 중 하나는 물리적 세계(즉, 성적 기구 사용)와 사이버공간의 통합을 포함하는 텔레딜도닉이다. 이러한 유형의 상호작용에서는 다른 사람 또는 그룹이 원격으로 성적 기구(섹스 토이)를 조작한다. 현재 스마트폰에는 키스폰(KissPhone), 러브팔츠(LovePalz), 비비 바이브레이터(VIVI vibrator) 등과 같은 기기와 연결하는 앱이 있다. 해당 앱들은 활성화되면 모두 실제 신체와 같은 감각을 제공한다. 예를 들어, 키스폰(KissPhone)은 다음과 같이 설명되어 있다: "키스폰(KissPhone)은 원격 키스를 위해 설계되었습니다. 키스할 수 있는 입이 있고, 입의 압력, 충격 속도, 온도 및 빨아들이는 힘 등을 측정하여 원격 사용자의 키스폰에 전송하고, 당신의 키스를 원격 파트너에게 재현합니다 (Halon, 2009)." 이러한 기술이 앞으로 어떻게 발전할지는 아직 알 수 없으며, 이러한 장치를 사용하는 것이 심리적으로 어떤 영향을 미치는지도 아직 밝혀지지 않았다.

5.11 결론

온라인 관계와 마찬가지로 인터넷이 텍스트 매체로만 존재하던 시절에도 사람들은 온라인 성행위에 참여하고 있었다. 이 장에서 살펴본 바와 같이, 온라인 성행위에는 긍정적인 측면과 부정적인 측면이 모두 존재한다. 현재로서는 온라인에서 성 파트너를 찾는 사람들이 오프라인에서 위험한 성행위를 할 위험이 더 높다는 연구 결과가 있지만, 미래에는 그렇지 않을 수도 있다. 인터넷은 안전한 성행위를 장려하는 데 사용될 수 있으며, 특히 젊은이들이 성에 대해 탐구하고 배울 수 있는 안전한 공간을 제공하는 방식으로 구축될 수 있다. 그러나 온라인 성행위의 어두운 측면도 무시할 수 없다. 다음 장에서 자세히 다루겠지만, 일부 사람들은 사이버섹스를 포함한 온라인 활동에 중독되어 있고, 일부는 파트너를 속이기 위해 성적인 활동에 참여하기도 한다. 온라인 성행위의 미래는 알 수 없다. 텔레딜도닉과 같은 대화형 기기가 더 많이 개발될 가능성이 있지만, 이러한 기기의 심리적 영향과 사람들의 관계에 어떤 영향을 미칠 수 있는지는 아직 연구되지 않았다.

토론 질문

1. 트리플 A 엔진은 사람들이 온라인 성행위를 하는 이유를 설명하는 데 여전히 유용한가?
2. 사이버섹스를 어떻게 정의할 수 있는가?
3. 인터넷은 온라인 성행위를 하는 데 긍정적인 공간인가, 아니면 부정적인 공간인가?
4. Chatroulette과 같은 온라인 대화형 포르노 게임에 참여하는 것은 심리적으로 건강한 일이라고 생각하나, 아니면 건강하지 않은 일이라고 생각하는가?
5. 이론적 및 경험적 문헌을 고려할 때, 온라인 성적 행동에 중독된다는 것은 무엇을 의미하는가?
6. 미래에 사이버공간에서의 성(sex)이 어떻게 변화할 것이라고 보는가?

추천하는 읽을거리

Baumgartner, S. E., Valkenburg, P. M. & Peter, J. (2011). The influence of descriptive and injunctive peer norms on adolescents' risky sexual online behaviour. *Cyberpsychology, Behavior, and Social Networking, 14*(12), 753-758.

Brand, M., Laier, C., Pawlikowski, M., Schachtle, U., Scholer, T. & Alstotter-Gleich, C. (2011). Watching pornographic pictures on the Internet: Role of sexual arousal ratings and psychological-psychiatric symptoms for using sexsites excessively. *Cyberpsychology, Behavior, and Social Networking, 14*(6), 371-377.

Cooper, A., Delmonico, D. L. & Burg, R. (2000). Cybersex users, abusers, and compulsives: New findings and implications. *Sexual Addiction & Compulsivity: The Journal of Treatment and Prevention, 7*, 5-29.

McKenna, K. Y. A. & Bargh, J. A. (1998). Coming out in the age of the Internet: Identity 'demarginalization' through virtual group participation. *Journal of Personality and Social Psychology, 75*(3), 681-694.

Parsons, J. T., Koken, J. A. & Bimbi, D. S. (2004). The use of the Internet by gay and bisexual male escorts: Sex workers as sex educators. *AIDS Care, 16*(8), 1021-1035.

Wysocki, D. K. (1998). Let your fingers to do the talking: Sex on an adult chatline. *Sexualities, 1*, 425-452.

06

인터넷 외도

자신의 파트너를 두고 외도를 하려는 사람들이 자주 이용하던 온라인 데이트 서비스 Ashley Madison을 창립한 회사의 웹사이트가 해킹을 당해 수백만 회원의 개인정보가 유출되는 사건이 있었다. Impact Team이라는 이름의 해커팀은 회사에 3,700만명의 회원 정보가 유출되는 것을 막는 조건으로 사이트를 완전히 폐쇄할 것을 요구했다. 해커들은 Ashley Madison이 요구에 응하지 않을 시, 회원들의 이름, 비밀번호, 그리고 금융거래 내역까지 공개하겠다고 협박했다. 그들은 이미 훔친 정보 중 일부를 온라인으로 유출시킨 상황이었다 (Grandoni, 2015).

기사에서 발췌한 위 내용은 인터넷을 통한 외도가 얼마나 큰 문제인지 강조하고 있다. 사이버공간은 파트너를 상대로 바람을 피울 기회를 만들어냈으며, 여러 가지 면에서 온라인 및 오프라인 외도를 쉽게 할 수 있도록 만들었다. 인터넷 외도에 관한 연구에서는 외도로 간주될 수 있는 온라인 성 활동 중 어떤 활동이 사람들을 가장 화나게 하는지 조사했다. 이 장은 아바타와의 사이버섹스를 포함한 모든 온라인 성 활동이 파트너에 대한 배신, 즉 외도의 행위로 볼 수 있는지에 대해 다룬다. 또한, 정서적 외도와 같은 형태의 외도에 대해서도 살펴볼 것이다. 그동안 사회진화론 및 사회인지이론적 관점을 통해 성별에 따라 외도에 대한 이해가 각각 어떻게 다른지 조사되었다. 하지만, 독자들도 알다시피 물리적 영역과 사이버 영역에서 일어나는 외도를 통합하는 이론을 개발하기 위해선 온라인상에서 일어날 수 있는 불륜에 대한 보다 심층적인 이해가 필요하다. 특히, 많은 사람의 삶에서 디지털 기술의 중요성과 빈번한 사용을 고려한다면 이러한 필요는 더욱 강조된다.

6.1 인터넷 외도의 정의

지난 몇 년간, 학자들은 인터넷 외도가 실재하는 현상인지에 대해 토론했다(Cooper, 2002; Maheu & Subotnik, 2001; Whitty, 2003b; Young, 1998). 오늘날에는 사람들이 인터넷을 통해 파트너를 두고 바람을 피울 수 있고 실제로 그렇게 하고 있다는 사실에 대해 일반적으로 동의하고 있다. 하지만, 어떤 행위를 외도라고 볼 것인가에 대해서는 상반된 견해가 있다.

인터넷 외도는 다양한 방법으로 연구되어 왔다. Shaw(1997)는 인터넷 외도에 대해 '다른 유형의 불륜과 행동적으로는 다른 부분이 있지만, 파트너와의 관계에 영향을 미치는 방식을 고려할 때 원인과 결과는 유사하다(p.29).'라고 정의했다. 더 구체적인 정의로 Young, Griffin−Shelley, Cooper, O'Mara와 Buchanan(2000)은 사이버 외도란 '온라인 연락을 통해 시작되어 주로 이메일과 채팅방, 대화형(상호작용형) 게임 또는 온라인 채팅방과 같은 가상 커뮤니티에서 발생하는 전자상의 대화를 통해 나누는 로맨틱 또는 성적인 관계(p.60)'라고 정의했다. 그와 대조적으로 Maheu, Subotnik(2001)는 '외도는 두 사람이 서로 약속을 하고 그로 인해 다른 헌신적 관계의 약속이 깨졌을 때 발생하며, 장소, 방법, 상대를 불문하고 발생한다. 외도란 성적 자극이 가상세계로부터 비롯된 것이든 현실세계로부터 온 것이든 실제 사람과의 신뢰를 저버리는 행위이다(p.101).'라고 정의했다.

이미 이 책에서 강조한 바와 같이 인터넷은 계속해서 발전할 것이므로 인터넷 외도를 정의할 때 특정 온라인 공간(e.g., email, SNSs)에 대한 언급을 포함하기는 어렵다. 이를 종합하여 이 장에서 제시하는 인터넷 외도의 정의는 다음과 같다.

"인터넷 외도"란 파트너 이외의 다른 사람과 감정적 또는 성적으로 부적절하게 행동함으로 인해 관계의 규범을 어기는 것이다. 커플마다 허용범위는 다를 수 있지만 대부분 헌신적인 관계에서 일반적으로 기대되는 암묵적이고 기본적인 규율이 있다. 인터넷은 부적절한 감정적 또는 성적 상호작용이 주로 혹은 부분적으로 이루어지는 전용 공간일 수 있다.

6.2 온라인 외도 성행위

오프라인 외도와 마찬가지로 온라인에서 부적절하다고 여겨지는 성적 활동은 감정적 행위와 성적 행위로 구분된다. 그러나 개인이 참여할 수 있는 성적 또는 감정적 활동에는 다양한 범위가 있고 이러한 모든 활동이 반드시 모든 개인에게 부정하다고 여겨지는 것은 아니다.

6.2.1 사이버섹스(Cybersex)

5장에서 사이버섹스란 '일반적으로 두 명 이상의 개인이 성적 환상에 대한 담론에 참여하는 사이버공간에서의 동시적 의사소통으로 이해된다(Whitty & Carr, 2006, p.21)'고 정의된 바 있다. 또한, 사이버섹스에 대한 다양한 견해가 있지만, 대체로 사이버섹스를 개인을 성적으로 흥분시키는 시각적 자극을 포함한 상호작용적인 활동으로 보는 경향이 있다. 선행 연구에 따르면, 사이버섹스를 외도 행위로 보는 관점이 일관되게 나타났는데(Mileham, 2007; Parker & Wampler, 2003; Whitty, 2003b, 2005), 이는 단지 참여자들에게 자신의 파트너가 그러한 활동을 하고 있다는 사실을 알게 되면 화가 날 것인지를 묻는 연구에 국한되지 않았다. 예로, Mileham(2007)은 야후(Yahoo)의 '결혼 후 꼬리치기'(Married and flirting)라는 채팅방과 MSN의 '결혼했지만 꼬리치기'(Married but flirting)라는 채팅방에서 모집된 76명의 남자와 10명의 여자를 인터뷰했다. 기혼자들은 이 사이트에서 서로 추파를 던지거나 사이버섹스를 즐기고 때로는 오프라인 만남을 주선하기도 한다. Mileham은 이 참여자 중 일부는 이러한 온라인 활동이 부정한 것으로 인식될 수 있다는 사실을 인정하고 있음을 발견했다.

6.2.2 기타 온라인 성활동

5장에서는 연구자들이 인터넷 외도로 보는 다양한 온라인 성적 활동에 대해 간략하게 설명했다. Parker, Wampler(2003)는 사이버섹스뿐 아니라 성인 채팅방에서 대화 나누기, 성인 웹사이트 회원가입 등과 같은 다양한 유형의 온라인 성적 활동에 대해 언급했다. 최근에는 Schnieder, Weiss, Samenow(2012)가 혼자 음란물을 보는 행위, 성적인 채팅을 하면서 음란물을 보는 행위, 성적인 채팅 후 상대방과 만나는 행위 등 사람들이 부정하다고 생각하는 온라인 성 활동의 유형에 대해 설명했다. 이러한 사이버 성행위는 컴퓨터나 스마트폰을 통해 일어날 수 있다.

6.2.3 음란물

연구에 참여한 사람들 대부분은 자신의 파트너가 음란물을 시청해왔다는 것을 알게 되었을 때 속상한 경우가 많았음에도 음란물 시청 행위를 부정한 행위로 보지는 않았다. Parker, Wampler(2003)는 '성인 채팅방에 접속했지만, 대화는 하지 않는 것'과 '다양한 성인 웹사이트에 접속하는 것'만으로는 외도로 간주하지 않는다는 것을 발견했다. 음란물 시청을 외도로 인식하지 않는 이유에 대해 상대방과의 직접적인 상호작용을 포함하지 않는 수동적인 행위이고, 음란물속 대상과 실제적인 상호작용으로 이어질 가능성이 거의 없다고 인식하기 때문이라는 의견이 제시되었다.

6.3 가상 vs 현실

온라인 성행위가 단지 가상에서의 성행위에 불과한데도 대다수가 외도 행위로 간주하는 이유는 무엇일까? Whitty(2003b, 2005, 2011)에 의하면, 그 해답은 보다 전통적인 외도에 관한 연구에서 찾아볼 수 있다. 외도에 관한 선행연구에 따르면, 파트너 간 '정신적 독점'이 '성적 독점'만큼 중요하다고 말한다(Yarab, Allgeier, 1998). 예를 들어, Roscoe, Cavanaugh, Kennedy(1988)는 대학생들이 파트너가 아닌 다른 사람과 키스하거나, 추파를 던지거나, 애무하기와 같은 성적 상호작용을 외도로 여긴다는 사실을 발견했다. Yarab, Sensibaugh, Allgeier (1988)는 성관계 이외에도 열정적인 키스를 하거나, 성적 판타지를 갖거나, 성적 매력을 느끼거나, 성적으로 유혹하는 것이 외도 성행위에 포함된다고 보았다. 또한, Yarab, Allgeier(1998)은 성적 판타지를 갖는 것에 대해서 그 환상이 현재 관계에 미치는 위협이 클수록 외도로 평가될 가능성 또한 높다는 것을 발견했는데, 예를 들어, 파트너의 가장 친한 친구에 대한 성적 판타지는 스타 배우에 대한 판타지를 갖는 것보다 큰 위협으로 생각되어 더 심한 외도로 여겨졌다.

다시 질문으로 돌아가서, 경험적 연구에 따르면 사람들은 파트너가 다른 사람에 대해 성적 욕망을 품는 것을 곧 외도로 본다. 이러한 성적 욕망을 표현하고 성적 판타지를 갖는 것은 파트너에게 엄청난 고통을 가져다준다. 그러나 현실적으로 이러한 욕망이 언제든 발생할 수 있다고 사람들은 생각한다. 그래서 파트너가 자신의 가장 친한 친구와 온라인에서 사이버섹스를 하거나 낯선 사람과의 성적 판타지를 상상하지는 않을까 더 걱정하는 반면, 유명인사에 대한 성적 환상을 갖는 것을 걱정할 가능성은 훨씬 적다.

6.4 정서적 외도

오프라인 외도에 관한 연구에서는 모든 외도가 꼭 성적인 것은 아니며, 정서적인 외도도 있다는 것을 이야기한다. 정서적 외도는 파트너 이외의 다른 사람과 사랑에 빠지거나 파트너 이외에 끌리는 상대에게 친밀하고도 비밀스러운 자기 모습을 나누는 것으로 이해될 수 있다. 정서적 외도가 온라인 또는 오프라인 중 어디에서 일어났는가와 무관하게 똑같이 파트너를 분노하도록 한다는 사실이 밝혀졌다. 이러한 사실은 3장에서 요약된 온라인 관계에 관한 연구에 비추어보면 말이 된다. 일부 사람들에게는 온라인 관계가 오프라인 관계만큼 친밀하고 정서적으로 만족스러운 관계로 이해될 수 있다고 본다. 아래 대화는 정서적 외도에 관한 이야기이며, 연구참여자가 인터넷 외도에 관해 설명한 내용을 발췌했다(Whitty, 2005):

'이건 바람이에요.' 그녀는 다소 차분하게 말했다.
'아니에요, 나는 바람을 피우진 않았어요. 내가 그 사람과 잔 것도 아니잖아요. 나와 함께 있는 사람은 바로 당신이에요. 그리고 전에도 말했지만, 나는 그녀와 만날 생각이 전혀 없어요.' 그는 침대로 들어갔다.

'이건 정서적 외도라고요.' 그녀는 슬슬 짜증이 차오르는 듯 말했다.
'어떻게요?' 그는 재밌어하는 표정으로 물었다.
'바람을 피우는 게 꼭 육체적인 것만은 아니잖아요. 그건 단지 한 부분일 뿐이죠….'
그는 이불을 뒤집어쓰고 몸을 돌렸다.

'뭐… 당신이 아직 그녀와 만난 것은 아니죠. 하지만 그래도 저는 좀 짜증이 나네요, 마크.' 그녀는 침대 끝에 걸터앉았다.

'화내지마, 내가 사랑하는 건 너 하나뿐인걸. 어떻게 이게 정서적 외도일 수 있겠어?' 그가 몸을 일으켰다.

'당신은 나한테 무언가 숨기고 있잖아요. 관계는 신뢰라고요! 이 인터넷에 있는 여자에 대해 숨기기만 하는데 제가 어떻게 당신을 믿을 수 있겠어요?' (pp.62-63)

6.5 성별 차이: 섹스와 사랑 중 무엇이 더 나쁜가?

전반적으로 남녀를 대상으로 일반적인 외도에 대한 질투나 분노의 빈도나 강도에서 차이가 있는지를 연구한 결과, 성별에 따른 큰 차이는 없었다(Buss, 2000). 반면, 일부 연구자들은 성별에 따라 '외도의 유형별 질투를 느끼는 정도'에 차이가 있다는 사실을 발견했다(Buss, 2000, p.46). Buss(2000)는 진화론적 관점에서 '남성은 성적 외도에 대해 더 많은 질투를 느끼는 한편, 여성은 정서적 교류와 같이 연인이 장기적으로 다른 여성에게 관심을 주는 정서적 외도에 더 큰 질투를 느낀다.'라고 설명한다. 이 이론에 따르면 인간의 특정한 특성과 정서적 반응이 자연선택에 의해 유전된다고 본다. Buss와 같은 연구자들은 고대 남성들은 배우자가 출산한 자녀가 자신의 친자임을 확신할 수 없기에 성적 외도를 더욱 심각한 위협으로 받아들이는 기제를 갖게 되었다고 주장한다. 결과적으로 남성은 여성보다 성적 외도에 대해 더 격렬한 질투로 반응할 가능성이 크다. 반면에 고대 여성은 남편이 외도하게 되었을 때 그의 자원을 다른 여성과 그 자녀에게 뺏기게 될까 두려워서 외도에 대한 민감함을 갖게 되었다고 본다. 따라서 여성은 남성이 그가 사랑하는 '다른 여성'에게 자신의 자원을 나눠줄 것이라는 가정하에 정서적 외도에 대해 선천적인 질투심을 발달시켜온 것으로 가정한다.

오프라인 외도에 관한 연구에서는 성적 외도와 정서적 외도 중 어떤 것이 더 분노하게 하는지 하나를 선택하도록 했을 때, 여성은 남성보다 정서적 외도에 더 화가 난다고 평가했다(Shackelford, Buss, 1996). 연구자들이 다른 조사방식으로 연구를 시행해도 같은 결과가 나타났다. 예를 들어, Roscoe 등(1988)은 참여자에게 어떤 행동이 외도라고 생각하는지 말하도록 했다. 이 연구에서 남성은 다른 사람과의 성적인 만남이 외도라고 언급하는 비율이 높았다. 반대로 여성은 다른 사람과 시간을 보내거나 외도 대상에 대한 비밀을 갖는 것이 외도라고 답하는 비율이 높았다. 그러나 남성과 여성 모두 성적 외도가 정서적 외도보다 더 용납될 수 없고 더 큰 배신이라고 보고한다는 점은 주목할 만하다(Shackelford, Buss, 1996).

모든 이론가가 진화론자들의 외도에 대한 설명에 동의하는 것은 아니다. 예로 DeSteono, Bartlett, Braverman, Salovey(2002)는 Buss와 그의 동료들이 그들의 주장을 실험하기 위해 사용한 연구방법이 타당하지 않다고 주장했다. 이에 대한 근거 중 하나는 해당 가설을 입증하기 위해 다른 방법론이 적용되었을 때 항상 동일한 결과가 나오는 것은 아니기 때문이다. Buss와 동료들의 연구결과는 참여자들에게 성적 외도와 정서적 외도 중 어떤 것이 더 나쁘다고 생각하는지 선택하도록 하는 양자택일의 질문을 통해 뒷받침되었다. 그러나 참여자들에게 각각의 시나리오(성적 외도 대 정서적 외도)에 대해 분노의 감정을 평가했을 때는 일반적으로 성별의 차이가 없는 것으로 결과가 나타났다.

배신으로 인해 경험하는 질투와 분노를 설명하기 위한 다른 이론들이 개발되었다. 일부 이론가들은 성별 차이가 꼭 인간의 선천성을 반영하지는 않는다고 주장했다. 오히려 사회 인지적 접근이나 발달이론을 통해 더 잘 설명될 수도 있다고 주장한다(DeSteno, Salovey, 1996; Harris, 2004; Harris, Christenfeld, 1996). 이러한 이론의 지지자들은 남성과 여성이 파트너의 외도를 어떻게 받아들이는가가 더 중요하다고 본다. 이는 '더블—샷 가설'(DeSteno, Salovey, 1996) 또는 'two—for—one 가설'(Harris, Christenfeld, 1996)로 명명된다. 이 가설은 남성일 경우 연인이 다른 남성과 성관계를 갖는 것은 그 사람을 사랑하는 것까지 포함한다고 여기기 때문에 자신의 파트너가 다른 남성과 성관계를 갖는다고 생각하면 배로 분노를 느낀다고 주장한다. 따라서 이 가설에서는 성적 외도는 정서적 외도까지 포함된다고 본다. 반대로 여성은 남성이 사랑 없이도 성관계를 가질 수 있다고 생각하고 그렇기에 성적 외도가 정서적 외도를 의미한다고 생각하지 않는다. 대신 여성은 자신의 남성 파트너가 다른 여성에게 사랑에 빠졌다고 느끼면 배로 타격을 받는다. 이것은 여성의 경우, 정서적 외도를 했다는 것은 곧 성적 외도를 수반한다고 믿기 때문이다. 그러나 남성은 여성 파트너가 다른 남성과 사랑에 빠졌다고 해서 꼭 성관계를 가질 것이라 간주하지 않는다. 그러므로 이러한 생각으로 인해 추가적인 분노를 경험하지 않는다.

이들의 주장을 입증하기 위해 Harris, Christenfeld(1996)는 연구 참여자들에게 그들이 경험했던 진지한 로맨틱 관계를 떠올리면서 그들의 파트너가 다른 사람과 성관계를 맺었다고 상상하도록 했다. 참여자들은 그들의 파트너가 성관계를 가졌던 그 대상에게 사랑에 빠졌을지를 리커트 5점 척도로 평가하게 했다. 이에 더해 그들은 다시 한 번 진지한 관계를 떠올리고 그들의 파트너가 다른 사람과 사랑에 빠졌다는 상상을 해보길 요구받았다. 참여자들은 그들의 파트너가 사랑에 빠진 그 대상과 성관계를 했을지 리커트 5점 척도로 평가하게 했다. 예상대로 남성은 그들의 파트너가 성관계를 가진 대상을 사랑하고 있다고 응답할 가능성이 더 컸고, 여성은 그들의 파트너가 사랑에 빠진 대상과 성관계를 했다고 응답할 가능성이 더 컸다.

6.5.1 인터넷 외도의 성별차이

인터넷 외도의 성별 차이에 관한 연구 결과가 혼재되어 있어 전통적인 외도에 관한 연구만큼 성별 차가 명확하게 검증되지는 않았다. 오프라인 외도에 관한 선행 연구를 보면, Whitty(2005)는 시나리오에 기반한 글쓰기 과제에서 일관되게 여성이 남성보다 정서적 사이버 외도에 대한 언급을 더 많이 한다는 것을 발견했다. 또한, 오프라인 외도에 관한 선행 연구들(Amato, Previti, 2003; Paul, Galloway, 1994)에서도 마찬가지로 여성은 파트너가 인터넷에서 바람을 피운다는 사실을 알게 되면 관계를 끝내겠다고 할 가능성이 남성에 비해 높다는 것을 발견했다. 게다가 Whitty(2005)의 연구에서 여성은 남성의 외도로 인해 생기는 관계에서의 거리감에 관해 이야기할 가능성도 더 컸다.

흥미롭게도 시나리오를 평가하도록 요청했을 때, 성별 차이는 기존 이론들이 예측한 것과 반대 방향으로 나타나는 것을 볼 수 있었다. 온라인 성활동과 관련한 Parker, Wampler(2003)의 연구에서 여성은 남성보다 사이버 외도 활동을 더 심각하게 여기는 것으로 나타났다. Whitty(2003b)의 연구에서 여성은 남성보다 성적 행위를 외도라고 생각하는 경우가 더 많았다. Whitty, Quigly(2008)는 사이버 외도에 대한 태도에 더블−샷 가설이나 two−for−one 가설이 적용 가능한지 고려했다. 하지만, 그들의 연구에서는 성별 차이나 앞선 두 가설들을 지지하는 어떠한 단서도 찾지 못했다. 또한, 연구진은 참여자들은 성관계가 사랑을 암시하거나 사랑이 성관계를 암시한다고 믿는 것보다 사이버섹스가 사랑을 암시하거나 온라인 사랑이 사이버섹스를 암시한다고 믿는 경향이 훨씬 적다는 사실을 발견했다. 이러한 연구 결과에 대해 연구진은 여러 가지 이유가 있을 수 있다고 주장한다. 첫째, 선행연구에서 대부분의 사람들이 온라인 성활동을 해본 적이 없다고 한 것을 고려한다면 사랑과 사이버섹스를 연결짓는 것은 쉽지 않지 않을 수 있다. 둘째, 사이버섹스가 성행위와는 질적으로 다르다는 점을 고려할 때, 개인은 여전히 사이버섹스를 관계위반으로 인식할지라도 이를 오프라인 관계위반과 같은 방식의 사랑과 연관짓지는 않을 수 있다.

6.6 온라인과 오프라인 외도의 질적인 차이

온라인과 오프라인 외도의 차이점을 비교한 연구는 아직 부족한 실정이다. 하지만, 온라인 관계에 대해 우리가 알고 있는 것을 바탕으로 두 가지 차이점을 이론화할 수 있다. 첫째는 온라인에서 '초개인적' 관계가 가능하기 때문에 온라인 관계는 더 매혹적인 매력을 가질 수 있다. 둘째로는 가상세계는 이론적으로 사람들의 삶과 쉽게 분리될 수 있기에 온라인 외도는 심리적으로 더 쉽게 접근할 수 있다는 것이다.

6.6.1 온라인 관계의 이상화

3장은 온라인에서 발전한 관계는 가끔 '초개인적(hyperpersonal)'일 수 있다는 점을 지적한다(Walther, 1996, 2007; Walther, Slovacek, Tidwell, 2001). CMC를 통해 얻을 수 있는 과도한 친밀감을 고려할 때, 이 관계가 온라인으로 남아있는 동안은 매력적이고 매혹적으로 보일 수 있고, 이는 매우 이상적으로 느껴질 수 있다. CMC의 몇몇 특징들 때문에, 개인은 다른 곳에서 일반적으로 인식되는 이미지보다 온라인상에서는 더 호감 가는 이미지를 만드는 등 자신을 더 전략적으로 표현할 수 있다. 스스로 잘 꾸며낸 호감 가는 자아상이 타인으로부터 받는 반응들은 일상에서 비교적 평범한 자아가 경험하는 반응보다 더 매력적일 수 있다. 게다가 개인이 소통하고 있는 상대방도 같은 전략을 적용한다면, 그들도 실제 일상에서보다 더 호감 가는 사람으로 보여질 수 있다. 그러므로 이와 같은 온라인 관계의 매혹적인 특징은 쉽게 온라인 외도로 이어질 수 있게 한다는 주장이 제기되었다.

6.6.2 대상관계: 분열(splitting)

Melanie Klein의 분열(splitting)에 대한 연구는 온라인 관계의 매력을 설명하는 데 유용하다(Whitty, Carr, 2005, 2006). 그녀는 분열이 불안에 대한 가장 원시적이면서 기본적인 방어기제 중 하나라고 주장했다. Klein(1986)에 따르면, 자아는 자기와 대상을 분리하고 자신의 일부를 부인함으로써 대상의 나쁜 부분이 대상의 좋은 부분에 악영향을 주는 것을 막으려 한다. 유아는 엄마의 유방과의 관계에서 유방이 자신을 만족시켜주는 좋은 대상인 동시에 자신을 좌절시키는 나쁜 대상으로 인식한다. 이에 유아는 유방에 대한 사랑과 증오를 동시에 투사한다. 한편으로 유아는 이 좋은 대상만을 이상화하고 나쁜 대상은 무섭고 좌절감을 주며 자기와 좋은 대상을 모두 파괴하겠다고 위협하는 박해자로 보기도 한다. 이렇게 유아는 좋은 대상에게 사랑을 투사하고 이상화하는 한편, 나쁜 대상에 대한 감정을 단순한 투사를 넘어 엄마에게 같은 감정을 유도하려고 압력을 가한다(투사적 동일시의 과정). 클레인은 이 발달 단계를 '편집－분열자리'라 명명했다. 아직 덜 발달된 자아의 방어기제로 유아는 박해적인 대상의 실체를 부인하려고 한다. 정상적인 발달과정에서는 이 단계를 지나가지만, 불안에 대한 원시적인 방어는 우리가 언제든 사용할 수 있다는 점에서 결코 초월할 수 없는 퇴행적 반응이다. 발달된 초자아의 좋은 대상은 환상 속의 자아의 이상, 즉 '나르시즘으로 돌아갈 가능성'을 상징한다(Schwartz, 1990, p.18).

Klein의 대상관계이론에 따라, 온라인에서 바람을 피우는 상대를 좋은 대상으로 이해하는 것은 유용할 수 있다. 사이버공간에서 일어나는 상호작용은 종종 실제 세계와 분리된 것으로 여겨질 수 있다는 점을 고려할 때(Whitty, Carr, 2006), 온라인 외도를 개인의 실제 세계와 분리하는 것이 어쩌면 더 쉬울 수 있다. 온라인 관계는 현실에 들어맞지 않는 자유롭고 무력한 환상을 충족시킬 수 있다. 따라서 온라인 외도는 잠재적으로 나르시즘적 철수로 이어질 수 있다.

오프라인 외도가 개인의 관계 문제나 특정 성격적 특성으로 인해 발생한다는 주장이 제기되었었다(Fitness, 2001 참조). Buss, Shackelford(1997)는 사람들이 외도하는 이유에 대해서 몇 가지 핵심요인을 파악했다. 사람들은 자신의 파트너가 외도했거나, 질투심과 소유욕이 너무 강하거나, 자신을 경멸하거나, 잠자리를 거부하거나, 알코올을 남용하는 경우 자신의 연인을 배신하는 것으로 밝혀졌다. 아마도 이러한 요인들은 개인이 온라인 외도를 시작하게 되는 이유에도 똑같이 적용될 것이다. 그러나 Klein의 이론에 따르면, 온라인 관계는 분리의 과정을 통해 이상화됨과 동시에 자신과 외도 대상의 나쁜 면은 부인되기 때문에 온라인 외도는 오프라인 외도보다 유지하기 쉬울 것이라는 주장이 제기되었다. 온라인에서는 관계의 부정적 측면(나쁜 대상)을 무시하기 수월하므로 오히려 한 개인(좋은 대상)을 이상화하기 쉬울 수 있다. 온라인 관계는 개인의 여유에 따라 마음대로 켜고 끌 수 있으며, 소통의 내용도 어느 정도 쉽게 통제할 수 있다. 또한, 인터넷은 자신의 긍정적인 모습을 구성하기 쉽고 부정적인 측면은 숨기기 쉬운 환경을 제공하고 있다. 반면 오프라인 외도에선 개인이 여전히 실제 사람을 상대해야 하므로 완벽한 상대에 대한 환상에 빠지기가 쉽지 않다. 이 장의 후반부에서는 오프라인 외도와 온라인 외도의 심리적인 특성에 차이가 있으므로, 치료에서도 이러한 차이점을 고려해야 한다고 주장한다. 우선, 치료적 접근을 고려하기 전에 인터넷 외도를 무엇으로 이해하는지 정확하게 살펴보는 것이 중요하다.

6.7 아바타와의 가상 외도

이 장에서 온라인에서 발생하는 다양한 유형의 외도에 대해 알아보았다. 우리는 실제 사람 간에 발생하는 외도를 조사한 연구들에 초점을 두었다. 그렇다면 게임이나 가상세계에서 아바타를 이용하여 온라인 성행위를 하는 것은 어떤가? 커플들은 그러한 행위를 배신으로 받아들일까? 비록 이 질문에 답하려고 했던 연구는 적지만, 일화적 증거가 아바타를 이용한 가상 외도가 '실제' 외도인지 생각해보는 데 도움이 될 수 있을 것이다.

Morris(2008)는 남편의 아바타가 세컨드라이프(Second Life)에서 다른 여성과 채팅한 것 때문에 이혼한 영국인 부부의 사연을 소개했다. 세컨드라이프는 자신만의 아바타를 만들어 판타지 세계에서 상호작용하는 MMORPG이다. Morris는 이 부부가 처음 온라인에서 만났는데, 이후 두 사람의 아바타는 세컨드라이프에서 파트너가 되었다. 그런데, 아내인 에이미 테일러(세컨드라이프에서는 '로라 스카이')는 그녀의 남편인 데이비드 폴라드(세컨드라이프에선 '데이브 발미')가 세컨드라이프에서 매춘부와 사이버섹스를 하는 장면을 목격하게 되었다. 아래는 모리스의 보도 내용이다.

충격을 받은 아내 테일러는 아바타 아내 스카이와 아바타 남편 발미의 온라인 관계는 끊었지만, 현실에서는 여전히 남편 폴라드와 함께 지냈다. 그때부터 아내 테일러는 현실세계와 가상세계 사이에서 충돌하기 시작했다. 테일러는 마키 맥도날드라는 가상의 사립탐정에게 남편의 아바타인 데이브 발미, 즉 남편 폴라드의 마음을 시험해보기로 결정했다. 매혹적인 아바타가 발미에게 대화를 거는 '허니트랩'을 설치했다. 그는 밤새도록 아내 로라 스카이에 대해 이야기하며 사립탐정의 테스트를 무사히 통과했다.

남편 발미와 아내 스카이는 사이버공간에서 다시 만나 아름다운 열대 우림에서 결혼식을 올렸다. 현실 속에 있는 아내 테일러는 자신의 아파트에서 아바타의 결혼식을 지켜보며 눈물을 흘렸다. 그 후 2005년, 다시 현실 세계에서 이 커플은 세인트 오스텔 주민센터(영국에서는 비종교적인 결혼식을 주민센터에서 진행하기도 함)에서 조촐하게 결혼식을 올렸다. 하지만 테일러는 뭔가 잘못되었다는 것을 느꼈고, 결국 남편 데이브 발미가 로라 스카이가 아닌 다른 여성과 다정하게 대화하는 것을 발견하게 된 것이다. 로라 스카이는 데이브 발미의 행동에 진심 어린 애정이 담겨있는 것 같아 이전 그의 행동보다 더 큰 충격을 받았고, 결국 현실에서 이혼 소송을 제기했다.

위 이야기는 아바타 간에 벌어진 상황임에도 불구하고, 여전히 아바타 뒤에서 실제 사람들이 상호작용을 하고 있었다. 게다가 이 장의 앞부분에서 강조되었던 것처럼, 정서적 외도는 성적 외도만큼 배우자에게 충격이므로 아내 테일러가 이처럼 화가 났을 수도 있다. 이 이야기에서 테일러는 분명히 그녀의 남편이 바람을 피웠다고 믿었지만, 대다수 사람이 이 사건을 같은 시각으로 바라볼지에 대해 생각해봐야 한다. 테일러의 경우, 그녀와 그 남편은 판타지 세계에서 격렬한 삶을 살았다. 그렇기에 아마 테일러에게 가상과 현실을 분리하기는 어려웠을 것이다.

세컨드라이프에서의 외도를 조사한 몇 안 되는 연구 중 하나인 Gilbert, Murphy, Avalos(2011)가 수행한 연구에서는 세컨드라이프에서 친밀한 관계를 맺었던 적이 있는 199명의 참여자를 대상으로 설문 조사를 했다. 연구 결과, 참여자의 대다수가 세컨드라이프에서의 관계를 '게임-플레이'의 한 형태가 아닌 '실제적인 것'으로 보았다. 하지만 모든 이가 이러한 관계를 긍정적으로 평가한 것은 아니다. 참가자 중 일부는 가상 관계가 자신의 삶에 위협이 된다고 보고했는데, '부부가 비물리적인 디지털 및 신체적 소통 채널을 사용함에 따라 현실 세계에서 맺는 관계에 해로운 영향이 증가할 가능성이 있다.'며 가상 관계가 현실 관계를 위협하는 것으로 간주했다. 이 연구는 일부 사람들에게는 게임 속 아바타와의 로맨틱한 연애 관계를 맺는 것이 외도로 이해될 수 있음을 시사한다.

6.8 결론

우리는 아직 인터넷 외도에 대해 알아가야 할 것이 많다. 동시에 인터넷의 변화도 함께 염두에 두어야 한다. Web 2.0은 훨씬 더 상호작용적인 인터넷(애플리케이션을 사용하여 상호작용성을 높임) 사용이 가능하며, 앞으로도 더욱 정교한 방식으로 발전해 나갈 것이다. 오늘날 개인은 종종 사회적 목적으로 디지털 기술을 사용하고, 이에 따라 잠재적으로 많은 관계적 위반이 온라인에서 시작되거나 지속될 수 있다. 인터넷에서 행해지는 로맨틱 또는 성적 관계가 외도로 해석될 수 있는지에 대한 문제는 아직 제대로 검토되지 않았다. 외도는 디지털 기술로 인해 쉽게 시작되고 유지될 수 있으며, 이러한 기술은 거의 모든 형태의 외도에서 중요한 역할을 하는 것은 분명하다. 파트너가 관계를 유지하고자 할 때, 그들이 이러한 외도에 어떻게 대처하는지 또한 추후 연구가 필요하다.

토론 질문

1. 왜 사람들은 실제 성관계만큼이나 사이버섹스에도 배신감을 크게 느끼는가?
2. 파트너가 음란물을 시청했다는 사실을 알게 되는 것이 온라인에서 낯선 사람과 사이버섹스를 했다는 사실을 알게 되는 것만큼 화나지 않는 이유는 무엇이라 생각하는가?
3. 사회진화론이 인터넷 외도를 설명하는 데 얼마나 유용한가?
4. 클레인의 분열에 대한 이론을 온라인 외도를 설명하는 데 적용하였다. 이 이론으로 '가상세계에서의 외도'를 설명하는 것이 유용한가?
5. 사이버공간에서의 불륜과 관련하여 미래를 어떻게 예견하는가?

DeSteno, D. A., & Salovey, P. (1996). Evolutionary origins of sex differences in jealousy? Questioning the "fitness" of the model. *Psychological Science*, 7, 367–372.

Gilbert, R. L., Murphy, N. A., & Ávalos, M. C. (2011). Realism, idealization, and potential impact of 3D virtual relationships. *Computers in Human Behavior*, 27(5), 2039–2046.

Hertlein, K. M., & Piercy, F. P. (2008). Therapists' assessment and treatment of internet infidelity cases. *Journal of marital and family therapy*, 34(4), 481–497.

Roscoe, B., Cavanaugh, L. E., & Kennedy, D. R. (1988). Dating infidelity: Behaviors, reasons and consequences. *Adolescence*, 23, 35–43.

Whitty, M. T. (2003). Pushing the wrong buttons: Men's and women's attitudes toward online and offline infidelity. *CyberPsychology & Behavior*, 6(6), 569–579.

Whitty, M. T. (2005). The 'realness' of cybercheating: Men and women's representations of unfaithful Internet relationships. *Social Science Computer Review*, 23(1), 57–67.

07

어린이와 청소년의 디지털 기술 사용

어린이와 청소년은 성인과 비교했을 때 디지털 기술에 대한 이해와 경험이 매우 다르다. 성인은 인터넷 이전의 세상을 경험한 반면, 어린이와 청소년은 다양한 디지털 기술을 통해 교육을 받고, 우정을 쌓고, 자신의 정체성에 대해 배우며 성장해 왔다. 이 장에서는 청소년이 인터넷을 사용하는 방식과 인터넷이 이러한 사용자에게 제공할 수 있는 기회와 잠재적 위험에 대해 살펴본다. 청소년과 노년층 사이의 디지털 격차로 인해 부모가 청소년에게 사이버공간에서 발생할 수 있는 잠재적 위험에 대해 조언하기 어려운 상황에 대해 논의한다. 정체성 개발 부분에서는 인터넷이 청소년의 정체성 형성 방식을 어떻게 변화시켰는지 살펴보고, 청소년이 자기를 성찰하고 생각할 수 있는 새로운 방법을 제공할 뿐만 아니라 정체성 형성에 대한 새로운 과제를 제시한다.

7.1 인터넷 사용

2011년 옥스포드 인터넷 설문조사에 따르면 젊은 층이 노년층보다 인터넷을 더 많이 사용하는 것으로 나타났다(Dutton & Blank, 2011). 거의 모든 14~17세 청소년이 인터넷을 사용함이 보고되었다. Childwise(2010)는 영국 어린이의

90%가 인터넷을 사용하며, 평균적으로 일주일에 5회 이상, 하루 평균 2시간 동안 인터넷을 사용한다고 보고했다. 박스 7.1은 Livingstone(2006)이 영국 청소년에 대해 수집한 통계를 자세히 설명한 것이고 박스 7.2는 퓨 리서치 센터의 보고서에서 강조한 미국 청소년에 대한 통계를 요약한 것이다.

박스 7.1   영국 청소년의 인터넷 사용 현황

Livingstone(2006)이 발견한 것은 다음과 같다:

- 어린이와 청소년의 98%가 인터넷을 사용해 본 경험이 있다.
- 9~19세의 75%가 집에 있는 컴퓨터로 인터넷에 접속한 경험이 있다.
- 9~19세의 92%가 학교에서 컴퓨터를 통해 인터넷에 접속한 경험이 있다.
- 어린이와 청소년의 36%는 컴퓨터가 한 대 이상 있는 가정에 살고 있다.
- 어린이와 청소년의 24%는 광대역 접속이 가능한 집에 살고 있다.
- 19%의 어린이와 청소년이 침실에서 인터넷에 접속했다.

박스 7.2   미국 청소년의 인터넷 사용 현황

퓨 인터넷(Pew Internet, 2009) 트렌드 데이터에 따르면 다음과 같다:

- 12~13세의 88%가 인터넷을 사용했다.
- 1~17세의 95%가 인터넷에 접속했다.
- 10대 인터넷 사용자의 73%가 SNS를 사용했다.
- 52%의 청소년이 정보를 얻기 위해 인터넷을 사용했다.
- 젊은 층의 48%는 쇼핑할 때 인터넷을 사용했다.
- 38%의 청소년이 인터넷을 사용하여 스토리, 사진 또는 동영상을 공유했다.

7.2 디지털 격차

연구자들은 젊은이들의 빠른 인터넷 사용에도 불구하고 어린이와 청소년의 인터넷 접근에 불평등이 존재한다고 제안했다. Livingstone과 Helsper(2007)는 남학생, 고학년 아동, 중산층 아동이 여학생, 어린 아동, 노동자 계층 아동보다 더 자주, 더 좋은 질의 인터넷을 사용하는 혜택을 누린다는 사실을 발견했다. 마찬가지로 연구자들은 미국 표본에서 저소득 가정의 아프리카계 미국인 어린이와 부모의 학력이 고등학교 졸업장 이하인 어린이가 백인 어린이와 고소득 가정의 어린이보다 집에서 컴퓨터를 사용할 가능성이 낮다는 사실을 발견했다 (Brodie et al., 2000). Wei와 Hindman(2011)은 디지털 격차에 대한 우려는 접근성이나 개인이 인터넷을 얼마나 많이 사용하는지에 관한 것이 아니라 인터넷을 사용하는 방식에 관한 것이어야 한다고 지적한다. 이 저자들은 사회경제적 수준이 높은 그룹의 어린이가 사회경제적 수준이 낮은 그룹의 어린이보다 정보 제공을 목적으로 인터넷을 사용할 가능성이 더 높다는 사실을 발견했다. 마찬가지로 Wood과 Howley(2012)는 오하이오주 학교 표본을 조사한 결과 대부분의 학생이 컴퓨터와 인터넷에 접근할 수 있는 것으로 나타났다. 차이점은 교실에 가져올 수 있는 노트북의 수, 컴퓨터실 접근성, 소프트웨어의 적절성, 인터넷 연결의 속도와 안정성에 있었다. 이러한 각 변수에 대한 차이는 일반적으로 더 부유한 교외 학교에서 유리했다. 그러나 모든 연구자들이 학교 유형이 젊은이들 사이의 디지털 격차의 정도를 결정한다는 사실을 발견한 것은 아니다. 여러 국가를 대상으로 한 연구에서 Zhong(2011)은 학교 유형보다는 ICT 시설의 가용성이 학생들의 자체 보고된 디지털 기술을 예측하는 중요한 요인이라는 사실을 발견했다. 또한 가정환경을 고려하는 것도 중요하다는 사실을 발견했다. 청소년의 가정 내 ICT 접근성, 사회경제적 배경, ICT 사용 이력은 스스로 보고한 디지털 기술과 긍정적인 상관관계를 보였다. 또한 남학생이 여학생보다 더 정교한 디지털 기술을 보유하고 있다고 응답한 것으로 나타났다.

7.3 디지털 기술: 청소년에게 해롭거나 도움이 될까?

자녀가 온라인에 접속해야 하는지에 대해서는 의견이 분분하며, 부모는 자녀의 온라인 활동에 대해 우려하는 경우가 많다. 이는 부분적으로 인터넷에 대한 부모와 자녀의 지식 차이와 관련이 있고, 다른 한편으로는 청소년의 온라인 행동에 대한 인식과 관련이 있다. Livingstone(2009)은 온라인에서 아동에 대한 양극화된 시각이 존재한다고 주장하며, 다음과 같이 말했다:

어린이는 인지 및 사회성 발달의 중요하지만 취약한 과정을 겪고 있는 취약한 존재로 간주되며, 인터넷은 발달을 위한 사회적 조건에 잠재적인 해를 끼쳐 위험을 초래 하는 경향이 있어 보호주의적 규제 환경을 정당화한다. 이와 대조적인 견해는 어린이가 다음과 같이 간주된다는 점이다.
미디어에 정통한 능력을 갖춘 유능하고 창의적인 주체는 주변 어른들에 의해 과소평가되는 경향이 있으며, 그 결과 사회가 이들에게 충분히 풍부한 환경을 제공하지 못할 수 있다(p.16).

현실적으로 인터넷은 청소년에게 큰 기회를 제공하지만 그에 못지않게 많은 위험도 존재한다(표 7.1에 요약되어 있음). 표에서 볼 수 있듯이 청소년들이 디지털 기술을 사용함으로써 얻을 수 있는 기회는 많기 때문에 온라인상의 위험으로부터 청소년을 보호하기 위해서는 인터넷 사용을 전면적으로 금지하는 것

표 7.1 청소년의 인터넷 사용과 관련된 기회와 위험

잠재적 기회들	잠재적 위험들
글로벌 정보에 접근	불법 콘텐츠
교육 자원들	소아성애자에 의한 그루밍
친구들과 소셜 네트워크	극단적인 폭력 혹은 성폭력에 노출
엔터테인먼트, 게임 및 재미	다른 유해한 공격적인 콘텐츠
사용자 제작 콘텐츠 제작	인종차별, 혐오자료 및 활동
시민 활동 및 정치 참여	광고 및 스텔스 마케팅
정체성/개인 정보 표현을 위한 개인생활	편향된 정도 또는 잘못된 정보
커뮤니티 참여/ 활동주의	개인 정보 남용
기술 전문 지식과 리터러시	사이버불링/괴롭힘
경력발전/취업	도박, 피싱, 금융사기
개인/건강/성 관련 조언	자해
전문가 그룹과 팬 포럼들	개인정보 침해/남용
멀리 떨어져 있는 타인과 경험 공유	불법 활동에의 노출

출처: Livingstone, 2009에서 인용

이 해결책이 아니라는 주장이 타당하다. 대신, 부모는 위험과 자녀에게 제공해야 할 지원의 종류를 인식해야 한다(Livingstone, 2009). 이제 이 장에서는 청소년이 직면할 수 있는 위험의 종류를 좀 더 자세히 살펴보고자 한다(이러한 주제 중 일부는 다른 장에서도 다루고 있다).

7.4 불법 콘텐츠 및 불법 활동

인터넷에는 부모가 자녀에게 노출되지 않기를 바라는 다양한 콘텐츠가 있다. 물론 이러한 불법 콘텐츠에 노출되면 자녀가 이러한 활동에 참여하기 시작하거나 콘텐츠를 이해하기에는 너무 어릴 수 있다는 우려가 있다. 청소년이 불법 콘텐츠에 노출될 경우 실제 어떤 영향을 미치는지 확인하기 위한 연구는 아직 진행되지 않았지만, 초기 연구에 따르면 청소년은 모든 종류의 불법콘텐츠에 노출되는 것으로 나타났다. 예를 들어, 온라인에서 제공되는 마약방지 캠페인에도 불구하고 청소년은 마약 관련 및 유사 약물 웹사이트에 노출되는 경향이 있다(Belenko 외., 2009). 미국에서 전국 7,145명의 부모 및 청소년을 대상으로 프로드러그(prodrug) 및 마약예방 웹사이트에 관하여 실시한 설문조사에 따르면, 12~18세 청소년의 약 10.4%가 마약 관련 웹사이트에 노출된 적이 있으며, 5.4%는 마약 예방 메시지를 전하는 웹사이트에만 노출된 것으로 나타났다. 또한, 1.7%는 프로드러그 약물 웹 사이트에만 노출되었으며, 3.2%는 두 가지 유형의 사이트를 모두 방문한 적이 있다고 답했다(NAHDAP, 2004). 흥미롭게도 유사 약물 웹사이트를 보는 것은 마리화나 사용과 관련이 있었다.

온라인 불법 활동에 참여하는 젊은이들은 오프라인 범죄와 비교하여 일부 온라인 범죄에 대해 다른 관점을 가질 수 있다. Jambon과 Smetana(2012)는 미국 대학생의 대다수가 불법으로 음악을 다운로드한 경험이 있다는 사실을 발견했다. Wingrove, Korpas 및 Weisz(2011)는 미국 중서부 대학에서 172명의 청소년을 표본 조사한 결과 불법 음악 다운로드에 대한 지지가 많다는 사실을 발견했다. 절도에 비해 '참가자들은 음악 불법 복제 법을 준수하는 이유로 강제력, 사회적 영향력, 개인적 도덕성, 법 준수 의무에 대한 지지가 낮았다'(pp.271-272)고 밝혔다. 잠본과 스메타나는 청소년들이 음악 다운로드를 전통적인 범죄(예: 물리적 세계에서의 절도)와는 다른 유형의 범죄로 이해하고 있으며, 음악 산업이 부도덕하다고 인식하고 음악 가격이 너무 비싸기 때문에 그렇게 하는 것이 도덕적이라고 주장한다는 사실을 발견했다. 이와는 대조적으로 Bonner와 O'higgins(2010)는 그들이 연구한 젊은이들이 음악 다운로드가 비도덕적이라고 생각하지만 그럼에도 불구하고 음악을 다운로드하는 것을 선택한다는 사실을 발견했다. 그들은 참가자들이 음악 다운로드가 현대 사회의 현실이라고 믿으며 도덕적으로 그 행위에서 벗어났다고 주장했다.

이 책에서 강조한 바와 같이 모든 문화권이나 사회 집단이 같은 방식으로 인터넷에 접속하거나 인터넷을 사용하는 것은 아니다. 온라인 범죄에 연루된 것으로 유명한 나이지리아의 학교 어린이들이 사이버 범죄의 가해자인 것으로 밝혀졌다(Amosun & Ige, 2009). Amosum과 Ige의 연구에 따르면 설문조사에 참여한 학령기 아동의 대다수(69%)가 상품과 서비스를 구매하기 위해 타인의 이름과 주민등록번호를 도용한 경험이 있는 것으로 나타났다. 또한 이들은 컴퓨터 프로그램 바이러스를 보내 서버를 다운시키고, 외화를 요구하는 이메일을 보내고, 타인의 신원을 도용하고, 어린이를 묘사하는 온라인 포르노 영화를 시청한 사실을 인정했다. 이러한 범죄에 가담한 사람들을 '야후 보이즈'라고 부른다.

7.5 사이버 괴롭힘

사이버 괴롭힘에 대한 우려가 점점 커지고 있다. 다음과 같이 사이버 괴롭힘의 끔찍함을 설명하는 뉴스 기사가 많이 있다:

피해자와 함께 오로노 고등학교에 다녔으나 현재는 메인주 남부의 한 고등학교에 다니는 여학생인 사이버 괴롭힘 가해자는 11월 1일 비지(Veazie) 경찰관 Keith Emery 경사에 의해 체포되어 범죄 혐의로 기소되었다.

Emery 경사는 지난 9월 말 피해자의 텀블러(Tumblr) 블로그 계정에 나타나기 시작한 익명의 게시물에 대해 '24년 동안 괴롭힘 전화를 처리해왔지만 이렇게 폭력적이고 역겹고 저속한 협박은 본 적이 없다.'라고 말했다.

'그들은 처음에는 그 소녀를 못생겼다, 창녀, 걸레 등으로 말하기 시작했다. 10월까지 메시지가 계속되자 협박이 이어졌다.'라고 경사는 말했다. '매우 저속하고 끔찍한 협박이었고. 이런 종류의 메시지가 수십 개나 있었다.'

Emery 경사는 지난달 나이 때문에 이름이 공개되지 않았던 용의자가 지난 10월 비지 경찰서에서 조사를 받은 후 자백했다고 밝혔다. 그는 위협 때문에 피해자와 그녀의 가족이 여러 차례 집을 떠나 피해있었기 때문에 테러 혐의가 중범죄로 격상되었다고 말했다(Gagnon, 2012).

사이버 괴롭힘은 컴퓨터, 휴대폰 및 기타 전자 기기를 통한 통신으로 인해 의도적이고 반복적으로 발생하는 피해로 정의된다. 사이버 괴롭힘에는 다른 사람에게 악의적이거나 잔인한 감정을 표현하거나 공개적인 온라인 공간에서 특정인에 대한 굴욕적이거나 수치스러운 정보를 게시하는 행위가 포함될 수 있다. 또한 괴롭힘을 행하는 사람이 두 명 이상이거나 괴롭힘의 피해자가 두 명 이상이 될 수도 있다. Bennett, Guran, Ramos 그리고 Margolin(2011)은 사이버 괴롭힘의 네 가지 방법으로 직접적인 적대감, 침입, 공개적인 굴욕감, 배제를 언급했다. 5장에서 설명한 바와 같이 섹스팅은 괴롭힘의 한 형태로 사용되기도 하는데, 괴롭힘 가해자가 피해자를 모욕할 의도로 웹사이트와 SNS에 피해자의 신체를 노출하는 사진이나 동영상을 게시하고 피해자를 비방하는 발언을 하는 경우가 많다.

3장에서 살펴본 바와 같이, 온라인 관계는 때때로 물리적 세계와 매우 분리될 수 있으며 사이버 괴롭힘은 억제 효과의 해로운 형태를 보여주는 좋은 예이다. 이에 대해 Arvarez(2012)는 다음과 같이 주장한다: '익명성의 잠재력과 가해자의 공감 능력 부족은 사실 사이버 괴롭힘의 가장 해로운 측면 중 하나로 간주된다'(p.1206).

어린이와 청소년은 온라인, 특히 SNS에서 괴롭힘을 당하고 그 여파를 놀이 터에서 감당해야 하는 상황에 처해 있다. 인터넷 괴롭힘은 중학교에 최고조에 달했다가 고등학교에 진학하면서 감소한다(Williams & Guerra, 2007). 안타깝게도 사이버 괴롭힘은 제대로 보고되지 않는 것으로 나타났는데, 연구에 따르면 피해 자의 28~50%가 피해 사실을 아무에게도 말하지 않고 1/3 미만이 부모에게 알 린다고 한다(Bennett et al., 2011; Slonje & Smith, 2008; Wolak, Mitchell, & Finkelhor, 2006). 남학생은 사이버 괴롭힘의 가해자가 될 가능성이 높고 여학생은 피해자 가 될 가능성이 더 높다(Bennett et al., 2011; Wang, Iannotti & Nansel, 2009). Raskauskas과 Stoltz(2007)는 인터넷이나 문자 메시지를 통한 괴롭힘의 피해자가 되는 것이 학교에서 괴롭힘을 당하는 것과 관련이 있다는 사실을 발견했다. 외 로움 또한 사이버 피해의 예측 요인으로 밝혀졌다(Sahin, 2012). 대학생을 대상으 로 한 종단 연구에서 Barlett과 Gentile(2012)은 익명성과 힘에 대한 긍정적인 태 도(즉, 온라인 환경에서 약자가 힘을 얻을 수 있는 유일한 방법은 괴롭히는 사람에게 복수 하는 것일 뿐이라는 견해)가 사이버 괴롭힘에 대한 태도를 유의미하게 예측한다는 사실을 발견했다. 또한 사이버 괴롭힘에 대한 긍정적인 태도, 힘, 익명성은 모두 사이버 괴롭힘 행동에 참여하는 것을 유의미하게 예측하는 것으로 나타났다.

사이버 괴롭힘으로 인한 정신적 피해는 매우 심각하여 청소년들이 좌절감, 분노, 슬픔을 느끼게 할 수 있다. 괴롭힘을 당한 아이들은 등교를 거부하고, 만 성 질환을 앓고, 가출을 하고, 심지어 자살을 시도하는 것으로 알려져 있다 (Hinduja & Patchin, 2007). Parris, Varjas, Meyers 그리고 Cutts(2012)는 고등학생 의 두 가지 대처 유형, 즉 사후 대처(괴롭힘 상황을 피하는 것)와 예방적 대처(직접 대화하고 안전과 경각심을 높이는 것)를 확인했다. 또한 일부 학생들은 사이버 괴롭 힘에 대처할 수 없다고 느낀다는 사실도 발견했다. 이 단계에서 심리학자들은 사이버 괴롭힘에 대한 예방 전략과 피해자를 지원하는 방법에 대해 더 연구할 필요가 있다.

어렸을 때 사이버 괴롭힘을 당한 사람을 알고 있거나 직접 피해자가 된 적이 있는가? 사이버 괴롭힘이 그 사람이나 당신에게 어떤 영향을 미쳤으며, 그 사람이나 여러분은 피해를 당했을 때 어떻게 대처했는가?

7.6 사기, 어린이 및 청소년

12장에서는 온라인 사기에 대해 자세히 알아보겠지만, 성인만 사기의 피해자가 되는 것은 아니라는 점에 유의해야 한다. 사기범들은 청소년도 표적으로 삼고 있다. 사기범들은 비디오 게임기, 아이팟 등 공짜 상품을 약속하는 웹사이트로 청소년을 유인한다. 청소년이 제공한 이메일 주소와 개인 정보 등의 정보는 마케팅 담당자에게 판매되어 신원 도용에 악용될 수 있다.

조부모를 속이기 위해 청소년의 신원을 도용하는 경우도 있다. 최근 새롭게 등장한 사기 유형으로, '조부모 사기' 또는 '응급 사기'로 알려진 사기에 이용하기 위해 SNS와 같은 공간에서 청소년의 신원을 도용하고 있다. 이 사기에서는 도용한 신원을 사용하는 사기범이 위급한 상황에 처한 청소년인 것처럼 가장하여 청소년의 조부모에게 연락하여 금전적 지원을 요청한다. 사기범은 청소년이 지갑을 도난당했거나 감옥에서 나오기 위해 보석이 필요하다는 거짓 이야기를 할 수 있다. 각 상황에서 청소년을 사칭한 사기범은 조부모에게 부모에게 알리지 말고 신속하게 행동할 것을 요구한다.

물론 인터넷이 어린이와 청소년에게 완전히 암울한 그림만 제공하는 것은 아니며, 오히려 많은 기회를 제공할 수 있다. 이러한 기회 중 일부는 이 장의 다음 두 섹션에 요약되어 있으며, 정체성 개발 및 활동주의와 같은 문제를 고려한다.

7.7 정체성 발달

2장에서는 사이버공간에서의 자아와 자아에 관한 여러 이론을 개괄적으로 설명했다. 일예로, Erikson과 Marcia의 연구 등 청소년의 발달과 정체성 성취에 관한 이론을 요약했다. 여기에서는 청소년의 정체성 발달과 관련하여 인터넷의 유용성에 대한 경험적 연구를 좀 더 자세히 살펴보려고 한다.

사이버공간은 청소년이 정체성을 탐구하고 실험할 수 있는 풍부하고 안전한 환경임을 입증하는 많은 연구가 진행된 바 있다(Rheingold, 1993; Stern, 2004; Valkenburg & Peter, 2008). 온라인 정체성 실험에는 온라인에서 다른 사람인 척하거나(Valkenburg & Peter, 2008) 온라인에서 자신을 표현할 때 오프라인 정체성의 일부 측면을 변경하는 것이 포함될 수 있다(Whitty & Gavin, 2001). Lenhart, Rainie 및 Lewis(2001)의 연구에 따르면 미국에서 인스턴트 메시징을 사용하는 청소년의 거의 25%가 다른 사람인 척하는 것으로 나타났다.

Valkenburg, Schouten 및 Peter(2005)는 네덜란드 남학생과 여학생이 정체성을 실험하는 빈도는 다르지 않지만 선택하는 정체성의 종류는 다르다는 사실을 발견했다. 온라인에서 신원을 실험하면 여러 가지 장점이 있다. 10세에서 17세 사이의 네덜란드 청소년 1,158명을 대상으로 한 Valkenburg와 Peter(2008)의 연구에 따르면, 온라인에서 자신의 정체성을 실험(즉, 온라인에서 소통할 때 다른 사람인 척하는 것)하는 빈도가 높은 청소년은 다양한 연령과 문화적 배경을 가진 사람들과 온라인에서 소통할 가능성이 더 높은 것으로 나타났다. 이러한 온라인 정체성 실험은 청소년의 사회적 역량에 간접적으로 긍정적인 영향을 미치는 것으로 밝혀졌다.

인터넷이 청소년에게 제공하는 이점 외에도 디지털 기술은 개인의 성장과 정체성 재확인을 위한 유용한 자원인 것으로 밝혀졌다. 이스라엘에 거주하는 구소련 출신 이민 청소년을 대상으로 한 심층 인터뷰로 구성된 질적 연구에서 인터넷이 청소년의 정체성을 개발하고 강화할 수 있는 공간을 제공한다는 사실이 밝혀졌다(Elias & Lemish, 2009). 예를 들어, 아래 참가자들은 다음과 같이 말했다:

때때로 나는 러시아인이 이스라엘인만큼 좋지 않은 것처럼 무가치하다고 느껴요. 그래서 저는 학교에서 일반적인 지식에서 그들보다 더 나아지려고 노력해요. 나는 내가 좋은 학생이고 많은 것을 알고 있다는 사실이 자랑스러워요 … 인터넷 덕분에 저는 항상 할 말이 있죠. (안나, 12세, 이스라엘 5년 거주)

저는 인터넷 사이트 만드는 방법을 설명하는 전문 웹사이트를 선호해요. 컴퓨터 게임을 재디자인하는 것도 좋아하구요. 휴대폰도 바꿨어요. 인터넷에서 프로그램을 다운로드해서 제 휴대폰에 설치했어요. 그 결과 제 휴대폰에는 히브리어와 아랍어는 없고 러시아어와 우크라이나어만 있어요. 이 프로그램이 저에게 무엇을 주냐구요? 힘이요! (안드레이, 15세, 이스라엘 거주 1.5년) (p.541)

이와 유사하게, Whitty와 Gavin(2001)은 젊은이들이 온라인에서 자신을 더 자유롭게 표현한다고 느낀다는 사실을 발견했다. 예를 들어 두 명의 참가자가 다음과 같이 말했다:

그들은 모두 제가 6피트 키에 태닝을 한 안전요원이라고 생각해요. 어떤 것은 사실이지만 다른 것은 헛소문이라고 말하죠. 뭐 그것 때문에 적당히 둘러대고 살 수 있는데 뭐 어때요? 타인들이 모르는 건 해가 되지 않아요. 제가 인터넷에서 특정 여성들이랑 이야기할 때 꽤 부드럽게 이야기하면서 약간 음흉한 부분이 있다는 점도 인정하구요. 뭐 2루에 가기 위해 거짓말을 해야 한다면 그렇게 하죠. (22세 남성)

인터넷에서 대화하는 모든 사람이 진실을 말하고 있는지 확신할 수 없으므로 거의 믿음이 생기기 어려워요. 하지만 인터넷에서는 자신이 원하는 대로 자유롭게 표현할 수 있기 때문에 사람들의 생각에 위협을 느끼지 않아도 된다는 장점이 있죠. (17세 남성) (p.629)

7.8 활동주의(Activism)

온라인에는 개인이 정치 활동에 참여할 수 있는 수많은 공간이 있다. 온라인에서의 정치참여는 표현적 행위일 수도 있고 정보 획득과 관련될 수도 있다. 표현적 행동에는 블로그 게시물 작성, 페이스북(Facebook)에 정치적 상태 작성, 정치 동영상 업로드, 정치적 의견 공유 등이 포함된다. 정보 습득 행동에는 정치 관련 블로그 게시물을 읽는 것이 포함될 수 있다(Macafee & de Simone, 2012). 소셜미디어는 개인이 정보를 교환하고 자신의 정치적 견해를 스스로 제시하고 표현할 수 있는 새로운 방법을 제공한다고 알려져 있다(Macafee & de Simone, 2012).

연구자들은 시민의 '온라인 참여'가 민주주의를 활성화할 수 있는지, 또는 인터넷이 특히 젊은이들의 정치 참여에 동기를 부여하는지에 대해 질문해 왔다. 연구를 살펴보기 전에 인터넷이 독자적으로 기능하는 것이 아니라 실생활에 내재되어 있다는 주장(Haythornthwaite & Wellman, 2002)을 고려해 볼 필요가 있다. 다시 말해, 우리가 온라인에서 하는 일은 실제 생활이다. 젊은이들이 온라인에서 정치적으로 활동하는 방식에 대한 연구 결과는 일관적이지 않고 혼재되어 있다. 그러나 대체로 많은 결과들이 인터넷이 젊은이들의 정치에 대한 관심과 참여를 촉진하지 않음을 보고하였다.

정치적인 캠페인 정보에 대한 온라인 노출은 젊은이들의 정치적 효능감, 지식 및 참여에 긍정적인 영향을 미치는 것으로 밝혀졌다(Kenski & Stroud, 2006). 일부 연구자들은 정보를 얻기 위해 인터넷을 더 자주 사용하는 사람들이 정기적으로 시민 활동에 참여할 가능성도 더 높다는 사실을 발견했다(Pasek, Kenski,

Romer & Jamieson, 2006). 그러나 다른 연구자들은 이 둘 사이에 아무런 관계가 없다는 것을 발견했다(Scheufele & Nisbet, 2002).

온라인 참여를 고려할 때는 오프라인 참여도 함께 고려해야 하며, 온라인 참여와 오프라인 참여가 어떻게 유사하거나 다른지 살펴보는 것이 중요하다. 예를 들어, 네덜란드 젊은이들을 대상으로 온라인 및 오프라인 시민 활동에 대한 설문조사를 실시한 연구 결과(Hirzalla & Van Zoonen, 2011) 젊은이들의 오프라인 참여와 온라인 참여가 상관관계가 있다는 것을 발견했다. 또한 이들은 '온라인 참여'라는 용어는 너무 광범위한 개념이기에, 대신 연구자들은 온라인 참여의 다양한 기능과 형태를 고려해야 한다고 주장했다. 이외에 Macafee와 Simone(2012)은 소셜 미디어의 표현적 사용은 오프라인 행동을 유발하지만 정보적 사용은 그렇지 않다는 것을 발견했다. Calenda와 Meijer(2015)는 이탈리아, 네덜란드, 스페인의 학생 2,163명을 대상으로 한 설문조사에서 인터넷이 정치 참여를 활성화할 수는 있지만 '기존' 정치에서 '새로운' 정치로의 전환을 촉발하지는 않는다는 결론을 내렸다.

7.9 급진화(Radicalization)

경찰은 화요일 개트윅(Gatwick) 공항에서 이스탄불로 날아간 샤미마 베굼(15세), 카디자 술타나(16세), 아미라 아바세(15세)의 행방을 긴급히 추적하고 있다. 이들은 이슬람 국가에 합류하기 위해 시리아로 도주한 것으로 추정된다.

소녀들 중 적어도 한 명은 2013년 11월 급진주의자가 된 후 Glasgow 집을 떠난 Aqsa Mahmood와 접촉했다는 보고가 나왔다.

William Hague 전 외무장관은 보안 기관이 모든 것을 찾는다는 것은 비현실적이라고 하였다. 현재 더 커먼즈(the Commons) 리더인 헤이그는 BBC 라디오 5 라이브의 피에나르의 정치(Pienaar's Politics)에 출연하여 '모든 것을 찾아내기를 기대하는 것은 비현실적이며, 지난 몇 년 동안 너무 많은 감시로 인해 많은 비판을 받았다는 것을 기억해야 한다'며 보안 기관의 노력을 높이 샀다(The Guardian, 2015).

급진화에 대한 이러한 우려는 2014년 11월에 다음과 같은 공지를 발표한 영국 인터넷 안전센터(UK Safer Internet Centre)를 비롯한 여러 단체에서 제기한 바 있다:

영국 인터넷 안전 센터는 급진주의와 극단주의로 인해 영국 전역의 어린이 들에게 전례 없는 온라인 위협이 발생함에 따라 모든 지역 아동 보호 위원회[Local Safeguarding Children Boards, LSCBs]에 이 특별 공지를 게시하는 이례적인 조치를 취하고 있다. 이 조치는 내무부 및 [교육부(the Department for Education)]의 동료들과의 논의에 따른 것이며, 정부가 위협 수준을 높인 것과 마찬가지로 이 게시판은 특히 어린이에 대한 우려의 고조를 반영하는 것을 목표로 한다.

우리가 목격하고 있는 위협은 시리아나 이라크와 같은 국가에 전쟁을 위해 참전하기 위해 여행하는 사람들의 유명한 사건뿐만 아니라 훨씬 더 광범위한 관점에서 다양한 형태를 취하고 있다. 인터넷, 특히 소셜 미디어는 홍보와 참여를 위한 채널로 사용될 뿐만 아니라 최근 Robert Hannigan GCHQ 국장이 제안한 것처럼 지휘 구조로도 사용되고 있다. 이러한 홍보는 종종 폭력을 미화하여 어린이를 포함한 많은 사람들을 끌어들이고 영향을 미치며, 극단적인 경우에는 급진화하기도 한다. 연구에 따르면 어린이들은 편견을 인식하지 못한 채 이러한 집단에 이끌려 극단주의적 견해를 받아들이게 될 수 있으며, 충격적이고 극단적인 콘텐츠를 시청하면서 이를 정상화할 수 있다고 주장하였다.

이러한 위협은 이슬람 국가와 같은 단체뿐만 아니라 '극우' 단체의 위협이

기도 하다.

우리는 이러한 '그루밍' 과정과 궁극적으로 어린이들을 학대하기 위해 어린이들과 관계를 형성하는 나이든 청소년 및 성인에 의해서 어린이들에게 가해지는 위험에 대해 더 잘 알고 있을 것이다. 이 과정은 유사하며 동일한 취약점을 이용한다.

이러한 이유로 모든 LSCBs에 다음과 같이 요청하고 있다:

- 자녀의 급진화 및 극단주의 위협에 대해 고려하고 토론하기
- 전략 및 실행 계획에 조약 체결을 포함시켜 급진화(Radicalization) 대응이 보호 실무에 효과적으로 포함되도록 하고 예방(PREVENT) 코디네이터의 참여와 서명 받기
- 인터넷과 소셜 미디어를 통한 급진화의 위협이 어떻게 다루어지고 있는지 검토하기
- 소속 기관 내에서 위의 사항이 어떻게 해결되고 있는지와 그 성공/효과 살피기
- 이러한 점차 확대되고 있는 극단적인 위험을 고려한 안전 교육 검토하기
  (영국 인터넷 안전센터, 2014)

앞서 언급된 가디언지(The Guardian)의 사례와 사회의 많은 단체에서 제기하는 우려는 점점 더 보편화되고 있다. 그러나 젊은이들이 어떻게 급진화되는지, 급진화와 관련하여 인터넷의 역할은 무엇인지, 그리고 이러한 급진화를 어떻게 예방할 수 있는지에 대해서는 훨씬 더 많은 연구가 필요하다. 온라인 급진화는 다양한 방법을 통해 이루어질 수 있다. 여기에는 연설, 영상, 훈련 매뉴얼, 발표 슬라이드, 블로그, 팟캐스트, 폭탄 제작 튜토리얼, 이라크에 잠입하는 방법에 대한 튜토리얼, 사제 폭발물 설치 튜토리얼, 모금 효과, 비디오 게임(어린이와 청소년이 미군을 죽이는 전사인 척 플레이하도록 권장하는 게임) 등이 포함된다(Wright, 2008).

RAND 유럽의 연구자들은 극단주의자 15명을 대상으로 인터뷰를 진행하여

다음과 같은 다섯 가지 가설을 테스트했다:

1. 인터넷은 급진화될 수 있는 더 많은 기회를 만들어낸다.
2. 인터넷은 개인이 같은 생각을 가진 다른 사람들로부터 자신의 아이디어를 지지하고 반향을 일으킬 수 있는 '메아리 방' 역할을 한다.
3. 인터넷은 급진화 과정을 가속화한다.
4. 인터넷은 물리적 접촉 없이도 급진화를 가능하게 한다.
5. 인터넷은 자기급진화의 기회를 증가시킨다.

연구결과, 처음 두 가설은 지지되었으나, 마지막 세 가설은 지지되지 않았다. 이들은 인터넷이 개인의 급진화를 촉진하기는 하지만, 인터넷이 그 과정의 유일한 동인은 아니라고 주장한다(RAND Europe, 2015).

사이버 분쟁과 테러리즘 전문가인 Neumann(2013)은 인터넷에서 콘텐츠를 삭제하는 것은 온라인 테러리즘에 대응하는 데 가장 바람직하지 않고 효과적이지 않은 접근법이라는 신랄한 지적을 하였다. 대신 노이만은 정부가 급진화와 폭력적인 극단주의 메시지에 대한 수요를 줄이는 데 더 많은 시간과 자원을 투자해야 한다고 제안한다(예: 젊은이들이 온라인에서 보는 메시지에 의문을 갖도록 교육하고 극단주의 서사를 불신하고 반박하고 맞서도록 교육하는 것). Neumann은 급진주의에 대응하는 가장 좋은 방법은 포괄적이고 체계적인 방식으로 정보를 수집하고 증거를 수집함으로써 폭력적 극단주의자들의 온라인 커뮤니케이션을 무용하게 만드는 것이라고 주장하였다.

Neumann은 이 논문에서 온라인 급진화의 작동 방식을 설명하는 여섯 가지 과정과 역학을 요약한 바 있다. 첫째, Neumann은 극단주의 콘텐츠(예: 순교와 죽음에 관한 담론, 자살 작전 및 참수 동영상)에 장시간 몰입하면 둔감해질 가능성이 있다고 주장한다. Pyszczynski 등(2006)은 '순교와 죽음에 대한 담론과 자살 작전 및 참수 동영상에 지속적으로 노출되면 자신의 죽음에 대한 압도적인 감각인 '죽음의 현저성'이 생겨 자살 작전 및 기타 지나치게 잔인한 테러 전술에 대한 지지가 높아질 수 있다'(p.435)고 주장하였다. 둘째, 분쟁 지역의 감정적인 영상(예: 서방군의 잔학 행위, 고문 및 강간 등)은 '도덕적 분노'를 유발할 수 있다. 셋째, 사람들이 가상 커뮤니티에서 너무 많은 시간을 보내면 온라인 공간이 '범죄 유발 환경', 즉 일탈적이고 극단적인 행동이 학습되고 흡수되며 극단적인 생각이 정상화되는 환경으로 기능하기 시작하는데, 특히 사람들이 함께 시간을 보내는 다른 사람들이 비슷한 극단적인 견해를 가지고 있다는 점을 감안하면 더욱 그렇다. 넷째는 이 책에서 이미 언급한 '억제 효과'로, 온라인에서 집단과 개인이 사회적 규칙을 준수하지 않고 적대적으로 변할 가능성이 높아지는 효과이다. 이는 개인이 익명으로 활동하는 온라인 공간에서 발생하는 것으로 추정된다. 다섯째, 이 책에서 앞서 언급했듯이 개인은 자신의 실제 모습과 이상적 모습 사이에 큰 차이가 있을 때 괴로움과 우울감을 느낄 수 있다는 점이다. 온라인 롤플레잉 게임을 하면서 자신의 이상적 자아에 가까운 캐릭터를 선택하는 사람은 점점 더 불안하고 우울해지기 시작할 수 있다. Neumann은 폭력적인 캐릭터를 연기하는 사람은 시간이 지남에 따라 친폭력적인 자아를 실현하고자 할 수 있다고 이론화하였다. 마지막으로, 인터넷은 인터넷이 없었다면 결코 만날 수 없었을 비슷한 관심사를 가진 사람들(이 경우 극단주의자)을 연결해준다. 노이만의 지적은 흥미로우며, 향후 이 분야의 연구에서는 이러한 여섯 가지 과정과 역학 관계가 인터넷에서 개인이 급진화되는 이유를 설명할 수 있는지 고려하는 것이 도움이 될 수 있다.

7.10 결론

인터넷은 더 이상 새로운 매체가 아니지만, 많은 성인이 어렸을 때만 해도 인터넷은 존재하지 않았다. 물론 이전에는 텔레비전이나 라디오와 같은 다른 유형의 미디어도 마찬가지였다. 하지만 앞서 살펴본 바와 같이 인터넷은 관계 맺기, 존재감 표현, 자기표현의 새로운 방식을 열어주었다. 젊은 세대는 기성세대와 다른 경험을 할 수밖에 없고, 그 다음 세대 역시 기술이 계속 발전하고 사람들의 일상생활의 일부가 되면서 기술을 다르게 경험할 수 있다. 이 장에서는 정체성 형성, 괴롭힘과 따돌림, 사이버를 이용한 범죄 활동과 사이버 의존성, 정치 참여, 온라인 급진화 등 인터넷과 관련하여 젊은이들이 우려하는 몇 가지 문제에 대해 몇 가지 적절한 사안들을 다루었다. 기존 연구결과들은 청소년들이 안전하고 심리적으로 유익한 방식으로 온라인에 참여하는 방법을 교육하고 인식해야 하는 방식에 대한 중요한 질문을 던지고 있다.

토론 질문

1. 젊은이들이 디지털 기술을 사용할 때 어떤 위험과 이점이 있다고 생각하는가?
2. 인터넷에서 음악이나 영화를 불법으로 다운로드하는 것이 부도덕하다고 생각하는가? 실제로 그렇게 한 적이 있는가? 해봤거나 해보지 않았다면 그 이유는 무엇인가?
3. 젊은이들이 온라인에서 어떤 방식으로 정체성을 형성한다고 생각하는가?
4. 인터넷이 없었다면 우리 모두 지금과 같은 정체성을 가지고 있었을까? 당신은 달라졌을 거라고 생각하는가? 왜 그런지 혹은 왜 그렇지 않은지 논의해보라.
5. 인터넷이 정치에 대해 배우고 참여하는 데 도움이 되는가? 그 이유는 무엇인가?
6. 청소년과 온라인 급진화에 대해 어떻게 생각하는가?

추천하는 읽을거리

Bartlett, C. P. & Gentile, D. A. (2012). Attacking others online: The formation of cyberbullying in late adolescence. *Psychology of Popular Media Culture*, *1*(2), 123−135. Bonner, S. & Higgins, E. (2010). Music piracy: Ethical perspectives. *Management Decision*, *48*(9), 1341−1354.

Hirzalla, F. & Van Zoonen, L. (2011). Beyond the online/offline divide: How youth's online and offline civic activities converge. *Social Science Computer Review*, *29*(4), 481−498. Livingstone, S. & Helsper, E. (2007) Gradations in digital inclusion: Children, young people and the digital divide. *New Media &*

Society, 9(4), 671−696.

Neumann, P. R. (2013). Options and strategies for countering online racialization in the United States. *Studies in Conflict & Terrorism, 36*, 431−459.

08

온라인 교육

7장에서 우리는 젊은 사람들의 디지털 기술에 대한 경험에 대해 살펴보았다. 이번 장에서 우리는 젊은 사람들과 관련된 또 다른 중요한 이슈인 교육에 대해 집중해보고자 한다. 특히, 디지털 기술이 사람들의 생활 방식에 어떤 변화를 가져왔는지 뿐만 아니라 이러한 온라인 도구들이 교육적인 측면에서 어떻게 가장 유용하게 사용될 수 있을지에 대해 알아볼 것이다. 이 장에서 다루게 될 온라인 교육의 목적은 다음 질문들과 관련이 있다: 학생과 교사의 역할 및 경험에 있어서 온라인 학습은 전통적인 교육방식과 어떤 점이 다른가? 통합교육 체제 속에서 학생들의 학습목표 달성 및 전반적인 학습경험을 증진시키기 위해 온라인 교육은 어떤 기술적/교육적 측면의 어려움들을 극복해야만 하는가? 이러한 이슈들과 관련된 많은 부분들은 모든 연령대의 모든 교육의 형태와 관련이 있지만, 이 장에서 집중적으로 다루게 될 부분은 고등교육에 관한 것이다.

8.1 기술과 학습

1913년, 영화촬영술(cinematography)이 아직 초기 단계였을 때, 토마스 에디슨(Thomas Edison)은 이 새로운 기술이 교육 분야에서 최적의 방법이 될 것이며,

학교에서 책으로 공부하는 방식을 구식으로 만들고, 곧 모든 인간의 지식이 움직이는 사진들을 통해서 습득될 것이라고 예상했다(Tamin, Bernard, Borokhovski, Abrami & Schmid, 2011). 에디슨이 예상한 바와는 대조적으로 타밈 등(Tamim et al., 2011)은 '비디오를 포함한 아날로그 시각매체가 학교 교육에 미치는 영향은 크지 않다'고 지적했다(p.4). 그럼에도 불구하고 그로부터 몇 백 년이 지난 지금, 적어도 고등 교육 및 디지털방식의 기술에 있어서 온라인 교육은 기존 대학교육 방식에 대해 실행 가능한 대안으로 급부상하고 있다(Petrakou, 2010). 사실상 로빈슨(Robinson)과 홀링거(Hullinger)에 따르면(2008), '고등교육에 있어서 인터넷과 웹의 출현만큼 고등교육에 급격한 변화를 가져온 것은 없었다'(p.101). 이는 '인터넷 및 관련 기술들이 시간과 공간에 대한 제약을 없애고, 유연하고 혁신적인 소통의 통로로써 학습에 대한 기회 및 접근성을 증가시켰기'때문이다(p.107; Burgstahler, 2000; Chickering & Ehrmann, 1996 참조). 결과적으로, 교육적인 소통은 언제 어디서나 일어날 수 있게 되었으며, 누구라도 참여할 수 있게 되었다 (Aggarwal & Bento, 2000; Pittinsky, 2003).

2007년도 설문조사 결과에 따르면(Allen & Seaman, 2007), 약 20%의 미국 대학생 수인 350만 명의 학생이 완전히 온라인으로 진행하는 수업에 등록하였으며, 또한 연구진들은 온라인 수업에 등록한 학생 수가 오프라인 수업에 등록한 학생 수보다 6배 정도 더 많았다고 보고하며, 온라인 학습이 '고등 교육에서 가장 빠르게 성장하고 있는 교육 방식'이 되고 있음을 보여주었다(Shea & Bidjerano, 2009, p.543). 이러한 성장 추세 및 2007년 미국 국립 교육 통계청의 수치를 고려할 때, 2016년도까지 미국에서 기록적인 수의 대학 등록이 있을 것으로 추정되며, 이 중 점점 더 많은 수의 학생이 온라인 수업을 등록할 것으로 보인다(Shea & Bidjerano, 2009). Allen과 Seaman은 2012년도 기준 약 710만 명의 학생들이 적어도 하나의 온라인 고등교육 과정을 수강하였으며, 이러한 온라인 형태의 교육과정은 94.5%의 고등교육 기관에서 이미 이용이 가능한 상황이라고 보고하였다. 알렌과 시만은 또한 70%의 미국 주요 학술기관장들이 온라인 학습을 기관의 장기적인 채용 전략의 가장 중요한 요소로 생각하고 있다는 점에 주목하였다(Linder, Fontaine-Rainen & Behling, 2015 참조).

많은 고등교육기관에서는 온라인과 오프라인 학습을 결합한 '혼합형 과목'을 개설하기도 하는데, 온라인 기술과의 통합은 고등교육 학습의 형태를 유비쿼터스(ubiquitous)식으로 빠르게 변화시키고 있다(Mayadas, Bourne & Bacsich, 2009). 최근에는, '대규모 공개 강좌(Massive Open Online Courses, MOOC)'가 등장하기 시작하여, 인터넷에 접근이 가능하다면 누구라도 대학교 수준의 강의를 제공하는 MOOCs에 자유롭게 접근할 수 있다(Boxall, 2012).

8.2 이러닝(E-Learning)

이러닝(E-learning)은 전자기기를 통해 디지털식으로 지원되는 학습 및 교육의 형태를 말한다. 세기가 바뀌면서 이러닝은 고등교육기관에서 점차 더 보편화되고 있으며(Koutsabasis, Stavrakis, Spyrou & Darzentas, 2011) 일반적인 학습 관행과 혼합되는 모습을 보이고 있다(Gikandi, Morrow & Davis, 2011; Sharpe, Benfield, Roberts & Francis, 2006). (혼합된 형태의 학습은 전통적인 대면 교육과 온라인 교육 컨텐츠의 통합을 말함: 즉, 학생들이 대면 교육을 예습하거나 복습하기 위한 용도로 온라인으로 접근할 수 있는 자료) Brown(2006)은 국제데이터코퍼레이션(International Data Corporation, IDC)의 조사결과를 바탕으로 2008년까지 이러닝 시장의 가치가 210억 달러에서 280억 달러 사이가 될 것이라고 예측했다. 이러닝은 멀티미디어 CD-ROM 또는 가상학습환경(예: Blackboard와 같은 소프트웨어 제품)을 통해 이루어질 수 있는데, 학생들은 이를 통해 강의 슬라이드, 메모, 세부평가정보, 토론게시판, 읽을거리에 접근할 수 있는 링크, 웹사이트, 블로그, 팟캐스트를 포함하는 학습 자료들을 대면수업 전이나 후, 혹은 수업 중에 접할 수 있으며 혹은 이러한 자료들이 수업을 대체하는 식으로도 이루어질 수 있다. Larreamendy-Joerns와 Leinhardt가 관찰한 바와 같이 온라인 교육에서 발생하고 있는 두 가지 현상으로 인해 교육환경의 엄청난 변화가 일어나고 있으며(2006), 두 현상은 다음과 같다: (1) 온라인 교육 및 전통적인 교수법과의 혼합교육 (2) 온라인 원격 학습의 가용성 증가(특히 미국). 온라인으로 이루어지는 평가 및 피드백 또한 혼합교육을 포함한 고등 교육에서 표준이 되어가고 있다.

이러닝은 어떤 형태로든 매개 환경을 구성하며, 매개 환경은 의사소통 기술을 활용하여 학습자들이 소통할 수 있는 가상공간을 생성하는 수단이 된다. 이러한 매개 환경 내에서 학습자들은 비록 사용 가능한 기술에 따라서 그 정도의 차이가 있지만 그들 자신의 존재에 대한 일종의 관점을 공유하게 된다. 예를 들어, 토론 게시판이나 온라인 채팅방에 자신이 작성한 내용을 공유하거나 아바타의 형태로 자신의 일부를 공유할 수 있다(Childs, 2010).

이러한 기술이 효과적이기 위해서는 많은 사용자들이 채택하고 사용해야 한다는 점을 감안할 때, 이러닝은 언제든지 접근 가능해야 한다는 고유의 문제를 수반한다. 여기에는 이러닝 지원의 수준과 유형, 현재 필요해 보이는 작업 시스템의 변화, 교사와 학생 및 행정적인 부분에서의 협력 등이 해당되며(Koutsabasis et al., 2011), 이 중 몇몇은 뒤에서 더 구체적으로 다루게 된다. 더 최근에는, 모바일 기술이 발전함에 따라 스마트폰, 웹패드, 태블릿PC와 같은 모바일 기기의 사용를 사용하여 학습하는 모바일 학습(mlearning)이 이루어지고 있으며, 이로 인해 언제 어디서나 배울 수 있다는 개념이 더욱 강화되고 있다(Lan&Sie, 2010).

교육 환경 내에서의 모바일 기기 사용의 증가는 이러닝의 여러 요소들 중 주요한 특징 한 가지를 강조한다: 즉, 간단한 텍스트에서부터 사진, 오디오, 애니메이션, 비디오에 이르는 다양한 미디어를 온라인 프로그램 내에서 통합할 수 있는 능력을 일컫는다(Sun & Cheong, 2007). 또한, 이는 학습자의 교육적 흥미를 증진시키도록 설계된 멀티미디어를 활용한 교육 자료들을 만들게 하고(Gillani & Relan, 1997; Vichuda, Ramamurthy & Haseman, 2001), 더 나아가 컴퓨터가 교육과 학습 영역에서 매우 중요한 영향을 미치는 정도에까지 이르게 한다(Dede, 1996; Kozma, 1994). 그러나 몇몇 연구 결과에서는 멀티미디어를 활용한 교육 자료가 학습 내용에 대한 학생들의 이해를 크게 증가시키는 것은 아니라는 증거를 제시하고 있으며(Sun & Cheng, 2007), 심지어 학습 자료 내에 존재하는 일부 멀티미디어적인 요소들은 오히려 학생들의 학습 성과에 해로운 영향을 줄 수 있다는 증거 또한 제시하고 있다(Bartscha & Cobern, 2003; Rieber, 1996).

이러한 발견들은 Clark의 유명하고 상반되는 주장과도 일치하는데, 사실상 학습에서 미디어가 미치는 영향에 대한 논쟁은 마치 트럭이 슈퍼마켓으로 식료품을 배달할 때 트럭 자체가 식료품에 영양분을 더하는가와 별반 다르지 않다는 것이다. 따라서 중요한 것은 전달되는 내용의 교육적인 측면이지, 전달 매체의 문제가 아니라는 것이다. 이제 우리는 이러한 대조적인 의견들을 고려하면서 온라인 교육이 전통적인 대면방식의 교육 및 학습과 어떻게 비교되는지 살펴보고자 한다.

제안활동

자신이 받았던 교육에 대해 생각해보자. 이러닝은 당신의 학습에 어떻게 통합되어 왔고, 당신의 교육자는 교육내용을 어떻게 전달했는가?

8.3 이러닝(E-LEARNING)
VS. 대면학습(FACE-TO-FACE LEARNING)

이러닝은 전통적인 대면방식에 비해 얼마나 효과적인가? Robinson과 Hullinger(2008)는 이러닝의 효과성에 대한 연구가 크게 세 영역으로 나뉜다고 하였다: 교육 달성을 통한 학생의 성과(주로 시험 성적이나 점수), 학습에 대한 학생의 태도, 그리고 온라인 학습에 대한 학생들의 전반적인 만족도. 이들은 이러한 연구들이 온라인(이러닝)과 대면 교육이 동일한 학습 결과를 충족한다는 견해를 지지한다고 주장하였으며(예: Palloff & Pratt, 2001), 이에 더해서 중요한 것은, 연구들의 초점이 온라인과 대면 교육의 효과차이 정도나 어떻게 온라인에서 대면 학습을 따라할 수 있을지에 대한 것이 아니라, 온라인 학습 환경을 증진시킬 수 있는 방법에 맞추어져야 한다고 주장했다.

미국의 한 대학교에서 105명의 학생들에게 진행된 설문조사에 따르면, An

과 Frick(2006)은 학생들이 보통 어렵거나 즉각적인 설명이 요구되는 과제에 참여할 때 혹은 새로운 아이디어 및 협력하여 생각해야 할 때 교사나 다른 학생들과 대면으로 토론하는 것을 선호한다고 보고하였다. 대부분의 학생들의 경우 간단한 작업의 경우에만 전자메일로 소통하는 방식을 선호하였다. 그러나 안과 프릭은 이러한 결과가 오로지 학생들이 느끼거나 선호하는 것에 대한 인식을 조사한 것이며, 실제로 효과적인 학습을 구성하는 독립적인 척도가 아님을 명시하고 있다. Liu, Lia와 Pratt(2009)은 마찬가지로 사용자가 특정 매체를 사용하는 것이 정보처리 면에서 더 효과적이어서라기보다는, 그 매체에 대해 인지된 만족감과 같은 사회심리학적인 요인들로 인해 특정 매체를 선호하게 되거나 지속해서 사용하도록 영향을 미칠 수 있다고 지적했다.

그러므로 온라인 학습이 잘 수행된다는 개념을 측정할 때, 단순히 이러닝 학습을 한 학생들의 성적과 대면 학습을 한 학생들의 성적을 비교하는 것이 아닌 학습 경험 전체의 질을 보아야 한다(Robinson & Hullinger, 2008). 학생 참여의 전반적인 질을 평가하는 한 가지 방법은 어떤 주제를 공부하고, 연습하고, 달성하고, 피드백을 실행하는 데 들인 시간과 에너지뿐만 아니라, 문제를 분석하고 해결하는 데 들이는 노력을 보는 것이다. 또한 중요한 것은, 학업 활동을 참여하는 것은 학생의 몫이지만, 온라인 학습 환경에 있어서 '교류와 참여가 활발하게 이뤄지는, 의사소통을 증진시키는 목적이 있는 학습의 장을 설계하는 것'은 교육 기관의 몫인 것이다(Robinson & Hullinger, 2008, p.107).

영국 오픈 대학(UK Open University)의 사례를 들며 Knight(2007)는 온라인 강좌가 전통적인 교육 강좌보다 덜 성공적이고 유지율이 낮다는 견해가 점점 시대에 뒤떨어진 이야기가 되어가고 있으며, 또한 온라인 강좌가 높은 IT 역량을 요구한다는 견해도 점점 구식이 되어가고 있다고 주장한다. 실제로, 온라인 강좌는 학생들에게 '일상생활에서 이미 충분히 할 수 있는 것 이상을 요구하지 않는다'는 것이 훨씬 납득이 가는 말인 것이다. 따라서, 온라인 학습은 덜 만족스럽다는 발상은 옛날이야기가 되었으며, 급속하게 변화하는 새로운 기술과 사회의 관계를 반영하지 못하는 것이다(p.95). Liu 등(2009)에 따르면, 이러닝에 대한 학습자의 태도는 학습자의 기술역량수준(Seyal & Pijpers, 2004 참조)이나 교육 과제에 적용된 기술(미디어)의 적합성과 같은 요인들에 따라 달라질 수 있다. 이러한 요소들이 언제 드러나느냐에 따라, 다른 수준의 미디어 기술을 사용해야 하는 학습자들은 다른 수용행동을 취하게 되고, 다른 수준의 만족감을 표현할 수 있다. 실제로, Knight(2007)가 언급한 내용의 경우, IT에 대한 익숙함과 능력의 부족보다는, 적당한 작업량과 학생의 필요에 대한 적합성이 강좌 유지율에 영향을 미치는 요소일 수 있다. 또한, Knight는 강좌 유지율과 학생의 만족도는 학생들이 익숙한 고용 및 사회환경과는 매우 다를 수 있는 학습 환경을 얼마나 편안하게 느끼는지 정도에 좀 더 기인할 수 있다고 주장했다(Yoke, 2004, p.24).

Wood, Solomon과 Allan(2008)은 교육기관들이 '밀레니얼 세대'(약 1984~1992년도 사이에 태어난 사람들)의 요구에 맞게 이러닝을 제공하는 방식을 재고해야 할 것이라고 제안했다. Ferrell과 Ferrell(2002)에 따르면, 밀레니얼 세대가 함께 성장한 기술 덕분에 그 세대의 구성원들은 훨씬 기술 기반의 학습 경험에 수용적이라고 하였으며, Childress와 Braswell(2006) 또한 구성원들이 온라인 환경에서 번성한다고 언급하였다. 일반적으로 밀레니얼 세대의 대학생들은 페이스북과 블로그, 유튜브와 같은 현대 의사소통 기술에 훨씬 적극적으로 참여하고 있다(Wood et al., 2008).

8.4 이러닝의 동시적 및 비동시적 의사소통
(Synchronous and Asynchronous Communication With in E-Learning)

이러닝 기반의 플랫폼과 CMC(Common Messaging Calls)는 동시적이거나 비동시적이며, 둘 다 혼합학습 프로그램에서 광범위하게 사용되거나 온라인 학습 과정에서만 국소적으로 사용되기도 한다. 비동시적인 이러닝의 경우, 학생들은 다른 학생들 및 교사들과 상호작용할 수 있고(물론 실시간으로는 아니지만), 학생들로 하여금 학습계획을 세울 수 있도록 하는 다양한 교육 자료를 활용할 수 있다(Koutsabasis et al., 2011). 따라서, Petrakou(2010)는 비동시적 의사소통이 학생들에게 엄청난 유연성을 제공하고, 이로 인해 학습 과정 전반에 대한 통제감을 높인다고 하였다. 비동시적 의사소통의 또 다른 이점은, 교사와 학생들이 같은 시간에 모일 필요가 없다는 것이다(Mayadas et al., 2009; Harasim, 1990 참조); 즉, 시공간의 제약이 없다(An & Frick, 2006). 또한, An과 Frick(2006)에 따르면, 비동시적 의사소통을 통해 비록 학생들 간에 이루어지는 상호작용의 양은 줄어들 수 있으나(Murphy, Rodriquez−Manzanares & Barbour, 2011 참조), 학생들은,

- 자신의 스케줄에 맞는 시간과 장소에서 공부를 할 수 있게 됨으로써 자기 속도로 학습을 할 수 있도록 한다(Vrasidas & McIsaac, 2000 참조).
- 학습 자료에 대해 분석하고, 깊게 생각해보고, 반응할 수 있는 시간을 더 가질 수 있다(Garrison, Anderson & Archer, 2000 참조).
- 다른 학생들 및 교사와 온라인으로 소통하는 것을 통해 혼자 학습하는 것보다 좀 더 사회적인 학습 환경을 접할 수 있다(Sutton, 2001 참조).

An과 Frick(2006)은 또한 비동시적 이러닝이 상황에 좀 더 유연하게 대처할 수 있는 능력이 필요한 대면 토론을 어려워하는 학생들에게 좀 더 편안한 환경을 제공한다고 주장한다. 특히, 부끄러움이 많거나 토론에서 사용되는 언어가 모국어가 아닌 학생들의 경우가 해당될 수 있다(Berge & Collins, 1993; Leasure, Davis & Thievon, 2000 참조).

8.4.1 참여함(presence)의 중요성

Garrison, Anderson과 Archer(2000)는 성공적인 이러닝을 위해서 세 가지가 필요하다고 주장한다: 인지적 참여, 사회적 참여, 교육적 참여. 인지적 참여(Cognitive presence)는 온라인에서 이루어지는 의사소통이 의미있는 것으로 인식되고, 이러한 의미가 지속되는 정도의 척도이다. 사회적 참여(Social presence)는 온라인으로 의사소통에 참여함에 있어서 사용자들의 '개성(personalities)'이 드러

나는 등 실제 사람으로서 표현되는 정도를 가리킨다. 교육적 참여(Teaching presence)란 교사가 학습의 촉진자로서, 교육 자료의 디자인, 구성, 내용을 통해 교육적인 경험을 만들어낼 수 있는지를 나타낸다. 교육적 참여와 관련하여, Second Life와 같은 3D 가상환경은 교사들이 가상환경에서 가르치는 것을 연습해볼 수 있도록 한다(가상교육이 교사 개인의 가르침에 대한 기대에 미치는 긍정적인 영향을 연구한 Cheong, 2010 참조).

그러나 비동시적 이러닝(asynchronous e-learning)은 고립감을 느끼는 학습자들에게는 부정적인 영향을 미치며, 애초에 즉각적으로 소통할 수 없다는 사실 때문에 교사 및 다른 학생들과 연결되었다고 느끼지 못하게 됨으로써 어려움을 느끼고, 고립되었다고 느끼도록 만드는 데 기여했을 수 있다. 이는 탈락률에 영향을 미칠 수 있는데(Schullo et al. cited in de Freitas & Neumann, 2009, p. 987; Bernard et al., 2004 참조), 실제로 Harastinski(2008)는 미국에서 중등과정 이후 이루어진 비동시적 교육(asynchronous educational interaction)이 학생들의 배움 자체에는 더 도움이 된 반면, 동시적 의사소통(synchronous communication)이 학습과정에 더 참여하고자 하는 학생들의 동기를 높인다는 것을 발견했다.

온라인 학습에서의 동시적 의사소통이 가진 이점 중 하나는 즉각적인 피드백을 가능케 한다는 것이다. Petrakou(2010)는 학생들이 튜터와 동시적 의사소통을 할 때 고립감을 덜 경험하게 되고 따라서 학습과정에 좀 더 통합되는 것을 경험한다고 보고했다(Hrastinski, 2006 참조). 피드백의 즉각성은 또한 비동시적인 상호교환에서 발생되는 복잡한 정보교환의 빈도를 낮추고 모호함을 줄이며, 다른 학생들과의 사회적 관계를 촉진시켰다. 따라서 Murphy 등은 비록 이러닝 프로그램 내의 동시적인 요소가 학습의 교육적인 측면에서의 핵심은 아닐지라도, 전반적인 소통과 지지를 활성화시킴으로써 온라인 커뮤니티에 학생들을 더 사회적으로 통합시키는 데 이점이 있을 수 있다는 것에 주목하였다.

따라서 Keskitalo, Pyykkö와 Ruokamo(2011)는 이러닝 환경이 강력한 발판과 지원이 필요하다고 결론을 지었다. Scaffolding은 Vygotsky의 '근접발달영역'에서 중요한 역할을 하는데, 이는 학습자가 대개 혼자서는 수행하지 못할 과제를 좀 더 유능한 전문가, 교사, 혹은 동료의 도움을 받아 수행할 수 있게끔 도움이 제공되는 것이다. 이러한 접근법은 학생들의 학습 수준을 더 이상 도움이 필요하지 않는 수준까지 끌어올릴 수 있다(De Smet, Van Keer & Valcke, 2008). 또한, Neville(1999)에 따르면, 동료가 지지하는 형태의 스캐폴딩은 학생의 동기부여에 이로운 영향을 미치는 것으로 보인다고 한다.

요컨대, 비동시적 의사소통은 학습에 있어서 어느 정도 유연성을 제공하고, 좀 더 전통적인 상호작용에 상응하는, 좀 더 반사적이고 사려 깊은 학생 대 학생, 학생 대 교사 간 의사소통을 촉진시킨다. 이는 (대면 교류에 비해) 컴퓨터 관련 경험이나 혹은 훈련을 받은 학생들에 의해 더 선호되는 것으로 보인다(Tallent-Runnels et al., 2006). 이러한 발견은 효율성 및 편리성 요소가 학생들이 교육과 학습에 대한 평가를 내릴 때 고려하는 중요한 요소임을 밝힌 안과 프릭(An & Frick, 2006)의 발견과도 일치한다. 대면 의사소통이 더 빠르고 편리하다고 생각하는 학생들은 대면 의사소통을 더 선호하였으며, CMC가 더 효율적이라고 느낀 학생들도 마찬가지였다. 비슷한 관계가 원격 교육 편집자들(이스라엘의 Open University에서 근무)에게서도 발견되었는데, 이들은 본인들이 편성하는 과정에 원격 학습 미디어가 활용되는 것을 선호하였는데, 이는 그들의 선호하는 미디어에 대한 기술적인 요구 사항과 연관되어 있었다(Caspi & Gorsky, 2005).

8.4.2 인지적 참여(Cognitive presence)

DeSment, Van Keer와 Valcke(2008)에 따르면, 비동시적 의사소통은 더 많은 유연성과 개인이 자신의 속도에 맞게 공부 양을 조절할 수 있도록 함에도 불구하고, 이러한 자율성으로 인해 개인이 학습 환경을 조성하는 것이 어려워질 수 있다고 한다. 컴퓨터를 이용한 의사소통은 교사들뿐만 아니라 학생들에게도 부담스러울 수 있다(An & Frick, 2006). 예를 들어, 상당히 긴 분량의 이메일을 정기적으로 받는다고 상상해보라. 따라서, 성공적인 이러닝 학습의 전제조건은 비동시적 의사소통 내에서 교육적인 중요성을 지닌 구조를 분별하는 학습자의 능력이다(Laurillard, 1998). Johnson과 Johnson(1996)에 따르면, 매체와 기술 수준에 관계없이 학습에 요구되는 사항은 명확하게 정의된(정의될 수 있는) 의사소통 구조이다. Schellens과 Valcke(2006)는 비동시적 토론 그룹 내의 상호작용에서 좀 더 일 중심으로 토론이 진행되고 격해지며, 소그룹이나 평균 정도의 크기의 그룹(각각 n=8~10, n=11~13)에서 큰 그룹(n=15~18)보다 높은 수준의 지식 교환을 달성한다는 것을 발견했는데, 지식 교환은 사실 토론에서 지향하는 바는 아닌 것이다.

제안활동

당신은 공부하는 동안 비동시적 의사소통에 얼마만큼 시간을 할애하는가? 비동시적 상호작용의 장점과 단점은 무엇인가? 교사 및 다른 학생들과 대면으로 토론하는 것 외에, 당신은 그들과 온라인에서 실시간으로 소통하기도 하는가? 그렇다면 그것에 대해서 어떻게 생각하는가? 그렇지 않다면, 앞으로 실시간으로 온라인에서 소통하는 것이 학습과 결합되어 활용되기 바라는가?

8.5 미디어 풍부성 이론(Media Richness Theory)

미디어 풍부성 이론에 따르면, 효과적인 의사소통은 의사소통 작업의 특성과 의사소통 수단의 매개가 되는 미디어의 적합성에 의한 산물이다(Daft & Lengel, 1986; Trevino, Lengel & Daft, 1987). 따라서 의사소통의 풍부함과 희박함은 시간 간격 내에서 공유된 의미와 이해를 가능하게 하는 (혹은 용이하게 하는) 정도로써 측정되는 의사소통 매체의 객관적인 속성으로 간주된다. 특정 미디어가 풍부한지 희박한지를 결정하는 기준은 다음과 같다(Daft, Lengel & Trevino, 1987; Sun & Cheng, 2007, p.664 인용).

1. **즉각적인 피드백 가능 여부**: 미디어는 일반적인 해석에 대한 신속한 수렴을 촉진함.
2. **다양한 정보 전달 가능 여부**: 물리적인 움직임, 음성 및 억양, 몸짓, 단어나

숫자, 그래픽 기호를 포함한 일련의 정보들은 단순한 정보나 데이터보다 의미 및 해석의 전달을 용이하게 함.

3. 언어의 다양성: 숫자나 공식들은 훨씬 더 정확하지만, 자연스러운 언어는 좀 더 넓은 범위의 개념을 전달함.

4. 개인에게 초점을 맞출 수 있는지 여부: 감정을 전달하거나 전달 받는 사람의 관점 및 특정 필요에 맞게 미디어가 조정될 수 있는 능력을 의미함.

미디어 풍부성 이론은 학습내용이 모호하고 해석의 여지가 있는 경우에 학습자들이 더 풍부한 의사소통 매체를 통해 혜택을 받을 것이라고 가정한다. 반면, 학습내용이 수학 공식과 같이 명확한 경우, 덜 풍부한 매체로도 충분하며, 오히려 더 직설적이라는 측면이 이점일 수 있다. 이로 인해 학습자가 애매함의 정도와 상관관계가 있는 미디어를 채택하는지 여부는 항상 확실하지는 않으며 (다양한 연구결과에 대한 논의는 Dennis & Kinney, 1998 참조), 경우에 따라서는 미디어의 풍부함이 학습에 방해가 될 수 있다(Matarazzo & Sellen, 2000).

Sun과 Cheng(2007)은 미디어 풍부성 이론을 특정 매체(주관적 지표) 사용 시 학습 점수(객관적 지표)와 학생 만족도라는 두 가지 요소에 기반하여 이러닝에 적용하였다. 이 두 가지 요소는 특정 매체의 학습 성과를 측정하는 구성 요소이다(그림 8.1 참조).

미디어 풍부성 이론과 그 가설에 따라 Sun과 Cheng(2007)은 불확실하고 모호한 내용을 전달하기 위해 높은 수준의 풍부한 멀티미디어 자료를 활용하는 것이 학습 점수와 학습 만족도 모두에 긍정적인 영향을 미친다는 것을 발견하였다. 반면, 명확한 자료들은 일반 텍스트 기반 의사소통에 더 적합하였으며, 따라서 수치 또는 사실 기반 내용에 대해 풍부한 정보를 사용하여 학습 성과를 증진시키려는 것은 훨씬 덜 효과적이었다.

Liu 등(2009)은 문자와 오디오, 비디오를 통합한 가장 풍부한 미디어 커뮤니케이션이 문자와 오디오만의 조합 또는 오디오와 비디오만의 조합으로만 구성된 자료보다 학습자 입장에서 '지각된 유용성'으로써 항상 높은 수준을 제공

그림 8.1 학습 성과 측정

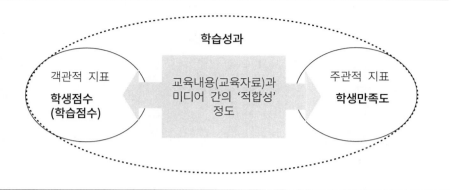

출처: (Sun & Cheng, 2007, p.666에서 발췌)

한다는 것을 발견하였다. 따라서 리우 등은 풍부한 미디어를 통해 소통되는 교육 자료가 사용자들에게 좀 더 잘 받아들여질 수밖에 없는데, 이는 높은 지각된 유용성을 자극하기 때문이라고 결론지었다.

8.6 살몬의 이러닝 단계 모델
(Salmon's Stage Model of E-Learning)

Salmon(2004)은 온라인 교육 및 학습에 있어서 학생들이 반드시 발전시키고 습득해야 할 기술적인 측면에 대해 5단계 모델을 고안해냈다. 성공적인 이러닝 학습을 위해 1단계에서는, 학습자들은 반드시 온라인상에서 교육 자료에 접근할 수 있는 능력이 있어야 하며, 온라인 의사소통에 참여할 의지가 있어야 한다. 2단계는 온라인 사회화(online socialization)로 특징지어지는데, 이 단계에서 학생들은 반드시 온라인상에서의 정체성을 확립하고 온라인에서 교류할 수 있는 친구를 찾을 수 있어야 한다. 3단계는 정보 교환 단계로, 학생들은 수업 관련 정보를 서로 교환하고, 수업과 연계된 학습 과제를 실행하게 된다. 또한, 살몬은 1~3단계에서 각 학습자들이 개인의 목표를 달성할 수 있도록 상호 지지를 하는 것이 특징이라고 언급하였다. 4단계에서는 학생들이 단순히 정보 교환을 하는 것을 넘어서 함께 토론하고 협력하는 것을 통해 온라인상에서 좀 더 복잡한 학습 문제를 해결해가도록 한다. 5단계에서는 학생들이 온라인 시스템을 좀 더 자신의 고유의 목표를 달성하기 위해 탐색하면서(이용 가능한 기술개발 및 온라인 경험을 다른 학습에 적용하는 방법 확립 포함) 개인적인 성찰과 좀 더 정교한 개인 학습이 이루어진다. 학습자는 처음에는 소수의 다른 학생들과만 소통하다가(1단계), 2~4단계에 진입함에 따라 소통하는 학생들의 숫자가 더 증가하게 된다. 그러다가 5단계에 도달하게 되면, 학생들은 더 개별적인 학습 활동에 참여하게 될 것이다.

Salmon, Nie와 Edirisingha(2010)는 Salmon의 5단계 모델을 Second Life에서 제공하는 교육과정에 적용하였다. 이들은 모델이 일부 단계에서 약간 변형되기는 하였으나, 다른 환경에서와 마찬가지로 동일하게 적용이 된다는 것을 발견하였다. 1단계는 텍스트 기반 이러닝에서 초반에 예상보다 많은 기술적인 어려움들이 있었는데, 예를 들어, 소프트웨어를 다운로드 받아야 하는 것과 아바타를 생성하고 이를 조종하는 방법에 대해서 익히는 것과 같은 어려움이 있었다. 그러나 3D 환경 및 아바타의 사용은 자연스레 2단계인 온라인 정체성 형성과 사회화로 이어지게 되었다. 3단계와 4단계인 정보 교환 및 지식 형성은 비동시적인 텍스트 기반의 소통보다 아바타를 사용하여 동시적인 소통을 할 때 좀 더 대면하여 대화할 때의 특성을 나타냈다.

8.7 3D 학습 환경

3D 가상 세계는 세기가 바뀌면서 교육과 학습에 적용된 흥미로운 기술 발전 중 하나이다. Dickey(2003)는 이를 네트워크로 연결된 가상현실로 설명하며 '3D 가상 공간, 사용자를 시각적으로 나타내는 아바타, 그리고 사용자끼리 서로 소통할 수 있는 채팅 환경'의 중요한 세 가지 기능을 제공한다고 언급하였다 (p.105). 교육 환경 내에서 가상 환경은 지리적으로 서로 멀리 떨어진 학습자들에게 '풍부하고 매력적인 3D 환경 내에서의 학습'을 제공하는 수단이 될 뿐만

아니라, 담화와 협력을 제공하는 의사소통의 도구이자 웹통합의 장을 제공한다. 따라서 3D 환경은 대면 환경 및 다른 형태의 이러닝 학습 환경과는 구분되는 교육 및 학습의 가능성을 제공한다(Savin-Baden et al., 2010). 2장에서 사회적 존재감이 의사소통 시 어떻게 온라인 환경 내에서 개인의 '성격'과 같이 실제 사람으로써 스스로를 드러낼 수 있는 정도를 의미할 수 있는가에 대해 논의했던 것을 상기해보라(de Freitas & Neumann, 2009; Garrison, Anderson & Archer, 2000). 이는 비동시적 의사소통 중에서도 가능하지만, 동시적 의사소통에서 사회적 존재감을 더 촉진하는 것으로 보인다. 학생들 사이에서 보다 덜 과업지향적이고 비공식적인 의사소통은 학생들의 필요를 더 잘 지지한다(Hrastinski, 2006).

　　Kirriemuir(2010)는 2009년 초여름까지 가상 세계에서 이러닝이 주목받은 것은 영국 대학들의 80% 이상에서였으며, 이는 같은 기관 내의 다양한 부서 및 그룹에서 어렵지 않게 볼 수 있는 모습이라고 보고하였다. 커리뮤어는 또한 이러한 기술에 대해 대중들이 전반적으로 긍정적인 시각을 가지고 있다고 보고하였으며, 이는 특히 Second Life와 관련하여 초반에 기술적인 문제로 인해 어려움을 겪었던 사람들조차도 많은 영국의 대학(특히 Open University에서) 내에서 이러한 기술이 성공적이라고 언급하였다고 보고하였다.

　　Petrakou(2010)는 Second Life 가상 세계에서 진행되는 영어 수업에 관한 민족지학적 연구를 수행하였는데, 학생들은 Second Life 내에서 아바타로 수업에 참여하였고, 교사 또한 3D 세계에서 아바타로서 학생들과 소통하였다. Petrakou는 학생들이 전통적인 교육 환경에서와 유사하게 사회화하는 것을 관찰할 수 있었으며, 학생들은 새로운 환경을 탐색하고 Second Life 밖에서의 삶에 대해서 서로 물으면서 서로에 대해 알아가기 시작하였다. Petrakou는 또한 학생들에게 Second Life 내에서 아바타로서 교사와 다른 학생들 앞에서 발표를 했을 때 어땠는지 질문했는데, 학생들은 청중들이 참여를 하고 있는 것인지 지루해하고 있는지 파악하기 불가능한 상황에서 청중들의 반응을 해석하는 것의 어려움을 토로하였다. 한 학생은 다음과 같이 말했다: '어느 순간부터는 그냥 벽에 대고 말하는 기분이 듭니다. 그리고 발표의 초점이 청중들보다는 제가 말하는 게 어떻게 들리는지로 변하게 됩니다'(Petrakou, 2010, pp. 1023-24). 이러한 상황은 장점과 단점 모두 있는데, 장점은 발표할 때 청중들에 의해 방해받거나 참견받지 않을 수 있다는 것이지만, 단점은 발표자-청중 간의 교감이 없다는 것이다.

3D 환경은 또한 학생들이 가상 환경 내에서 소그룹에 참여할 때 가상 환경 전반에 퍼져 있는 경향이 있는데, 이는 마치 가상환경이 아닌 교실에서 기대하는 바와 같이 서로 방해하지 않도록 하기 위함이다. 교육에 있어서 이러닝의 독특한 특징은 교사가 학생들끼리 토론을 진행할 때 학생들 위로 날아다니며 감독한다는 점이다. 그러나 교사는 교정이나 피드백이 필요할 때만 관여하게 된다.

Petrakou는 Second Life 내에서의 수업을 동시적 및 비동시적 교류의 혼합이라고 설명하였다. 동시적 의사소통은 Second Life 내에서 그룹 활동을 하는 동안뿐만 아니라 수업 중간에 학생들이 쉬는 시간을 가질 때에 발생하게 된다. 이는 학생들이 그들의 아바타를 통해 거의 대면해서 보는 것과 같은 효과를 내게 된다. 학생들은 또한 그룹 활동 외에 Second Life 밖에서 비동시적으로도 소통할 수 있는데, Petrakou는 학습 환경의 일부로 웹사이트나 수업 블로그를 통해 정보교환이 발생할 수 있다고 하였다.

Petrakou는 수업이 시작될 때 학생들의 행동이 어떠했는가에 대해 많은 수의 학생들이 한꺼번에 있어 음성 커뮤니케이션이 매우 어려웠다고 묘사하였다. 이는 교사와 학생이 모두 동시에 이야기를 하기 때문에 누가 말하고 있는지 구분하기 어렵기 때문이었다. 그러나 수업이 진행됨에 따라 Petrakou는 학생들이 적응해가는 것을 관찰할 수 있었으며 다음과 같이 결론을 내렸다(Gaimster, 2008와 같은 맥락으로): '처음에 학생들은 가상 환경 내에서도 실제 상황에 있는 것처럼 보였다. 그러나 학생들이 점차 주변 환경을 인식하면서 사회적 교류에 대한 새로운 규범과 규칙이 등장하였다'(Petrakou, 2010, p.1026). 이와 같이 학생들은 기술에 적응해감에 따라 '컴퓨터와 소통하는 것이 아닌, 컴퓨터를 통해 서로 상호작용을 할 수 있었다'(Barab, Thomas & Merrill, 2001, p.136).

8.7.1 3D 학습환경 평가하기

Second Life를 교육적/학습적 매개체로서 평가할 때, Kestitalo, Pyykkö와 Ruokamo(2011)는 여러 저자들을 언급하는데(Edirisingha, Nie, Pluciennik & Young, 2009; Holmberg & Huvila, 2008; Omale, Hung, Luetkehans & Cooke-Plagwitz, 2009; Salmon, 2009; Warburton, 2009), 이들은 가상 세계의 가치가 텍스트 기반의 이러닝 환경과 비교하여(Löfström & Nevgi(2007)에 따르면, 학생들은 텍스트 기반의 이러닝 환경에서 더 고립되고 외로움을 느끼게 된다고 한다) 더 큰 사회적 존재감과 소속감을 제공하는 것에 의존한다고 주장하였다. 그렇다면 3D 환경은 좀 더 콘텐츠에 초점을 맞춘 전통적인 강조로부터(다른 이러닝 플랫폼 내에서도) 대인 관계를 촉진하는 방향으로의 전환의 일부로 보아야 하는 것이다. 이러한 대인 관계의 촉진은, 학생들이 단순히 가상 기술을 사용한다는 느낌이 아니라 실제로 가상 공간에 거주한다는 느낌을 받을 정도가 되어야 한다(Jarmon, Traphagan, Mayrath & Trivedi, 2009; Kalyuga, 2007; White & Le Cornu, 2010).

Kestitalo 등(2011)은 Second Life의 성공에 기여한 요인들이(예: Holmberg & Huvila, 2008; Mayrath, Sanchez, Traphagan, Heikes & Trivedi, 2007; Omale et al., 2009) - 학습자의 동기와 흥미를 유지시키는 - 동시적 의사소통을 가능하게 하는 공유된 공간 속에서 아바타 기반의 상호작용을 제공한다는 사실을 참조한다. 또한 케스카탈로 등은 Second Life에서 학생들이 그룹 활동을 선호한다는 것과 토론에 참여하는 것이 다른 형태 또는 전통적인 교육 방식의 환경과 비교하여 더 직접적이고 자발적인 교사-학생, 학생-학생 간의 소통이 촉진되는 것으로 보이는 점에 주목한다(Edirisingha et al., 2009; Holmberg & Huvila, 2008; Omale et al., 2009).

그러나 Kestitalo 등(2011)은 학생들의 협력 활동의 결과에 대해 모순된 결과 또한 주목한다. 몇몇 결과들은 학생 학습 커뮤니티를 발견하는 것이 항상 쉽지만은 않으며, 만약 발견한다 할지라도 기술적인 능력이나 경험이 부족한 사람들에게는 참여가 어려울 수 있다고 보고한다(Jones, Morales & Knezek, 2005;

Warburton, 2009). 따라서 Kestitalo 등(2011)은 교육자가 Second Life를 이러닝의 수단으로 사용할 계획을 하는 단계에서 반드시 학생들이 가상 환경과 아바타 사용에 익숙해지는 시간까지 고려해야 함을 지적했다(Delwiche, 2006; Mayrath et al., 2007; Ondrejka, 2008; Salmon, 2009; Warburton, 2009).

Hay와 Pymm(2011)은 또한 3D 가상 환경에 익숙하지 않은 학생들의 추리 적 증거를 기반으로, 학습을 시작하는 것(살몬의 1단계)이 꽤나 시간소모적일 수 있으며, 특히 이들에게 기술에 익숙해지는 시간이 주어지지 않는다면, 사회적 존재감, 상호교류 및 지식교환에 제한이 있을 수 있다고 보고하였다(살몬의 1-4 단계). 게다가 몇몇 학생들에게는 가상 환경이 너무 압도적이어서 기술이 학습 을 촉진하기 보다는 주의를 분산시키는 역할을 할 수도 있다(Omale et al., 2009). 따라서, 가상 세계의 사용은 교육자가 단순히 "추가 기능"으로 사용하는 것이 아닌, 학습자의 입장에서 하나의 주제로 신중하게 고려되고 통합되어야 함이 강 조된다(Hay & Pymm, 2011, p.200). 마찬가지로, Kestitalo 등(2011)은 Second Life 가 '교육적으로 적절한 방식으로 사용되어야 하며, 의미있는 학습과 학습 목표 를 달성하기 위해 학생들의 활동이 잘 구성되어야 한다'고 주장한다(p.17). 또한, Mathews, Andrews 그리고 Luck(2012)는 다음과 같이 말하였다:

> 분명하게 교육자들은 가상세계 학습환경과 수업을 통합하는 것이 단순히 교과목 관점에서 정당화되는지 뿐만 아니라, 배움에 있어서 의미있는 기회 를 제공하는지 또한 확인해야 한다. 교육자들은 또한 학생들에게 있어서 이러한 경험을 하기 위해 드는 시간과 노력에 대해서도 고려해야 한다. 중 요한 것은, 교육자가 학생들의 가상세계 경험 관리와 관련된 기술적인 문 제들을 다루느라 교육 및 학습 목표가 뒷전이 되어서는 안 된다는 점이다 (p.20).

Savin-Baden(2008)에 따르면, 3D 가상학습환경이 사회적 상호작용과 관 련하여 많은 교육적 잠재력을 촉진한다는 사실은 널리 알려져 있다. 그러나

Hemmi, Bayne, 그리고 Land(2009)는 '정직'(자기 자신을 아바타로 표현하는 것)에 대해 이야기하며 주의를 주었는데, '대체적인' 정체성을 구성하는 것은 일부 학생들에게는 기만적이고 부정적으로 인식될 수 있으며, 심지어 도덕적으로 잘못된 것으로 여겨질 수 있다고 제안하였다.

8.8 결론

결론적으로 이 장에서는 이러닝이 특히 온라인으로 제공될 때 더 많은 사람들에게 교육의 기회를 제공하고 개인이 학습하는 데 유연성을 가지고 스스로 조절하며 학습할 수 있도록 한다는 것을 보았다. 그러나 이러닝은 또한 좀 더 전통적인 수업에 등록한 학생들에게도 더 높은 차원의 교육 수준을 전달할 수 있는 방법(예: 혼합된 학습형태)으로도 사용되고 있다. 이러한 혁신은 교사들에게 수업을 준비하는 방식뿐만 아니라 지속적인 전문성을 개발하도록 요구하기도 한다. 또한, 이러한 변화는 학생들이 다른 친구들 및 교사들과 소통하는 방식의 변화를 가져오기도 하며, 이는 적어도 학생들이 더 넓은 교육적 경험을 하도록 하게 한다. 따라서 지속적인 기술발전을 통해 이러닝이 고등 교육의 질을 높이고 참여의 장을 확대해 나가도록 의미있는 기여를 하도록 만드는 것은 합리적이라고 볼 수 있다.

토론 질문

1. 미디어 풍부성 이론은 수업 내용 및 자료가 수학공식과 같이 명확할 때보다 모호하고 해석에 개방적일 때 학습자가 더 풍부한 커뮤니케이션 미디어에서 혜택을 받을 것이라고 주장한다. 이러한 미디어 풍부성 이론은 당신의 학습 경험과 어느 정도 일치하는가?
2. Salmon의 5단계 이러닝 모델을 고려할 때, 당신의 교육 경험(온라인 혹은 대면)은

어느 단계와 관련이 있는가? 살몬의 모델에서 묘사한 단계들을 경험하였는가?

3. 만약 Second Life와 같은 3D 가상환경에서 학습하는 경우 그러한 공간에서 학습하는 것의 장점과 단점은 무엇인가? 교사의 아바타가 어떤 모습인지에 따라 당신의 학습에 영향을 주는가? 당신은 당신의 선생님의 아바타가 교사의 모습을 하고 있기를 얼마나 기대하며 그 이유는 무엇인가?

추천하는 읽을거리

Bayne, S. & Land, R. (2012). *Education in cyberspace*. London, UK:Routledge.

Childress, M. D. & Braswell, R. (2006). Using massively multiplayer online role-playing games for online learning. *Distance Education*, *27*(2), 187–196.

Petrakou, A. (2010). Interacting through avatars: Virtual worlds as a context for online education. *Computers & Education*, 54, 1020–1027.

Savin-Baden, M. (2008). From cognitive capability to social reform? Shifting perceptions of learning in immersive virtual worlds. *ALT-J*, *16*(3), 151–161.

Starkey, L. (2012). *Teaching and learning in the digital age*. London, UK: Routledge.

09

여가, 엔터테인먼트

새로운 디지털 기술로 인해 일반인들은 더 많은 여가 활동을 할 수 있게 되었을까, 아니면 오히려 그로 인해 더 많은 일을 하게 되었을까? 여행, 줄서기, 타인과의 소통 등 시간을 잡아먹던 많은 일상적인 일들이 이제는 온라인으로 처리가 가능해졌다(예: 은행 업무, 쇼핑). 이는 여가 활동 시간을 더 확보하는 데 도움이 된다는 것은 분명하지만, 인터넷은 우리가 여가를 추구할 수 있는 수단을 제공한다는 것에 더 의의가 있다. Rojek(1994)은 인터넷은 여가를 구상하는 공간이라고 했는데, 2006년 미국의 한 설문에서 40% 정도가 매일 인터넷 서핑을 한다고 응답한 것은 이를 뒷받침한다(Fallows, 2006).

이 장에서는 앞의 질문 중 일부에 대해 생각해보고 인터넷 및 관련 기술이 사람들의 여가 추구에 어떤 영향을 주었는지 살펴보고자 한다. 이를 위해 '여가'란 무엇이며, 이를 추구하는 동기는 무엇인가에 대해 정의하고 몇 가지 예를 들어 설명할 것이다. 다음으로는 통신의 변화하는 본질과 여가와의 관계에 대해 생각해 보고자 한다. 인터넷이 기존의 통신에 미치는 영향에 관해서도 살펴볼 것인데, 특히 '이동(displacement)'과 '참여(engagement)' 가설에 좀 더 주의를 기울일 것이다. 마지막으로, 트위터 및 유명인들의 트위터 사용과, 이것이 유명인의 트윗을 팔로우 하는 사람들과 유명인 트위터 사이의 인식된 관계에 미치는 영향에 대해서도 논의할 것이다.

9.1 여가란 무엇이며, 그것을 추구하는 동기는 무엇인가?

디지털 기술이 우리가 여가 시간을 사용하는 방식을 어떻게 변화시켰는지 살펴보기 전에, 여가에 대한 조작적 정의를 내릴 필요가 있다. Bregha(1985)는 여가는 자유의 가장 소중한 표현이라고 정의했는데, 좀 더 구체적으로 표현하면 진지한 활동과 가벼운 엔터테인먼트의 영역으로 나눌 수 있다. 진지한 활동으로서의 여가는 대개 헌신, 노력, 인내(예: 아마추어 연극 모임에 가입하거나 일요일 축구 리그의 일원이 되는 것)를 수반하는 반면, 가벼운 엔터테인먼트 형태의 여가는 수명이 짧고 훨씬 자발적이며 훈련이 거의 필요하지 않다는 특징을 가진다(Stevins, 2007). Nimrod(2010)에 따르면, 가벼운 여가 활동은 다음과 같은 유형의 활동으로 구성된다:

- 놀이(예: 예술 활동을 조금 해보는 정도. 진지한 여가 활동처럼 헌신적인 방식은 아님)
- 휴식
- 수동적 오락(예: TV 시청)
- 활동적 오락(예: 파티 게임)
- 사교적인 대화
- 감각 자극
- 일상적인 자원봉사
- 유산소 활동(예: 걷기, 춤)

사람들이 여가 활동에 참여하는 한 가지 동기는 특정한 신체적 또는 심리적 목표를 달성하는 것이다. 예컨대 건강을 유지하기 위해, 혹은 민첩하게 보이거나, 자신의 자존감을 높이기 위해 수영하는 것이다(Manfredo, Driver & Tarrant,

1996). 어떤 사람들은 양질의 경험을 위해 특정한 여가 활동을 추구하기도 한다. 다른 나라의 문화와 풍습을 경험하기 위해 여행하는 것이 그 예가 될 수 있다 (Manfredo et al., 1996). 한편, Ryan과 Gdle(1998)은 개인이 여가 활동을 통해 얻는 만족도의 결정요인을 네 가지 동기로 설명하고 있다. 첫 번째는 지적 자극 (예: 새로운 지식을 얻거나 다른 문화에서 새로운 아이디어를 발견하는 것)이며, 두 번째는 좀 더 사회적인 것으로 관계를 구축하거나 강화하는 것이다. 세 번째로 개인적인 도전을 추구하는 것인데, 자신이 그것을 할 수 있다는 것을 증명하기 위해서나 어떤 일에 얼마나 능숙한지를 확고히 하기 위해서 경쟁하는 것을 의미한다. 마지막으로 일상에서 지나치게 자극적인 상황을 피하거나 줄일 필요에 의해 동기 부여를 받는 경우도 있다.

또한 동기는 여가 활동에서 새로운 미디어를 사용하게 되는 과정에도 적용될 수 있다. Harris(2005; Brown, 2008 참조)가 지적한 바와 같이, 인터넷은 기존에 분리되어 있던 활동들 사이의 경계를 모호하게 하여 여가를 가상 공간으로 이동시키고 있으며, 그럼으로써 한때 사람들의 물리적 이동으로 특징지어졌던 이른바 '여가 풍경(Rowe, 2006)'은 옛말이 되고 있다(p. 324). 그래서 우리가 즐기는 여가와 그 동기가 무엇이든 간에 인터넷은 일상에서 여가 활동에 참여할 수 있는 많은 새로운 기회를 제공하고 있다.

제안활동

당신이 온라인상에서 하고 있는 여가 활동에 대해 생각해 보라. 이 장에서 설명한 여가의 범주에 따라 그것들을 어떻게 분류해 볼 수 있겠는가? 그 활동들은 오직 온라인에서만 이루어지는가? 만약 그렇다면 그 활동은 무엇이며, 인터넷상에서만 이루어진다고 생각하는 이유는 무엇인가?

9.2 온라인 가족 여가 활동

가족이 참여하는 온라인 여가 활동에 대한 연구는 제한적이다. 소셜 네트워크 게임은 소셜 네트워크 사이트(예: 페이스북)를 통해 이루어지는 온라인 게임이다. MMORPG와 다른 점은 일반적으로 턴제 게임플레이(예: 자신의 꿈의 농장을 창조, 건설, 육성하는 게임 'Farmville', 자신만의 판타지 왕국을 만드는 게임 'Castleville')를 포함한다는 점이다. Boudreau와 Consalvo(2014)는 이러한 형태의 가벼운 여가 활동이 가족 구성원들과 연락하기 위한 수단으로 사용되는지 여부와, 그렇다면 어떤 유형의 의사소통을 촉진하는지에 관심이 있었다. 즉, 가족 구성원들은 게임을 대화의 주제(소위 공유 관심사)로 사용하는지, 아니면 서로 연락을 유지하기 위한 수단으로 게임을 사용하는가 하는 것이었다. 이들은 온라인 설문지와 인터뷰(이메일 및 Skype를 통한)를 활용하여 다음과 같은 사실을 발견했다.

가족 구성원들 사이의 소셜 네트워크 게임의 목표가 서로 연락하기 위한 의도로 시작되진 않지만, 게임 행동을 통해 그들은 오직 서로를 지원하기 위한 목적 때문에 게임을 계속해야 한다는 의무감을 친구 사이에서보다 더 빈번하게 느꼈다. 게임 유저들은 자신의 가족 관계를 이용하여 게임플레이를 연장할 수 있었다. 아울러 게임플레이와 관련된 대화 주제는 종종 온-오프라인 상호작용을 거치면서 의사소통의 대안적인 주제로 확장되었고, 그 결과 가족 구성원 간 상호작용의 범위를 넓혔다(p. 1128).

반면 2009년 Playfish 웹사이트(영국 소셜 네트워킹 게임 개발사)에 소개된 이러한 입장도 있다.

우리는 소셜 네트워크 인프라를 사용하여 현실 세계의 친구, 가족과 함께 즐길 수 있는 게임을 만듭니다. 어떤 면에서 이는 게임의 근원으로 돌아가는 것입니다. 당신이 현실 세계에서 카드게임이나 보드게임, 볼링을 같이 하는 그 사람들과 함께 즐기는 것입니다. 게임은 친구들과 공유할 때 훨씬 더 재미있습니다(Rossi, 2009, p. 2).

소셜 네트워킹 게임의 주요 목표는 게임 내에서 자신의 지위를 높이기 위해 게임 기술을 숙달하는 것이 아니므로, 실력이 낮더라도 게임을 진행하는 데 있어 큰 어려움은 없다. 대신 게임에서 발전, 성장을 위해 친구들을 모아야 하는 경우가 종종 발생한다(Rossi, 2009). Wei, Yang, Adamic, de Araujo 및 Rekhi(2010)은 '소셜 게임에 참여하는 것은 친구를 모집하는 능력과 밀접한 관련이 있다'고 언급했다(p. 1).

9.3 노년층

온라인 엔터테인먼트에 관한 문헌들은 대개 젊은층에 초점을 맞추고 있는데, 노년층이 오락과 여가 활동을 위해 인터넷을 어떻게 사용하는가에 관한 흥미로운 연구도 일부 있다. Nimrod(2014)에 따르면, 여가 추구는 노년층이 인터넷을 사용하는 주요 기능 중 하나이며(Loges & Jung, 2001), 65세 이상 노인(Fox, 2004 참조)들은 인터넷을 사용하여 가계도 만들기, 사진 앨범 편집, 게임, 가상 취미 활동 등 다양한 여가 활동을 하고 있다(Opalinski, 2001). 또한 노인 온라인 커뮤니티(노인 대상임을 명시한 포럼)는 노인들을 위한 맞춤형 여가 활동을 제공한다(Nimrod, 2010). Nimrod(2011)는 이러한 공동체가 노인들에게 '놀이, 활동적인 오락, 사교적인 대화 등 독특한 형태의 여가'를 제공한다고 결론짓는다(p. 228). 이러한 커뮤니티는 비슷한 연령대의 다른 국가 사람들을 장소 제약 없이 만날 수 있다는 것이 주요한 매력으로 작용한다(Nimrod, 2014). 그 내용 중 일부를 소개하면,

이 커뮤니티들은 관계 문제나 죽음에 대한 두려움과 같은 매우 사적인 이슈부터 지구 온난화나 정치와 같은 공적인 영역까지 매우 다양한 주제에

대한 토론의 장을 제공하는 것으로 보인다. 주제는 매우 심각한 문제(예: 직원 착취)에서 아주 사소한 것(예: 농담)까지 다양하며, 노년층에 국한되는 주제도 일부 있지만(예: 고령화, 퇴직 권리), 대부분은 보편적이다. 글의 뉘앙스는 긍정적인 어조의 글이 좀 더 많으면서 전반적으로는 균형이 잡혀 있다. 커뮤니티 구성원들은 매우 부정적인 것(예: 슬픔, 분노, 비통)부터 매우 긍정적인 것(예: 행복, 재치)에 이르는 광범위한 감정을 표현할 수 있는 것으로 보인다(Nimrod, 2010, p. 389).

이러한 온라인 커뮤니티 구성원 중 사회적 활동이 적은 사람들—Nimrod(2010)는 이들을 'luker'라고 부른다—은 대개 텔레비전 시청과 같은 수동적인 오락거리 위주로 즐기는 것으로 보인다.

9.4 TECHNOFERENCE: 여가 시간 침해

제2장에서는 온라인 공간에서 관계가 어떻게 시작되고 발전하는지 살펴보았다. 커플들은 물리적으로 떨어져 있을 때(예: 회사 업무) 디지털 기술을 사용하여 연락을 유지할 수 있다. 인터넷 기술은 친밀한 관계에 있는 사람들이 떨어져 있을 때 서로 더 가깝게, 그래서 더 '연결되어 있다'고 느낄 수 있도록 도울 수 있다(Coyne, Stockdale, Busby, Iverson & Grant, 2011). 그러나 중요한 것은 동일한 기술이 커플들을 연결하는 데 도움이 되지 않을 때에는 오히려 그들의 관계에 방해가 된다고 인식될 수 있다는 것이다(예: 같이 하는 여가 활동). McDaniel과 Coyne(2014)은 이러한 침입이나 방해를 설명하기 위해 'technoference'라는 용어를 사용한다. McDaniel과 Coyne은 technoference에 대한 인식과 행복간에 부정적인 관계가 있음을 발견했다. 구체적으로 보면 technoference에 대해 더 많이 인식하는 사람들은 (디지털) 기술 사용 문제로 더 빈번한 갈등을 경험했으며, 관계와 삶의 만족도가 낮았으며, 더 우울하다고 보고했다.

9.5 통신

인터넷이 우리의 여가 활동에 미치는 영향을 더 깊이 이해하기 위해서는 기존의 전통적(인터넷 이전) 미디어와, 새로운 형태의 여가 활동에 있어 인터넷이 전통적 미디어를 대체한 정도를 함께 생각해 볼 필요가 있다. 이를 위해 우선 다양한 형태의 통신을 살펴보고자 한다.

역사적으로 볼 때 통신은 크게 두 가지 유형으로 나뉜다. 첫 번째 유형은 전신을 기원으로 하고 있으며, 전화가 대표적인 예라고 할 수 있다. 이 방식은 특정 개인과 메시지를 주고받는 상호작용은 가능하지만 중앙집중식 제어는 할 수 없다. 또한 점점 더 멀리 더 빠르게 발전하면서 면대면 통신의 확대가 이루어지고 있다. 두 번째 유형은 중앙집중식으로 개인을 대상으로 하지 않으며 상호작용을 위한 용도가 아니다. 이러한 방식의 대표적인 유형으로 라디오, 영화, TV 등이 있다.

Kayany와 Yelsma(2000)은 인터넷의 대표적 기능인 '연결성'을 두 가지로 설명한다. (1) 온라인 미디어(컴퓨터, 기타 휴대용 단말기) 기능으로 기존의 TV, 라디오 같은 미디어 장치 역할을 대신하는 것과, (2) 동기 통신(전화처럼 실시간 통신을 하는)과 기존의 우편을 대체하는 비동기 통신(예: 이메일, 블로그, 게시판)이 가능한 CMC 기능이다. 그런데 인터넷은 기존의 전통적인 '유형'의 통신에 모두 충족할 수 있다. 즉, 면대면(대상) 통신을 확장시키면서 동시에 대중 방송에도 사용될 수 있기 때문이다. 대중 방송을 위해서는 정보를 수신하고자 하는(웹 주소에 접속하는) '잠재적' 시청자만 있으면 된다(Robinson, Kestnbum, Neustadtl & Alvarez, 2000). 그래서 인터넷은 이 두 가지 광범위한 통신 유형을 즉각적으로 사용할 수 있는 전 세계적으로 강력한 도구가 되었다.

인터넷에서 보내는 여가 시간이 우리가 물리적 세계에서 다른 형태의 엔터테인먼트에 사용하는 모든 시간(예: 텔레비전 시청, 라디오 청취)을 대체하지는 않는다. Kayany와 Yelsma(2000)는 오늘날의 가정은 대개 여러 대의 텔레비전과, 라디오, 휴대전화, 컴퓨터, 게임 콘솔 등 다양한 기기를 갖추고 있는, 이른바 기술적으로 복잡한 환경(Silverstone(1991)이 '가족 내 사회기술 시스템'으로 언급한)이라고 주장한다. 이를 뒷받침하는 근거로 Berger(2006)는 평범한 미국인이 소비자 매체를 사용하는 데 매일 9.2시간을 소비한다고 보고했고, Rideout, Foehr and Roberts(2010)는 미국의 어린이와 청소년이 일주일에 약 53시간(하루에 대략 7.5시간)을 텔레비전 및 영화 시청, 신문과 잡지 구독, 음악 감상, 컴퓨터 게임, 인터넷에 사용한다고 보고했는데, 이는 인터넷과 휴대전화를 통해 TV에 접속하는 것을 포함해 TV 시청에만 초점을 맞춘다면 미국 정규직의 주당 근무 시간과 동등하다(Comstock & Scharrer, 2007). Ofcom(2014)은 영국에서는 성인의 83%가 장소와 기기 유형에 무관하게 온라인에 접속한다고 발표했다. 아울러 가장 하고 싶은 미디어 활동을 묻는 질문에 대해 성인의 42%는 TV 시청이라고 답했으며, 다음으로 스마트폰 사용(22%), 컴퓨터 사용(15%) 순으로 나타났다. 반면에 같은 질문에 대해 16~24세 연령에서 TV 시청으로 응답한 비율은 13%에 그쳤고, 스마트폰이라고 응답한 비율은 47%로 가장 높았다. 사실상 16세에서 24세 사이의 청소년 중 71%는 온라인 기기를 사용해 TV를 시청한다고 보고했는데, Cha(2013)에 따르면 미국의 성인들은 인터넷을 TV보다 더 필수적인 매체로 간주했다. 2008~2009년 미국의 TV 광고 수익은 21.2% 감소한 반면, 비슷한 기간 동안 온라인 광고 수익은 8.3% 증가했다.

엔터테인먼트/여가와 정보가 온라인 미디어의 두 가지 기능이라는 점을 고려할 때(Kraut et al., 1998), 이 기술의 통합으로 요즘 가족이 상호작용하는 가정 환경의 매개변수를 잘 설정함으로써 특정 가족 내 사회기술 시스템의 특성을 정의하는 데 활용할 수 있다. 이 시스템에 새로운 형태의 미디어(이 경우, 온라인) 도입은 과거 미디어의 역할/기능 및 가족 관계(예: 중요성)를 재구성하여 통합을 야기한다. 이러한 온라인 기기 중 하나의 통합은 면대면 커뮤니케이션을 포함해 다른 활동을 종종 대체하게 된다. 결과적으로 새로운 매체가 가정에 통합됨에 따라 시간/기능 대체 효과가 발생할 수 있다.

9.6 시간 및 기능 대체 효과

개인이 미디어 기기를 사용하는 시간이 한정되어 있음을 고려할 때, 신문, 라디오, 텔레비전, 인터넷 등 특정한 하나의 미디어 활동에 참여할 수 있는 시간은 한계가 있다. 미디어 기기 사용에 있어 제로섬 관계를 가정해 보면, 어떤 사람이 새로운 미디어 활동을 시작하는 경우 기존의 다른 활동 중 하나 이상에서 시간 결손이 발생할 것이다. 제로섬 관계(zero-sum relation)에서는 하나의 장치(예: 텔레비전)에 소비되는 시간의 증가가 다른 장치(라디오)에 소비되는 시간의 결손을 발생시키며, 그에 따른 전체 참여의 양에는 변화가 발생하지 않는다. 시간이 흐르면서 라디오 청취는 TV 시청으로 대체되었는데, 과거에 라디오를 4시간씩 듣던 사람은 이제 라디오는 1시간만 듣고 나머지 3시간은 TV 시청에 할애한다. 미디어 연구에서 '대체 가설'(Neuman, 1991)은 한 미디어 기술의 사용 및 관련 활동의 증가는 다른 미디어 기술의 사용 감소로 이어지는 대칭(증가-감소) 관계를 예측한다(Kayany & Yelsma, 2000).

Himmelweit, Oppenheim 및 Vince(1958)는 신구 미디어가 동일한 기능을 수행할 때 오래된 미디어는 새로운 것으로 대체될 가능성이 높다고 주장한 최초의 사람들 중 하나이다. 예를 들어, 드라마를 통해 재미를 얻고자 할 때 이는 라디오나 텔레비전을 통해 가능하다. 이 경우 이들 미디어 각각은 동일한 기능을 한다고 볼 수 있다. 하지만 많은 사람들에게 있어 텔레비전 드라마로 즐거움을 얻는 것은 라디오 드라마를 대체할 가능성이 있다. 같은 맥락에서 Kayany and Yelsma(2000)는 새로운 미디어가 오래된 미디어와 동일한 기능을 가지는 경우 이들은 사람들의 요구를 충족시키기 위해 서로 경쟁한다고 주장했다. 기능 대체는 새로운 매체가 이전의 매체에 의해 충족되었던 사람들의 요구를 더 잘 충족시킬 때 발생한다. 역사적으로 이러한 현상은 텔레비전의 등장에서 확인된다. 라디오, 영화, 소설과 같은 매체에 사용되던 시간은 텔레비전 시청 시간으로 대체되었다(McQuail, 1994; Robinson, 1972; Weiss, 1969; Wright, 1986). 그렇다면 새로운 기술인 인터넷은 다른 전통적인 미디어에 소비되는 시간(예: 텔레비전 및 영화 시청, 전화 통화)을 대체하고 있는 것일까? 아니면 단지 이러한 활동을 위한 보다 현대적인 수단을 제공하는 것인가? (예: 온라인으로 텔레비전과 영화 시청, 스카이프를 통해 의사소통)

Neuman(1991)은 대체 효과는 다음의 네 가지 원칙에 따라 결정된다고 주장한다.

1. **기능적 유사성**: 두 기기가 유사한 활동(본질적으로는 동일한 기능)이 가능하지만 한 기기가 활동에 대한 효율성이 낮은 경우, 덜 효율적인 기기는 더 효율적인 기기로 대체될 가능성이 있다(예: 만화영화가 만화책을 대체).

2. **물리적, 심리적 근접성**: 두 활동이 유사한 공간(물리적 요소)에서 발생하지만 하나가 만족도가 낮은 경우(심리적 요소), 그 활동은 대체될 가능성이 있다(예: 아이들이 집에서 텔레비전, 숙제 및 집안일 모두를 할 수 있는 상황이 되면, 대부분은 TV 시청을 선호한다).

3. **일상의 사소한 활동들**: 이러한 활동은 대체될 가능성이 높지만 구조화된 활동은 그렇지 않다(예: 자유 활동은 새로운 미디어에 의해 대체될 가능성이 높지만 숙제는 대체되지 않음).

4. **전환**: 새로운 요구를 충족시키지 못하고 적응에 실패한 활동이나 기기는 대체될 가능성이 있다(예: 라디오와 같은 오래된 미디어가 TV로 대체되지 않고 살아남기 위해서는 보다 전문화될 필요가 있음. 예를 들면 재즈나 클래식 콘서트와 같이 TV에서 제공되지 않는 프로그램을 편성하여 특정 집단의 사람들에게 어필).

이러한 네 가지 원칙을 고려해보면, 기능 유사성 가설은 인터넷과 같이 대중적인 매체가 동일한 기능을 가진 기존의 매체를 대체할 것임을 예측하고 있다 (Robinson, 2011). Cole 등(2001)과 Nie 및 Erbring(2002)이 수행한 연구 결과는 이러한 예측을 지지하고 있다. 또한 James, Wotring 및 Forrest(1995)는 컴퓨터 게시판에서 보내는 시간과 텔레비전, 전화, 책과 같은 다른 매체에서 보내는 시간 사이에 부정적인 상관관계가 있다고 보고했다. Lee, Tan 및 Hameed(2006)는 인터넷 사용과 세 가지 전통적인 미디어 활동(TV 시청, 라디오 청취, 신문 읽기)간 관계에 관심이 있었는데, 이들은 위의 네 가지 대체 원칙을 적용한다면 인터넷 사용 증가에 따른 주요 피해는 텔레비전이 입게 될 것으로 추측했다. 그 근거로 인터넷은 텔레비전과 동일하게 즐거움과 정보를 제공하면서 거기에 덧붙여 상호작용, 대인관계, 비동기성도 가능하기 때문이다. 게다가, 텔레비전과 인터넷은 집안에서 종종 동일한 물리적 공간에 함께 있기 때문에 사람들의 관심을 끄는 데 있어 직접적인 경쟁을 할 수밖에 없다(Lee et al., 2006, p. 304). 그리고 Lee 등은 신문이 텔레비전과 비교했을 때, '신뢰성과 휴대성' 때문에 더 오래 지속될 것으로 추측했다(p. 304). 라디오의 경우 운전, 요리, 조깅, 심지어 인터넷 서핑과 같은 많은 활동과 병행이 가능하기 때문에 대체될 가능성이 상대적으로 적을 것으로 보았다(p. 304). 소비자가 인터넷으로 블로그를 읽으면서 라디오를 듣는 것은 그리 드문 일이 아니다(Cha, 2013). 그래서 Lee 등은 매체 간에 기능적 유사성이 존재하더라도 실제 상황은 가설에서 가정하고 있는 것보다 더 복잡하므로 대체가 필연적으로 발생하는 것은 아님을 인정했다(Anderson, 2008; Gershuny, 2003). 특히, '참여 가설'은 인터넷이 전통 매체 사용을 촉진하는 것과 같은 두 매체 간의 긍정적 관계를 예측한다(Lee & Kuo, 2001; Mutz, Roberts & Van Vuuren, 1993). 우리는 신문에서 기사를 읽은 후, 호기심이 생겨 인터넷 서핑을 통해 더 많은 것을 알아보기로 결정할 수도 있다. 이처럼 한 활동에 소비된 시간은 다른 활동을 자극할 수 있다(Lee et al., 2006, p. 305; Robinson, Barth & Kohut, 1997; Robinson et al., 2000; Robinson & Kestnbum, 1999; Vyas, Singh & Babhra, 2007). 대체 효과를 뒷받침하는 증거와는 대조적으로, 기능적으로 동등한 매체가 등장하면(예: CMC), 이들 매체와 인쇄물 매체 사이에는 (상호)보완적인 관계가 나타난다는 여러 연구결과도 있다(Dimmick, Kline & Stafford, 2000; Lin, 2001; Robinson et al., 1997; Schramm, Lyle & Parker, 1961).

또한 Lee 등(2006)은 인터넷을 시간 관리 도구로 보고, 인터넷의 효율성 덕분에 다른 일을 할 수 있는 시간을 만들 수 있다고 주장한다(Nie & Hillygus, 2002). 실제로 Kayany & Yelsma(2000)는 참가자들이 온라인에서 보낸 시간과,

정보 및 엔터테인먼트에 대한 온라인 미디어의 중요성 평가 사이의 상관관계를 보고했다. Lee 등(2006)의 연구 역시 전통적인 미디어(텔레비전, 라디오, 신문)의 사용이 실제로 정적인 상관—이러한 활동에 더 많이 참여할수록 다른 활동에 더 많이 참여할 가능성이 높다는 의미—이 있으므로, 인터넷이 다른 미디어를 대체한다는 주장에 대한 지지를 찾지 못했다. Robinson 등(2000)은 pc나 인터넷의 사용은 텔레비전과 같은 시간—대체 기술보다는 전화와 같은 시간-강화 가전제품의 사용 방법과 더 유사할 수 있다고 보았다. 미국에서 이루어진 국가 단위 연구들에 대한 메타분석(Robinson, 2011) 결과와 마찬가지로 인터넷이 강력한 통신 및 엔터테인먼트 매체가 되었다고 결론을 내릴 수는 있다. 다만 인구 통계학적으로 볼 때 10대와 젊은이들이 전통적 대중 매체에서 SNS로 이동하고 있는 것으로 보고되고 있지만, 그것이 다른 (구형) 매체의 사용 감소 때문이라고만 볼 수는 없다(Li & Bernoff, 2011; Solis, 2011).

제안활동

여가 활동에서 인터넷 기기를 어떻게 사용하고 있는지 생각해보라. 기존 미디어(텔레비전, 라디오, 신문 등)와 동일한 목적을 위해 사용하는가?

심리학자들과 보건 전문가들은 우리가 하고 있는 것처럼 멀티태스킹을 하는 것이 얼마나 건강한 방식인가에 대해 의문을 제기하기 시작했다. 이는 가디언지에 '현대 세계가 당신의 뇌에 나쁜 이유'라는 제목의 기사에서 다음과 같이 설명되어 있다:

우리의 스마트폰은 스위스 군용 나이프가 되었다. 마치 사전, 계산기, 웹 브라우저, 이메일, 게임 보이, 약속 달력, 음성 녹음기, 기타 튜너, 기상 캐스터, GPS, 문자, 트위터, 페이스북 업데이터, 손전등이 포함된 가전제품처럼. 지금의 스마트폰은 30년 전 IBM 본사에서 가장 우수한 컴퓨터보다 더 강력하고 더 많은 일을 할 수 있다. 그리고 우리는 틈만 나면 스마트폰을 사용한다. 걸어가면서 문자를 보내고, 줄을 서서 이메일을 확인하며, 친구들과 점심을 먹는 중에도 다른 친구들은 무엇을 하고 있는지 슬쩍슬쩍 확인한다. 안락한 집 주방에서도 우리는 스마트폰으로 도시 양봉에 관한 팟캐스트를 들으면서 쇼핑 목록을 작성한다.

하지만 멀티태스킹을 하면서 우리는 여러 가지 일을 동시에 하고 있다고 생각하는데, 이것은 강력하며 끔찍한 환상임을 잊지 말아야 한다. MIT 신경과학자이며 주의력 분산에 대한 세계적 전문가인 Earl Miller는 다음과 같이 언급했다. "우리의 뇌는 멀티태스킹에 매우 적합하게 연결되어 있지는 않다. 사람들이 자신이 멀티태스킹을 하고 있다고 생각할 때, 실제로 일어나는 일은 한 작업에서 다른 작업으로 매우 빠르게 전환을 하고 있을 뿐이다. 그리고 그러한 작업은 인지적 대가를 요구한다." 그래서 우리는 전문 저글러처럼 많은 공을 공중에 띄운 채 저글링을 계속할 수는 없다. 그보다는 제대로 돌리기는커녕 접시가 떨어질새라 갈팡질팡하는 서투른 접시돌리기 아마추어에 더 가깝다. 우리는 많은 일을 하고 있다고 생각하지만, 아이러니하게도 멀티태스킹은 우리의 효율성을 현저히 떨어뜨린다.

멀티태스킹은 아드레날린, 코르티솔 분비를 증가시키는데, 투쟁-도피 호르몬으로도 불리는 아드레날린은 뇌를 과도하게 자극하여 정신을 흐리게 하거나 혼란스러운 사고를 유발할 수 있으며, 코르티솔은 우리가 스트레스를 받을 때 분비된다. 또한 멀티태스킹은 도파민 중독 피드백 루프를 만들 수 있는데, 그렇게 되면 뇌는 초점을 잃고 보상을 받을 수 있는 외부 자극을 계속해서 찾게 된다(Levitin, 2015).

마지막으로 대중에게 유명인사의 소식을 전파하는 트위터(인기 SNS)의 역할과 엔터테인먼트 매체로서의 영향력, 이 매체를 통해 발생하는 유명인과 팬과의 관계에 대해 생각해 보고자 한다.

9.7 트위터

트위터는 사람들이 다른 사람들의 네트워크에 140 글자의 글을 게시할 수 있게 해주는 마이크로 블로그 사이트이다. 이 사이트는 2006년에 시작되어 2010년 말에는 1억 7,500만명 이상의 사용자를 보유하고 있는 것으로 알려져 있다(Hargittai & Litt, 2011). 메시지는 빈정대는 말에서 반영적 성찰, 불만에서 지지, 일상의 사소한 뉴스에서 속보에 이르기까지 다양하다(Marwick & boyd, 2010). 트윗은 이처럼 다양한 콘텐츠뿐만 아니라 대상 독자 측면에서도 매우 다양할 수 있다. 일부 트윗은 단순히 개인을 위한 것일 수 있다. 이와는 대조적으로 많은 사람들이 트윗을 '팔로우' 함으로써 부수적인 청중으로 행동할 수도 있는데, 이 경우 트윗은 더 많은 청중에게 정보를 전파하기 위한 의도를 가지고 사용되므로 마케팅 도구로 보아야 한다(Stever & Lawson, 2013). 그러나 더 높은 수준의 상호성, 접근 및 정보 공유가 가능한 다른 SNS(예: Facebook, Myspace)와 달리 트위터는 상호 팔로우를 요구하지 않는다. 때문에 상호작용에 대한 기술적인 필요나 그에 대한 사회적인 기대도 거의 없다. 자신의 트윗을 팔로우하지 않는 누군가의 트윗을 팔로우하는 것이 일반적이다(Greenwood, 2013). Marwick과 boyd(2010)가 언급한 바와 같이, 트위터에서 팔로워와 팔로우 사이에는 단절이 있다(예: 2016년 5월 기준 가수 겸 작곡가 John Mayer는 78만 5천 명의 사용자가 팔로우하고 있지만, John Mayer가 팔로우하는 트윗은 80개다). Jin 및 Phua(2014)에 따르면 트위터에서 자신의 팔로워가 많을수록 인식되는 사회적 영향력은 더 크다.

> 트위터에서 '트렌딩'(다른 것보다 더 높은 비율로 태그되는 문구나 주제)이 되는 것이 어떤 영화가 박스 오피스에 오르거나, 어떤 노래가 빌보드 차트 싱글에 랭크되는 것과 동등한 가치를 가진다는 것은 우연이 아니다. 트위터는 사회적 자본의 한 형태로 활용될 수 있다(Jin and Phua, 2014, p. 182).

2016년 5월, 팝 음악 유명인 Katy Perry와 Justin Bieber가 각각 8,900만명,

8,200만명의 팔로워로 트위터 탑 100 팔로워 목록에서 상위 1, 2위를 차지했다. 4위는 Barack Obama 미국 대통령(7,500만명)이었고, 가장 높은 순위의 운동선수는 레알 마드리드의 Cristiano Ronaldo(4,200만명으로 14위)였다. 이에 비해 CNN Breaking News, New York Times, BBC Breaking News의 팔로워 수는 각각 3900만 명, 2800만 명, 2200만 명으로 훨씬 적었다(Twitter Counter, 2016).

이러한 비대칭적 관계의 가능성을 고려할 때, 트위터를 사용하는 주요한 동기가 유명인에 대한 관심과, 인식된 접근이라고 제안한 연구가 있다. 예를 들어, Hargittai와 Litt(2011)는 그들이 조사한 젊은 성인 표본 집단에서 유명인과 연예 뉴스에 대한 관심이 트위터 사용의 유의한 예측 변수라는 것을 발견했다. 트위터는 사용자들로 하여금 '약한 유대 관계'(Granoverter, 1973)나 느슨한 사회적 연결망을 축적할 수 있도록 한다. 이는 팔로워들에게 새로운 정보나 아이디어를 퍼뜨리는 데 도움을 줄 뿐만 아니라, 유명인이나 공인들을 팔로워하는 사람들에게 오프라인 추종자들에게는 공개되지 않을 사회적 자원에 접근할 수 있는 연결망을 제공하는 기능을 한다(Jin & Phua, 2014).

유명인의 관점에서 트위터는 사적인 연락처에 접근할 필요 없이 팬들과 개인적인 대화를 나눌 수 있는 좋은 매체를 제공한다. Stever 및 Lawson(2013)는 트위터가 상호주의를 의무화하지 않고 사적인 대화를 허용한다는 것에 대해 중요하고 매력적인 특징으로 보았다. 그들은 다음과 같이 언급했다.

팬들은 유명인이 자신의 개인 페이지나 사이트에 대한 접근 권한을 부여할 필요 없이 그들에게 메시지를 보낼 수 있다. 같은 방식으로 유명인도 팬의 페이지에 가입하거나 공식적인 연결 절차를 거치지 않고 팬에게 답할 수 있다. 만약 팬이 부적절하다면, 유명인은 그 팬을 차단할 수 있다. 유명인은 팬들이 보낸 트윗을 읽거나 읽지 않는 것을 선택할 수 있으며, 팬들은 유명인이 답장하지 않는 한 자신이 보낸 메시지가 읽혔는지 여부를 알 수 없다(p. 340).

유명인들이 팬들에게 먼저 다가가기 위한 방법으로 트위터에서 팬들과 소통하는 방식은 그 유명인과 팬들의 관계를 더 '진짜'처럼 보이게 한다. 예를 들어, 유명인들은 그들이 가장 좋아하는 것이나 싫어하는 것, 심지어 다른 곳에서 쉽게 볼 수 없거나 무척 사소한 정보를 제공하는 정도까지 트윗을 할 수 있다. 이 정도 수준의 사소함과 자연스러움은 팬들로 하여금 유명인이 그 순간을 있는 그대로 공유함으로써 마치 자신이 유명인과 함께 '거기에 있는 것' 같은 경험을 제공할 수 있다(Stever & Lawson, 2013). 또한 일부 유명인들은 특정 주제—아마도 세계 도처의 소식—에 대한 자신의 견해를 표현하는 방법을 통해 롤모델로 영향력을 행사하기 위해 이 매체를 사용할 수도 있다. Greenwood(2013)는 트위터가 비대칭적인 방식임에도 불구하고 팔로워들로 하여금 유명인과 관계를 맺는 것이 그들에게 높은 자존감이나 사회적 가치감을 줄 수 있다고 추측한다. 그러한 관계는 '준사회적 상호작용'의 특징이다.

준사회적 상호작용 현상(Horton & Wohl, 1956)은 미디어 사용자와 유명인 사이의 관계를 묘사하는 것으로, 미디어 사용자와 유명인사 간의 상호작용(예: 트위터)이 준사회적 관계—미디어 인물과의 일방적이고 상상적인 사회적 관계에 기초한 친밀감의 환상(Rubin & McHugh, 1987)—를 유도할 수 있다는 생각에 기초한다. 이런 경험을 하는 사용자는 자신이 그 유명인과 실제로 사회적 관계에 있는 것처럼 그 사람에게 반응한다(Giles, 2002). Greenwood(2013)에 따르면, 트위터는 일반인 트위터 중 Marwick and boyd(2011)가 소위 'microcelebrity'라고 부르는 존재의 등장을 독려하고 있다. 이는 실제 유명인들이 트위터에 소셜 미디어를 가지고 있는 데서 비롯되는 것으로 보이며, 비유명인들은 실제 유명인들과 같은 매체를 사용하고 있음으로 인해, 이전에는 알려지지 않았던 이들이 일종의 연예인 지위를 획득하는 것 같다. 이처럼 유명인이 아닌 트위터 사용자들은 트위터의 청중을 구성하고 있는 다양한 사람들에게 그들 자신을 매력적인 개인 브랜드로 마케팅하여 지위와 팔로워를 얻을 수 있다.

9.8 결론

인터넷은 두 가지 측면에서 우리의 여가 추구에 중요한 영향을 미치고 있다. 하나는 시간 관리 도구로 인터넷을 사용하면서 전보다 더 많은 시간을 여가에 사용할 수 있게 되었다는 것이고, 다른 측면은 사람들이 여가와 엔터테인먼트를 추구하는 방식을 변화시키고 있다는 것이다. 이러한 견해를 뒷받침하기 위해, 우리는 여가에 대한 조작적 정의를 내리는 것에서부터 이 챕터를 시작했다. 여가는 다양한 형태로 구성되는데, 크게는 진지한 방식과 가벼운 여가 추구의 두 가지로 나눌 수 있다. 다음으로 여가에 참여하는 수단으로서의 인터넷이 다양한 집단의 사람들에게 이익이 될 수 있는 방법에 대해 논의했다. 그 예로 소셜 미디어를 활용한 온라인 게임이 가족 구성원들이 서로 연락하는 것을 도울 수 있다는 것을 보여주는 연구를 살펴보았다. 그리고 노인 사용자들을 위한 인터넷의 주요 기능 중 하나가 여가 활동을 추구하는 것이며, 특히 커뮤니티 노인들을 위해 고안된 온라인 포럼에서의 활용방안을 살펴보았다. 또한 우리가 온라인에서 여가와 엔터테인먼트를 위해 얼마나 많은 시간을 소비하고 있으며, 이것이 실제 세계에서 같은 목적으로 소비하는 시간과 어떻게 비교되는지도 생각해보았다. 다음으로 대체와 참여 가설을 검토했고, 많은 사람들이 여가 추구의 목적으로 사용하는 매체를 새로운 것으로 대체하기 보다는 인터넷과 다른 공간 모두에서 여러 가지 매체를 사용하여 엔터테인먼트를 멀티태스킹한다는 것을 배웠다. 하지만 이런 방식의 결합이 심리적 측면에서 건강한 방법인가에 대해서는 의문을 제기했다. 마지막 섹션에서는 트위터가 어떻게 엔터테인먼트의 소재로 사용되어져 왔고, 팬들과 연예인들 사이의 관계-아마 일부 팬(혹은 트위터 팔로워)들에게 소위 준사회적 관계를 조장하는-에 어떤 영향을 주었는지에 대해 논의했다. 또한 트위터를 통해 일반인들이 특정 유형의 유명인 지위를 어떻게 획득할 수 있는가를 살펴보았다.

토론 질문

1. 인터넷과 관련 기술은 여가 추구에 어떤 영향을 미쳤는가?
2. 'technoference'라는 용어의 관점에서 볼 때 인터넷과 관련 기술은 당신의 인간관계에 도움이 되는가 아니면 방해하는가?
3. 대체 및 참여 가설을 통해 예측할 수 있는 것은 무엇이며, 인터넷 및 관련 기술은 이 가설을 어떤 방식으로 지지하거나 반박할 것 같은가?
4. 트위터는 어떤 방식으로 팬들(또는 팔로워)이 유명인사와 더 가깝게 느낄 수 있게 하는가? 어떤 의미로 이는 준사회적 관계를 나타내는 것인가?

추천하는 읽을거리

Berger, A. A. (2006). *Media and society: A critical perspective*. Lanham, MD: Rowman & Littlefield.

Comstock, G. & Scharrer, E. (2007). *Media and the American child*. San Diego, CA: Elsevier.

Robinson, J. P. (2011). IT use and leisure time displacement. *Information, Communication & Society, 14*(4), 495–509.

Stever, G. S. & Lawson, K. (2013). Twitter as a way for celebrities to communicate with fans: Implications for the study of parasocial interaction. *North American Journal of Psychology, 15*(2), 339–354.

10

온라인 게임 및 도박

9장에서 우리는 인터넷이 우리의 여가와 오락 시간을 어떻게 변화시켰는지 논의했다. 이 장에서는 게임과 도박, 이 두 가지 형태의 오락을 더 자세히 살펴 볼 것이다. 온라인 게임과 도박은 수많은 심리학 연구의 관심을 받아 왔다. 연구들의 주요 관심사는 인터넷 게임 중독에 대한 것과 공격적인 게임을 하는 것이 공격적인 행동으로 이어지는지에 대한 여부였다. 인터넷 중독과 관련하여, 현재까지의 연구는 어떤 사람들은 특정한 온라인 문제를 가지고 있는 반면, 어떤 사람들은 오프라인의 중독 활동(예: 도박 중독, 성중독)을 수행하기 위해 인터넷을 사용한다는 것이다. 학자들은 이것들이 그 자체로 인터넷 중독으로 분류되어야 하는지 아니면 문제가 있는 행동으로 분류되어야 하는지에 대해 아직 합의하지 않았다. 또한 연구자들은 비디오 게임의 효과에 대해서도 합의하지 않았다. 이 장에서는 주요 연구의 일부를 요약하고, 미디어와 공격적 행동 사이의 연관성을 살펴보기 위해 개발된 주요 이론들을 제시할 것이다. 또한 비디오 게임에서 금기된 활동을 하는 것이 주는 심리적 영향을 확인할 것이다. 마지막으로, 게임을 통해 얻을 수 있는 기술의 유형을 살펴볼 것이다.

10.1 인터넷 중독

1990년대 중반, Ivan은 '인터넷 중독 장애(Internet addiction disorder)'라는 용어를 만들어냈지만, 그는 원래 이 개념을 진지하게 다루지 않았다. 그는 인터넷에 대한 환상과 과도한 인터넷 사용으로 인해 중요한 사회적 또는 직업적 활동을 포기하는 것과 같은 증상들을 상세히 설명하였다. 그는 자신이 만들어낸 용어를 가볍게 여겼으며, 중독 장애에 대한 패러디 정도로 생각했다. 그의 의도에도 불구하고, 사람들은 그의 생각을 진지하게 받아들였고 그 결과 그는 인터넷 중독 장애를 앓고 있다고 주장하는 사람들로부터 수많은 이메일을 받았다. 이후, 많은 학자들은 이것이 실제 장애인지 여부를 조사하고 과도한 인터넷 사용과 관련된 문제 행동을 가진 사람들을 위한 치료 프로그램을 고안하기 위해 이 주제에 대한 이론적이고 경험적인 연구를 수행했다.

1990년대 후반, Kimberly Young(1998)은 인터넷 중독의 문제점을 상세히 고찰한 '인터넷 중독증(Caught in the Net: How to Recognize the Signs of Internet Addiction and a Winning Strategy for Recovery; 김현수 역)'이라는 책을 출간했다. 그녀는 인터넷 중독의 예라고 생각하는 수많은 사례 연구를 보고했다. 또한 Young은 인터넷 중독을 진단하는 도구를 개발했는데, 이는 병적 도박에 대한 DSM-IV에 사용된 기준을 적용한 것이다. 일주일에 평균 38시간 동안 놀이 활동을 위해 온라인에 머무는 것은 인터넷 중독의 가장 중요한 증거로 간주되었다. (최근에는 이것이 정상적인 행동으로 이해될 수 있지만 말이다.) 또한, Young은 5가지 인터넷 중독 유형을 확인했다. 그것은 '사이버 성중독(음란 채팅 등)', '사이버 관계 중독(온라인 관계 중시, 불륜 등)', '온라인 도박, 경매 또는 다양한 형태의 거래에 대한 강박', '강박적인 웹 서핑', '온라인 게임 또는 컴퓨터 프로그래밍에 대한 중독'이다.

Young은 '접근성(accessibility)', '조절(control)' 및 '탈출(escape)'이 인터넷 중독의 발전에 어떻게 중요한 역할을 하는지 설명하기 위해 ACE 모델을 개발했다 (예: Young, Pistner, O'Mara & Buchanan, 1999). ACE 모델에 따르면, 성적인 자극

을 찾거나 도박을 하거나 게임을 할 장소를 찾는 사람들이 그것의 독특성 때문에 인터넷에 끌릴 가능성이 있다고 한다. Young이 생각한 인터넷의 독특성이란, 인터넷이 일상생활에서 어느 정도 벗어날 수 있도록 해준다는 것이다.

Young의 연구에는 몇 가지 문제가 있다. 첫째로, ACE 모델은 문제가 인터넷에 중독된 개인에게 있는 것이 아니라, 인터넷 자체에 있다는 것을 암시한다. 둘째, Griffiths(1999, 2000a, 2000b)는 많은 과도한 사용자들이 반드시 '인터넷 중독자'는 아니라고 주장하였다. 그는 많은 경우에 도박 중독자, 성 중독자 등이 단순히 인터넷을 그들의 중독적인 행동에 관여하는 장소로 사용하고 있다고 하였다.

Griffiths(1998, 2000a, 2000b)는 Young의 진단 기준에 대한 대안으로, 인터넷 중독을 고려할 때, 연구자들은 전통적 중독의 6가지 핵심 요소를 고려해야 한다고 주장했다. 즉, 현저성(salience), 기분 변화(mood modification), 내성(tolerance), 금단(withdrawal), 갈등(conflict) 및 재발(relapse)을 고려해야 한다고 주장했다. 그러나 Grohol(1998)은 Griffiths의 인터넷 중독 진단 제안에 대해 '텔레비전 시청, 라디오 청취, 다림질, 온라인 접속, 독서, 바느질, 운동 등 그러한 기준을 고려할 때 어떤 행동도 중독으로 볼 수 있다'고 비판했다(p. 396).

인터넷 중독의 개념 자체가 비판을 받아왔고, 일부는 인터넷 중독이란 개념을 완전히 버릴 필요가 있다고 주장하고 있다(Starcevic, 2013). 예를 들어, 인터넷은 단순히 다른 중독을 부추기는 매개체라는 것이다(Griffiths, 2000a, 2000b). Starcevic는 다음과 같은 강력한 주장을 했다.

비록 인터넷 중독이 널리 사용되는 용어가 되었지만, 그것은 잘못된 명칭이고 버려져야 한다. 이는 용어의 개념적 이질성 때문이며, '전달 메커니즘'에 중독되거나, 더 정확히 말하면 어떤 것을 성취하기 위한 매체, 목적을 위한 수단 또는 수단에 중독되기 때문이다. 따라서 '인터넷 중독'은 카지노에서 도박중독을 표현하기 위해 '카지노 중독'이라고 부르는 수준의 용어이다(p.17).

그는 계속 다음과 같이 주장했다.

만약 인터넷의 중독적인 사용이 실제로 존재한다고 가정한다면, 중독은 실제로 인터넷 자체가 아닌 해당 활동과 관련이 있을 것이다. 이러한 활동들은 꽤 다양하며 게임, 도박, 포르노 시청, 쇼핑, 채팅, 메시지 보내기 등을 포함한다. 비록 사람들은 인터넷을 통해서만 이러한 다른 중독들 중 일부를 발전시킬 수 있지만, 그것이 인터넷 중독이라는 용어를 정당화하지는 않는다 (p.17).

Starcevic의 주장은 그 분야의 다른 사람들의 주장(예: Griffiths, 2000a, 2000b)처럼 중요한 것이지만, 아직까지 인터넷 중독 자체가 실제 장애인지 또는 인터넷이 가능한 개인 중독이 다음과 같은 연구 조사의 초점이 되어야 하는지를 이해하기 위해서는 훨씬 더 많은 연구가 필요하다. 이 장은 이제 온라인 중독의 잠재적인 유형으로 간주되어 온 두 가지 유형의 중독 즉, 도박과 게임에 대해 고찰하고자 한다.

10.2 인터넷 도박 중독

인터넷 도박은 대중적인 활동이며 일부 사람들에게는 실제 세계에서 행해지는 도박보다 잠재적으로 더 큰 문제가 될 수 있는 도박의 한 형태이다. 예를 들어, Griffiths(2003)는 익명성, 편리성, 탈출, 해리/몰입성, 접근성, 사건 빈도, 상호작용성, 탈억제, 시뮬레이션 및 사회성을 포함하여 인터넷 도박을 중독적으로 만드는 많은 요인이 있다고 지적한다. 또는 그는 이러한 구조적 특성이 기술 혁신을 통해 향상되는 것으로 보인다는 견해를 취했다. 비록 인터넷 중독이라 불릴 수 있는 특정 중독이 있어야 하는지에 대한 합의는 없지만, 온라인 도박이 일부 개인들에게 문제가 될 수 있다는 데 동의한다.

연구자들은 또한 도박 문제가 있을 가능성이 있는 사람의 프로파일을 조사했다. 2010년 영국 도박 유병률 조사(2010 British Gambling Prevalence Survey)에 따르면, 여러 유형의 인터넷 도박을 한 사람들은 인터넷 도박 활동을 덜 한 사람들에 비해 여러 가지 문제가 있는 것으로 나타났다(Wardle, Moody, Griffiths, Orford & Volberg, 2011). MacKay와 Hodgins(2012)는 온라인 도박에서 인지 왜곡이 위험요인임을 발견하였다. Gainsbury, Russell, Wood, Hing, & Blaszczynski (2015)는 인터넷 장애 도박자들이 별개의 집단으로 구분되는지 여부를 조사했다. 그들은 현장 도박에 취약한 개인들은 인터넷 도박을 이용할 가능성이 있으며, 이 매체의 접근성이 도박 문제를 악화시킬 가능성이 있다는 것을 발견했다. 그들은 인터넷 도박의 특정한 특징들(접근성, 사적 영역, 익명성, 그리고 더 좋은 게임의 경험)이 문제를 일으킬 위험을 증가시킬 수 있다고 주장했다. 그들은 이러한 특징들이 중단 없이 도박에 더 오래 머물 수 있게 해주며, 신체 건강의 악영향과 수면 및 식습관의 장애와 관련이 있을 가능성이 높다고 하였다.

청소년을 대상으로 한 여러 도박 문제 연구 중 Olason et al.(2010)은 청소년 인터넷 도박꾼들이 흔히 '현장 기반 도박꾼(land−based gamblers)'이라고 불리는 사람들보다 문제를 경험할 가능성이 훨씬 높다는 것을 발견했다. 그들은 또한 남자 청소년 및 나이가 좀 더 있는 그룹이 여자 청소년 및 나이가 어린 그룹에 비해 인터넷에서 도박을 할 가능성이 더 높다는 것을 발견했다. Potenza et al.(2011)은 미국에 거주하는 청소년들의 인터넷 도박 위험 문제의 상관관계를 조사했다. 그들은 온라인 도박을 한 청소년들이 위험한 도박꾼으로 분류될 가능성이 더 높다는 것을 발견했다. 이 사람들은 우울증을 경험하는 것을 보고할 뿐만 아니라 알코올을 많이 섭취할 가능성이 더 높았다. 청소년 인터넷 도박꾼들은 인터넷 도박을 하는 친구들을 가질 가능성이 낮은 것으로 밝혀졌는데, 이들은 온라인 도박이 일반적으로 고독하다는 개념과 일치한다고 주장한다. Potenza 등은 24시간 이용 가능한 온라인 카지노의 접근성이 문제성 도박으로의 발전에 영향을 미칠 수 있다고 주장한다. 그들은 학교 컴퓨터를 감시하고 도박과 관련된 인터넷 사이트에 대한 접근을 제한하는 것과 같은 구체적인 개입이 고려되어야 한다고 제안한다.

온라인 도박 중독에 대한 현재의 문헌을 바탕으로 개인의 온라인 도박을 예방하고, 과도한 온라인 도박에 참여하는 것을 방지하기 위한 개입 프로그램을 개발한다.

10.3 인터넷 게임 중독

자녀를 떠나보낸 슬픔에 잠긴 아버지가 다른 부모들에게 컴퓨터 게임의 위험으로부터 아이들을 보호해 달라고 탄원서를 보냈다.

한 번에 최대 12시간까지 엑스박스(Xbox) 게임에서 시간을 보냈던 크리스 스타니포스(20)는 혈전(blood clot)으로 사망하였다.

게임 마니아인 그는 깊은 정맥 혈전증이 발병했을 때 폐가 막히는 고통을 겪었다. 크리스를 잃고 상심한 아버지는 기자에게 말했다.

"당신은 부모로서 컴퓨터 게임이 해가 되지 않을 거라고 생각한다. 자녀들이 뭘 하고 있는지 알 수 있으니까. 하지만 전국의 아이들은 게임을 오랫동안 하는 것이 그들을 죽일 수 있다는 것을 깨닫지 못한다." (Twomey, 2011)

뉴스에는 위에 보도된 것과 비슷한 이야기가 많다. DSM-IV-TR에서는 인터넷 중독이 공식적으로 인정되지 않았지만 DSM-5는 현재 '추가적 연구가 필요한 분야' 섹션에 인터넷 게임 장애(Internet Gaming Disorder)를 포함하고 있다. 그것은 장애에 대한 명확한 질병학 및 치료 프로그램을 구성하는 데 필요한 더 많은 연구를 장려할 뿐만 아니라 해당 문제에 대한 신뢰를 주기 위해 포함되었다. 온라인 도박 문제와 마찬가지로 온라인 게임의 문제성 여부를 조사한 연구들이 있다.

온라인 게임 장애와 ADHD 사이에 연관성이 있다는 증거가 있는데, Weinstein과 Weizman(2012)은 비디오 게임 중독과 ADHD 모두 보상과 감각성이라는 공통 메커니즘을 공유하고 있으며, 이는 주로 도파민에 의해 매개된다고 주장한다. 그들은 향후 연구가 두 조건 모두에 대한 심리생물학적 메커니즘에 초점을 맞추고 공통점을 더 탐구해야 한다고 제안한다. Chen, Chen 및 Gau(2015)는 ADHD 관련 증상을 가진 청소년이 온라인 게임을 더 자주 하고 숙제에 참여하는 시간이 더 적다고 보고했다는 것을 발견했다. 그러나 이들 참여자에 대한 임상평가가 아닌 학생들의 보고서에만 초점을 맞춘 연구라는 점에서 한계가 있다.

인터넷 게임 장애와 약물 남용 사이의 관계를 조사한 연구들도 있다. 예를 들어, Yen과 Ko(2014)는 인터넷 게임 장애와 니코틴 의존 사이의 공존성 (comorbidity)을 발견했다. 게다가, 그들은 충동성이 행동과 물질 중독이 공유하는 메커니즘이라는 것을 밝혀냈다. Walther, Morgenstern 및 Hanewinkel(2012)은 담배, 알코올 및 대마초 사용과 문제가 있는 컴퓨터 게임 사이의 관련성을 발견했다. 게다가, 문제가 있는 인터넷 도박꾼들은 문제가 없는 사람들보다 신경증/공격성, 사회적 불안, ADHD, 낮은 자존감 등의 척도에서 높은 점수를 받을 가능성이 더 높았다. 그러나 그들은 문제가 있는 도박꾼들이 문제가 있는 게이머들보다 물질 사용자들과 더 유사한 경향이 있다는 것을 찾아냈다. 온라인 도박 연구와 마찬가지로, 우리가 현재 인터넷 게임 장애라고 불리는 것을 이해하기 위해서는 더 많은 연구가 필요하다. 현 시점에서 자신감을 가지고 주장을 하기는 어렵다. 예를 들어, Lam(2014)은 문제적 인터넷 사용이 정신건강에 미치는 영향, 특히 젊은 층의 수면문제를 분석하기 위해 체계적인 검토를 실시하였다. 그는 과도한 게임 사용과 수면문제의 연관성을 시사하는 몇몇 연구가 있지만, 대체로 근거가 상당히 약하며, 종종 형편없는 방법론에 의존한다고 주장한다. 그는 심리학자들이 이러한 장애에 더 취약한 개인들에 대한 명확한 그림을 그리기에 앞서 과도한 온라인 게임 사용에 대한 훨씬 더 많은 연구가 필요하다고 제안한다.

10.4 공격적인 비디오 게임

비디오 게임의 과도한 사용과 관련된 문제를 고려하는 것 외에도, 일부 학자들은 비디오 게임을 하는 것이 공격적인 행동으로 이어질 수 있다고 강조했다. 이것은 언론에 의해 제기된 논쟁이었다. 예를 들어, 어떤 뉴스 기사들은 폭력적인 비디오 게임을 하는 것이 대학살과 같은 젊은이들에 의해 행해지는 폭력적인 행위의 원인이라고 생각한다. 예를 들어, Denver Post(Human, 2007)에는 Columbine 고등학교의 두 아이들이 자신들의 학교에서 아이들을 학살한 이유를 설명하기 위해 다음과 같이 쓰여졌다.

> Eric Harris와 Dylan Klebold는 1999년 Columbine 고등학교에서 갑자기 컴퓨터에 접근하는 것을 거부당했기 때문에 살인적인 분노를 일으켰다고 오리건의 한 정신과 의사가 발표한 연구에서 밝혔다.
>
> 포틀랜드의 정신과 연구원인 Jerald Block은 '두 젊은이는 분노를 표출하거나 시간을 보내기 위해 가상의 컴퓨터 게임 세계에 의존했고 1998년에 게임을 끊었다'고 말했다.
>
> Block은 '그로부터 며칠 후 곧 – 그들은 실제 공격을 계획하기 시작했다'고 말했다.
>
> Block은 학술지인 '미국 법의학 저널'(American Journal of Forension Psychiatry) 최신호에 자신의 연구 결과를 실었다.
>
> 매사추세츠 종합병원 정신건강 및 미디어센터 공동소장인 Cheryl Olson은 논문이 논란을 일으킬 가능성이 높다고 말했다.
>
> Olson은 '중학생의 3분의 2가 규칙적으로 M등급(성인용 등급) 게임을 한다'고 말했다. 해당 등급 게임은 격렬한 폭력이나 성적인 내용을 포함한다.
>
> Olson은 '게임은 아이들을 살인 기계로 만들지 않는다'고 말했다.
>
> Block은 Columbine 수사관들이 공개한 수천 페이지의 문서를 통해 1998년

두 사람이 전기 기사의 자동차에 침입한 것이 적발된 후 Harris와 Klebold 부모 모두 그들의 컴퓨터 사용을 금지했다고 주장했다.

Harris와 Klebold는 학교나 집에서 일정 기간 동안 컴퓨터를 사용하지 못했으며, 그 후 소년들의 글쓰기나 행동이 더 폭력적이 되었다고 블록(Block)은 말했다.

Block은 사람들이 게임에 과몰입하는 것, 그리고 갑자기 끊는 것에 대해 걱정한다고 말했다.

그는 '살인이나 자살을 유발하지 않고 어떻게 그들을 끌어낼 수 있나요?'라고 물었다.

위의 이야기는 이 소년들의 충격적인 행동을 설명하려는 많은 시도들 중 하나이다. 아마도 구경꾼들은 공격적인 비디오 게임의 사용을 비난함으로써 위안을 얻을 수 있을 것이다. 하지만 비디오 게임을 하는 것이 그 소년들이 반 친구들에게 총을 쐈는지에 대해 당신에게 얼마나 큰 설명력을 가질런지와 관련 없이, 공격적인 비디오 게임을 하거나 게임이 금지된 대부분의 아이들이 살인을 저지르지 않는다는 것은 고려할 가치가 있다. 이 장은 이제 공격적인 비디오 게임의 결과로 개인이 어떻게 행동을 바꿀 수 있는지를 예측하기 위해 적용된 심리학 이론을 살펴보기로 한다.

10.4.1 사회학습이론(Social Learning Theory)

비디오 게임이 대중화되기 전에, 연구자들은 다른 형태의 미디어가 행동에 미치는 영향을 고민하고 있었다. 잘 알려진 한 연구는 만화를 포함한 폭력적인 텔레비전 프로그램을 시청하는 것이 아이들에게 미칠 수 있는 영향을 살펴보았다(Bandura, Ross & Rose, 1963). 이 연구를 구성하는 데 사용된 이론은 대부분의 사람들에게 친숙한 사회 학습 이론이다. Albert Bandura는 다른 사람들의 행동을 관찰하는 것이 아이들의 행동을 어떻게 형성하는지에 대한 관심의 결과로 이 이론을 개발했다. Bandura는 개인이 다른 사람의 행동을 모델링하고 모방함으로써 태도, 감정적 반응 및 새로운 행동 양식을 습득한다고 주장했다. 즉, 우리는 수동적인 관찰자나 외부 자극의 수용자가 아니라고 주장했다. 이 이론에 기반하여, 일부 학자들은 다른 캐릭터를 치거나 쏘는 것과 관련된 비디오 게임을 하는 것이 물리적 영역에서 폭력적인 행동을 촉진할 수 있다고 주장했다(예: Silvern, & Williamson, 1987). 이 이론에 따르면 플레이어는 종종 공격적인 행동을 강화할 수 있는 상징적인 폭력 행위에 관여함으로써 포인트나 가상 물체와 같은 명시적인 보상을 받는다.

그러나 미디어 효과와 폭력적인 행동에 대한 연구에는 비판자들이 있다. 예를 들어, Cumberbatch, Jones, 그리고 Lee(1988)는 목격된 공격성은 '진짜 공격성'과는 달리 놀이로 이해될 수 있으며, 그러한 실험은 매우 인위적이라고 주장한다. 어떤 이들은 어린이들이 연구자가 기대하는 것을 추측하고 그에 따라 행동했으라 제안한다(Borden, 1975). Ferguson(2010)은 이러한 실험의 모델링 효과가 작고 짧은 지속성을 보인다고 주장한다. 일반적으로 사회 학습 이론은 일반화 가능성에 대한 비판을 받아왔다. 일부 연구자들은 모델링이 필수적인 것이 아닌 개인이 선택할 수 있는 것이라고 주장했다(Ferguson, 2010).

10.4.2 스크립트 이론(Script theory)

사람이 특정한 방식으로 행동하는 이유를 설명하기 위해 개발된 또 다른 이론은 스크립트 이론이다. 이 이론은 공격적인 행동을 설명하는 데에도 적용되었다. 스크립트 이론은 본질적으로 행동이 '스크립트' 또는 지식 구조로 알려진 특정 패턴에 속한다고 주장한다. 개인은 사회와 그들의 경험으로부터 적절한 행동 방법을 배우고 이러한 행동에 의미를 부여한다. 예를 들어, 스크립트 이론은 성별 행동, 사람들의 관계 행동 등을 설명하기 위해 적용되었다.

아이들은 특정 문화에서 남성이나 여성이 되는 것이 무엇을 의미하는지에 대한 사회적 인식에 기초하여, 성 도식(gender schema)을 일찍 배운다. 그들은 다른 사람들이 그들을 어떻게 대하는지, 그리고 타인을 관찰하면서 익힌다. 이 도식은 그들이 특정 성 역할 방식으로 행동하도록 이끈다. 이 이론을 공격적 행동에 적용한 연구자들은 공격적 행동에 노출된 사람들이 이러한 행동이 정상적이고 수용 가능한 것임을 나타내는 스크립트를 개발한다고 주장했다(Huesmann, 1988). 아이들이 폭력적인 비디오 게임을 하면 공격적인 행동을 정상화하는 스크립트가 개발된다.

10.4.3 좌절-공격 가설(Frustration-aggression hypothesis)

좌절-공격 가설은 많은 이들에게 잘 알려진 또 다른 이론이다. Dollard, Doob, Miller, Mowler, Sears(1939)가 제안한 이 이론에서 좌절이란 외부 요인이 목표 반응을 방해할 때 나타나는 상태로 가정하며, 좌절이 공격적인 행동으로 대체된다고 본다. 예를 들어, 주어진 목표를 달성하지 못하고 직장에서 힘든 하루를 보낸 사람을 살펴보자. 직장에서 언짢은 모습을 보이는 것이 위험할 수도 있다는 것을 고려하면, 그들은 집에 가서 그들의 화나 좌절감을 가족에게 발산할 수도 있다. 이 이론을 폭력적인 비디오 게임에 적용하면, 게임에서의 좌절의 축적과 폭력으로 인한 감정적인 흥분이 게이머로 하여금 그들의 좌절을 물리적인 세계에서 폭력적인 행동으로 대체하게 할 수도 있다고 주장할 수 있다. 이 이론은 너무 단순하다는 비판을 폭넓게 받아왔다. 특히, 사회 학습 이론가들이 비판해 왔는데, 그들은 일반적으로 좌절이 보편적인 감정적 흥분만을 일으킨다고 하면서 이러한 흥분에 개인이 어떻게 반응하는지를 조사하는 것이 중요하다고 주장하였다(Bandura, 1973).

10.4.4 인지 신연관 모델(Cognitive neoassociation model)

인지 신연관 모델(Berkowitz, 1984)은 공격적 행동을 설명하기 위해 좌절-공격적 가설을 기반으로 한다. 이 모델은 행동이 학습된다는 개념을 거부한다. 학습의 중요성을 무시하려는 의도는 아니지만, Berkowitz는 '만약 이 개념이 비교적 오래 지속되는 새로운 지식의 습득이나 새로운 형태의 행동을 채택하는 걸 의미한다면 미디어의 영향은 관찰 학습을 통해서만 작동하지 않는다. 관찰된 사건이 상대적으로 짧은 기간 동안만 반응이나 생각을 활성화하는 것처럼 일부 매체의 영향은 상당히 일시적'이라고 주장한다(p. 414).

Berkowitz는 사회학습이론과 달리 유사한 신체적 행위를 할 기회가 거의 없다는 점에서 개인이 미디어를 모방한다고 주장하는 것은 문제가 있다고 주장한다. 그는 공격성을 관찰하는 것과 공격적인 행동을 하는 것 사이의 연관성을 조사한 대부분의 연구에서, 일반적으로 둘은 다르다는 것에 주목한다. 인지 신연관 모델에 따르면, 생각, 감정, 행동 성향은 사람의 기억 속에서 함께 연결되어 '연관 네트워크(associative network)'를 형성한다(Collins & Loftus, 1975). 이미 연결된 개념은 기억에 더 쉽게 접근할 수 있다. 이 모델은 특정 자극에 반복적으로 노출된 개인이 다른 유사한 생각을 연결하고 활성화하기 시작한다고 가정한다(Berkowitz, 1984, 1990). 미디어 효과를 설명하기 위해 이 모델을 적용할 때 미디어가 행동을 촉진한다는 안이 제기되었다. 그러므로 폭력적인 비디오 게임을 하는 것은 이와 관련된 생각을 불러일으킬 수 있으며, 이는 게이머가 게임을 하는 동안 다른 공격적인 개념을 가질 가능성을 증가시킨다(Anderson & Ford, 1986; Berkowitz, 1984). 이 과정은 의식적 자각 없이 자동적으로 발생하며 어떠한 형태든 공격적인 미디어에 노출되는 것은 공격적인 감정을 유발하고 공격적인 기억, 믿음, 공격과 관련된 기술을 떠올리게 할 수 있다. Giumetti와 Markey (2007)는 게임에서 총의 이미지에 노출되는 예를 제공하는데, 이는 사격과 같은 유사한 개념을 불러일으킬 수 있다. 이것은 결국 누군가를 다치게 하는 것과 같은 다른 의미론적으로 연관된 생각들을 활성화시킬 수 있다. 유사한 자극(예: 공격적인 매체)에 반복적으로 노출되는 것은 연관성을 강화한다고 할 수 있다. 그 이론에 따르면, 폭력적인 비디오 게임을 규칙적으로 하는 개인들은 공격적인 개인들이 될 가능성이 더 높다.

이전 이론과 마찬가지로, 연구자들은 인지 신연관 모델의 한계에 주목했다. Sherry(2001)는 미디어에서 폭력을 관찰함으로써 정서적 반응이 강화되더라도 반드시 개인이 더 공격적으로 행동하지는 않는다고 지적한다. 그러나 모든 이론가들이 이 이론에 완전히 반대하는 것은 아니다. 대신, 비디오 게임 연구 분야에서 잘 알려진 많은 학자들이 이 모델을 완전히 거부하기보다는 확장했다. 예를 들어, Bushman(1995, 1996)은 이 모델을 개인적인 성향을 포함하도록 확장했는데, 그는 특정 사람들이 다른 사람들보다 연관 네트워크의 영향을 더 쉽게 받는다고 믿는다. Bushman에 따르면, 기질적으로 화가 더 많은 사람은 그렇지 않은 사람들에 비해 분노에 대한 의미론적으로 관련된 생각들의 더 발달된 인지-연관 네트워크를 가지고 있을 수 있다. 그런 사람들이 폭력적인 미디어에 노출될 때, 그들은 분노 기질이 없는 사람들에 비해 공격적인 태도로 행동할 준비가 될 가능성이 더 높을 것이다.

10.4.5 일반 공격 모델

앞서 언급한 많은 이론에 대한 비판을 고려하여, 연구자들은 공격적인 행동을 설명하고 예측하기 위한 시도로 더 복잡한 모델을 개발했다. 이를 일반적 공격 모델이라고 한다(Anderson, 1997, 2004; Anderson & Bushman, 2002; Anderson & Dill, 2000; Bushman & Anderson, 2001). 모델에 따르면 상황 변수와 기질 변수는 모두 상호 작용하여 사람의 내부 상태에 영향을 미친다(그림 10.1 참조). 내부 상태는 서로 영향을 미치고 개인의 평가에 영향을 미치는 인식, 영향 및 각성을

그림 10.1 일반 공격 모델의 처리과정

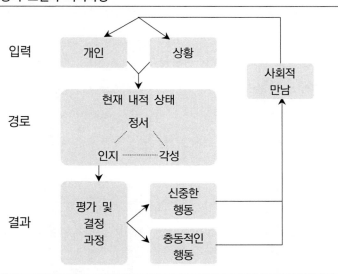

출처: Anderson & Bushman, 2002, p. 34

포함한다. 공격적인 행동의 평가가 일단 끝나면, 개인은 다음에 어떻게 행동할지 결정한다.

일반 공격 모델에 따르면, 폭력적인 비디오 게임은 단기적인 효과와 장기적인 효과를 모두 가지고 있다. 이는 횡단적 경험 연구보다는 장기적인 효과에 대한 추측이 더 많았다. 그러나 연구자들은 단기적인 효과를 지지하는 일부 경험 연구의 결과를 얻었다고 주장한다. Anderson et al.(2003)의 문헌 검토에서, 많은 연구들이 신체적, 언어적으로 공격적인 행동의 가능성 증가, 공격적인 생각과 감정이 증가하는 것과 같은 비디오 게임의 단기적인 영향을 보고했다는 것을 발견했다. 다른 연구자들은 단기적인 효과를 발견했지만 이러한 효과는 폭력적인 텔레비전 프로그램을 시청함으로써 발생하는 효과보다 작다고 주장했다 (Sherry, 2001; 보다 자세한 논의는 Young & Whitty, 2012 참조).

이 이론을 비판하는 사람들은 이 모델을 지지하는 증거가 약하다고 주장한다(Cumberbatch, 2010; Ferguson, 2007; Sherry, 2001). Ferguson은 폭력적인 게임 플레이와 실제 공격적인 행동 사이의 상관관계 또는 인과관계에 대한 설득력 있는 근거가 없다고 강조한다. 심지어 빈약하나마 결과를 얻은 논문도 공격성을 측정한 도구의 안면 타당도가 부족하다고 주장했다(Ferguson & Kilburn, 2009). 흥미롭게도, Ferguson과 Rueda(2009)는 자신들의 연구에서 폭력적인 비디오 게임을 하는 것이 적대적인 감정과 우울을 줄일 수 있다고 주장한다. 이러한 혼합된 결과와 실험 설계의 문제를 고려할 때, 폭력적인 비디오 게임을 하는 것이 공격적인 행동을 유발한다고 주장하기에는 너무 이르다. 폭력적인 미디어를 시청하는 것이 대량 학살로 이어질 수 있다는 것을 암시하는 모든 주장은 (이 장의 앞부분에 있는 발췌문에서 제안된 것처럼) 꽤 이상하다고 말해도 좋을 것이다.

제안활동

당신 또는 당신의 친구들은 폭력적인 비디오 게임을 해본 적이 있는가? 당신의 주관적인 경험으로부터, 당신은 이것이 당신의 행동이나 감정을 바꾸거나 바꾸었다고 생각하는가? 만약 그렇다면, 어떤 방법인가? 이것을 객관적으로 측정하는 가장 좋은 방법은 무엇인가?

10.5 비디오 게임, 금기를 넘어서다

공격적인 행동 외에도, 연구자들은 현실 세계에서 금기시되거나 범죄적인 것으로 간주되는 행동을 포함하는 데 한계가 어디에 있는지에 대해 의문을 제기했다(Whitty, Young & Goodings, 2011; Young & Whitty, 2012). 살인 외에도 일부 게임에는 식인 풍습(예: Evil Dead, F.E.A.R, 레지던트 이블 시리즈), 강간(예: Battle Raper, Phantasmagoria, RapeLay), 근친상간(예: The House of the Dead: Overkill)이 등장한다. 이러한 행동들이 실제 세계에서 하는 것과 같은 형태의 해를 끼칠 수 없다는 것을 고려할 때, 연구자들은 이러한 행동들을 포함하는 것이 야기할 수 있는 잠재적인 심리적 해를 더 걱정해왔다. 심리적 피해는 스트레스, 불안, 수치심, 죄책감 또는 분노를 포함할 수 있다. 심리적 피해는 또한 이러한 행위가 어떻게 묘사되는지, 개인이 행위를 수행함으로써 보상을 받는지, 게임이 다른 사람들(예: MMORPG)과 상호작용을 포함하는지 또는 단일 플레이어인지에 따라 감소하거나 증가할 수 있다. Whitty et al.(2012)의 연구는 개인이 어떻게 두 개의 다른 MMORPG를 플레이하는지에 초점을 맞추어 이러한 우려의 일부를 조사했다: 월드 오브 워크래프트(World of Warcraft)와 소시오로트론(Sociolotron)의 두 개의 게임을 예로 들어 설명한다. 월드 오브 워크래프트에서 플레이어는 절도, 고문, 살인과 같은 금지된 행위에 관여할 수 있다. 소시오로트론은 개인들이 오프라인에서 금기시되는 많은 행동(예: 고문, 살인, 강간, 인종차별적 행동)에 참여할 수 있다. 개인들은 어떤 행동들은 다른 행동들보다 심리적으로 더 쉽게 할 수 있고, 그 게임이 그들에게 현실로부터의 탈출을 제공했다고 보고했다. 강간, 소아성애 등의 허가된 동등성(sanctioned equivalence)이 없는 행위는 다른 행위들보다 더 나쁜 것으로 보였으며, 플레이어들은 종종 이를 목격하거나 게임에서 플레이하는 것을 심리적으로 감당할 수 없는 행동으로 묘사했다. 허가된 동등성이란, 법적 또는 공인된 동등성이 존재하는 행위를 말한다. 예를 들어, 살인의 경우 불법적으로 사람을 죽일 수도 있지만, 국가가 승인한 처형이나 전투 중 또는 정당방위의 경우에도 살인이 제재될 수 있다. 강간, 소아성애, 근친상간의 경우에는 이에 상응하는 제재가 없다(Young & Whitty, 2011).

　　게임의 모습도 특정 행위에 대한 인식의 차이를 만드는 것으로 나타났다. 예를 들어, 몇몇 사람들은 그래픽이 매우 명확하지 않기 때문에 소시오르트론에서 캐릭터를 강간하는 것이 괜찮을 수 있다고 믿었다. 그들은 더 명확한 그래픽 묘사가 그 행동을 더 현실적으로 보이게 하여 게임을 하는 것을 어렵게 만들 것이라고 생각했다. 연구자들은 모든 사람들이 같은 방식으로 게임을 경험하지 않았다는 것을 발견했는데, 이것은 일부 사람들이 심리적으로 피해를 입지 않을 수도 있다는 것을 암시한다. 이 연구 분야는 폭력적인 비디오 게임을 하는 것이 공격적인 행동을 증가시키는 것으로 이어지는지에 대한 질문만큼 연구를 지속하는 것이 중요하다.

제안활동

금기 활동이 포함된 사용 가능한 비디오 게임을 고려해 보라. 당신은 이것들 중 어떤 것도 금지되어야 한다고 생각하는가? 왜 이렇게 생각하는가?

10.6 학습용 게임

　　이 장에서 살펴본 많은 것들은 온라인 컴퓨터 게임을 하는 것의 부정적인 영향에 초점을 맞추었다. 그러나 게임을 하는 많은 긍정적인 이유들도 있다. 가장 큰 이유는 이러한 게임들이 어떤 사람들에게는 즐거운 여가 활동이기 때문이다. 연구자들은 비디오 게임을 하는 것과 관련된 많은 긍정적인 효과들을 발견했다. 예를 들어, Ferguson(2007)은 폭력적인 비디오 게임을 하는 것이 시공간 능력의 향상과 관련이 있다는 것을 발견했다. 이러한 결과를 고려할 때, 연구자들은 온라인 컴퓨터 게임이 실제로 유용한 기술을 개발하고(Subrahmanyam & Greenfield, 1994) 교육 및 훈련 목적으로 사용될 수 있다고 추론하기 시작했다 (Connolly, Boyle, MacArthur, Hainey & Boyle, 2012). 오락 목적으로만 개발된 컴퓨터 게임도 사람들에게 새로운 기술을 가르칠 수 있지만, 새로운 기술을 향상시키거나 발전시키기 위해 특별히 고안된 게임을 '진지한 게임(serious game)'이라고 한다. 진지한 게임은 공식적으로 정부나 기업의 교육, 교육, 보건, 공공 정책 및 전략적 의사소통 목표를 위해 엔터테인먼트를 사용하는 특정 규칙에 따라 컴퓨터로 하는 '멘탈 콘테스트'로 정의되었다(Zyda, 2005, p.26).

모형은 개인이 비디오 게임을 하면서 배울 수 있는 기술의 유형을 분류하기 위해 개발되었다. 기술에는 콘텐츠 이해, 협업 및/또는 팀워크, 문제 해결, 커뮤니케이션 및 자기 조절, 태도 변화, 지식, 인지 기술, 운동 기술, 정서적 학습 결과 및 커뮤니케이션 학습 결과가 포함될 수 있다(O'Neil, Wainess & Baker, 2005; Wouters, Van Der Speck & Van Oostendorp, 2009). 게다가, 비디오 게임은 운동에 대한 동기와 영향을 변화시키기 위한 의도로 설계될 수도 있다. 수학(Wijer, Jonker & Kerstens, 2008)과 역사(Huizenga, Admirall, Akkerman and ten Dam, 2008)와 같은 과목을 배우고 동기부여 하기 위해 게임이 설계되기도 하지만, 연구 결과 모든 게임이 목적을 달성하는 것은 아니다(Huizenga et al., 2008). 또한, 어떤 게임은 지적, 신체적 장애를 가진 사람들을 돕기 위해 개발되었다. 예를 들어, 진지한 게임은 시각장애인이 업무 기반 기술을 개발하고 새로운 공간을 탐색하며 가이드에 대한 의존도를 줄일 수 있는 큰 잠재력을 보여주었다(Evett, Battersby, Ridley & Brown, 2009; Brown et al., 2011).

다양한 직장과 단체들도 직원들을 가르치고 훈련시키는 게임을 개발했다. 예를 들어, 다양한 군사 조직은 전략 및 전술뿐만 아니라 문화 인식, 대인 관계 의사소통, 적응성 및 관계 형성 기술과 같은 기술을 장교와 병사에게 훈련시키기 위한 진지한 게임을 개발했다(Smith, 2010). 정부와 기업이 직원을 교육하는 것은 흔한 일이다. 'It's A Deal!' 게임은 비즈니스 환경에서 스페인인과 영국인 사이의 문화 간 비즈니스 커뮤니케이션을 가르치기 위한 목적으로 개발되었다(Guillen- Nieto & Aleson- Carbonell, 2012).

컴퓨터 게임이 특정 기술을 전달하는 데 얼마나 효과적인지를 결정하기 위해 아직도 훨씬 더 많은 연구가 필요하다. 그러나 초기 연구 결과들은 몇 가지 가능성을 시사한다. 게다가, 독립형 게임과 비교하여 사이버공간에서 플레이되는 게임이 제공할 수 있는 다양한 기술을 이해하는 데 도움이 되는 추가 연구가 필요하다(우리는 이 구별이 종종 문헌에서 누락된다는 점에 주목한다). 예를 들어, 일부 온라인 비디오 게임은 오프라인 게임에 비해 팀 구성과 협력 기술을 가르치는 데 더 효과적일 수 있다.

10.7 결론

이 장은 도박과 게임이라는 두 가지 형태의 온라인 엔터테인먼트에 초점을 맞췄다. 그것은 개인이 활동 자체보다 매개체(인터넷) 때문에 이러한 활동에 중독될 수 있는지를 조사하는 것으로 시작되었다. 이 분야에서 훨씬 더 많은 연구가 필요하다. 예를 들어, 우리는 아직 과도한 온라인 도박 또는 게임이 중독으로 나타날 수 있는지 여부와 만약 그렇다면 이 문제를 어떻게 진단할 수 있는지에 대한 합의에 도달하지 못했다. DSM-5는 추가 조사가 필요한 잠재적 장애라는 것을 알리기 위해 '인터넷 게임 장애'를 연구 부록에 포함시켰다. 이 장에서는 폭력적인 비디오 게임을 하는 것과 공격적인 행동 사이의 관계에 대한 이론과 경험적 증거에 초점을 맞추어 온라인 게임에 대한 연구도 검토했다. 이것은 추가 조사가 필요한 또 다른 연구 분야이다. 우리는 다른 금기 활동(예: 강간, 근친상간, 소아성애)을 포함하는 비디오 게임을 하는 것으로부터 다른 잠재적인 심리적 해가 있을 수 있다는 개념을 혼합에 추가했다. 이 장은 비디오 게임의 긍정적인 측면에 초점을 맞추고, 연구자들은 오락적인 가치 외에도 비디오 게임이 특정한 기술을 전달하는 데 효과적일 수 있다는 것을 발견했다고 지적하면서 끝을 맺었다. 예를 들어, 진지한 게임에 대한 연구는 성장하는 분야이며, 현재까지 산업에서 신체적 장애가 있는 사람들에 이르기까지 개인을 훈련시키고 도울 수 있는 많은 새로운 방법을 이미 제공했다. 비디오 게임이 점점 더 인기를 끌면서, 우리는 그들의 긍정적인 면과 부정적인 면을 모두 염두에 두어야 한다.

토론 질문

1. 폭력적인 비디오 게임이 공격적인 행동을 촉진할 수 있다고 주장에 동의하는가?
2. 사람들이 정말로 인터넷에 중독될 수 있을까?
3. 온라인 게임 중독을 조사하는 연구를 비판적으로 평가해보라.
4. 게임 디자이너들이 비디오 게임에 포함시키는 행동의 종류에 제한이 있어야 하는가?
5. 연구자들은 진지한 게임의 효과를 평가할 때 어떤 특징에 초점을 맞춰야 하는가?

추천하는 읽을거리

Anderson, C. A. & Bushman, B. J. (2002). Human aggression. *Annual Review of Psychology, 53*, 27–51.

Connolly, T. M., Boyle, E. A., MacArthur, E., Hainey, T. & Boyle, J. M. (2012). A systematic literature review of empirical evidence on computer games and serious games. *Computers & Education, 59*(2), 661–686.

Ferguson, C. J. (2010). Blazing angels or resident evil? Can violent video games be a force for good? *Review of General Psychology, 14*(2), 68–81.

Griffiths, M. (2003). Internet gambling: Issues, concerns, and recommendations. *CyberPsychology & Behavior, 6*(6), 557–568. Potenza, M. N., Wareham, J. D., Steinberg, M. A., Rugle, L., Cavallo, A., Krishnan-Sarin, S. & Desai, R. A. (2011). Correlates of at- risk/problem Internet gambling in adolescents. Journal of the American Academy of Child & Adolescent Psychiatry, 5o(2), 150– 159.

Starcevic, V. (2013). Is Internet addiction a useful concept? Australian & New Zealand Journal of Psychiatry, 47(1), 16–19. Young, G. & Whitty, M. T. (2012). *Transcending taboos: A moral and psychological examination of cyberspace.* Hove, UK: Routledge.

11

온라인에서 속이기

이 책에서 증명된 것처럼 어떤 면에서 우리가 온라인과 실제 세계에서 행동하는 방식은 다르다. 제2장에서 우리는 개인이 오프라인에서 자신의 정체성과 사이버공간에서 다른 정체성을 탐색하고 경험할 수 있는지에 대한 여부를 조사했다. 제3장, 제4장, 제5장에서 우리는 사이버공간에서 사람들이 관계를 맺고, 우정을 쌓고, 낭만적인 관계를 발전시키는 방식이 물리적 세계에서 우리가 관계를 형성하는 방식과 다소 다를 수 있다는 것을 배웠다. 우리는 종종 우리가 대면하는 것보다 온라인에서 더 많은 것을 스스로 공개하고, 어떤 사람들은 사이버공간에서 '초인적인' 관계를 발전시킨다. 역설적이게도, 우리는 때때로 자신에 대해 온라인에서 더 많이 공개하기도 하지만, 개인의 정보를 억제하거나 검열하기도 한다. 게다가 일부 연구자들은 사람들이 오프라인보다 사이버공간에서 더 속이거나, 이를 시도할 수 있다는 것을 발견했다. Whitty와 Joinson(2009)은 이 현상을 '진실/거짓말 역설'이라고 명명했다. Whitty와 Joinson(2009)은 다음과 같이 썼다.

여러 면에서 인터넷은 전화나 면대면과는 매우 다른 매체이다. 이 공간을 독특하게 만드는 것은 우리가 그 안에서 소통하는 방법이다. … 우리의 의

사소통은 종종 '지나치게 솔직'하고 역설적으로는 종종 '지나치게 솔직하지 못'하다. 이 두 가지 대조적인 특징은 학자, 웹 디자이너, 그리고 물론 인터넷 사용자들의 관심사가 되어야 한다(pp.6-7).

이 장에서는 온라인 속임수에 관한 문헌을 살펴보고, 사이버공간에서 개인이 물리적 세계에서보다 어느 정도 기만적일 수 있는지를 살펴본다.

11.1 속임수 정의

Buller와 Burgoon(1996)은 속임수를 '수신자에 의한 잘못된 믿음이나 결론을 조장하기 위해 발신자에 의해 의도적으로 전달되는 메시지'라고 정의했다(p.205). Bok(1989)은 속임수를 다음과 같이 정의했다: '우리가 의도적으로 다른 사람들을 속이기로 할 때, 우리는 그들을 오도하기 위한 메시지를 전달하고, 우리 자신이 믿지 않는 것을 그들이 믿게 하기 위한 것들을 한다. 우리는 몸짓, 가식, 행동이나 행동을 하지 않음, 심지어 침묵을 통해서도 그렇게 할 수 있다.' (p.13) 그녀는 기만과 거짓말을 구분하면서, 거짓말이 속임수의 한 형태이며 본질적으로 거짓말은 '의도적으로 진술된(stated) 모든 기만적인 메시지'라고 주장하였다. 그러한 진술은 구두 또는 서면으로 이루어지는 경우가 많지만, 물론 연기 신호, 모스 부호, 수화 등을 통해서도 전달될 수 있다.' (p.13)

Bok은 속임수가 사소한 문제가 아니라는 것을 일깨워준다. 수세기에 걸쳐 철학자들은 거짓말이 부도덕한 행동인지 그리고 만약 그렇다면 모든 거짓말이 부도덕한 것인지 아니면 특정한 조건하에서만 발생하는 어떤 종류의 거짓말인지에 대해 논의해왔다. Bok(1989)은 다음과 같이 썼다: '속임수와 폭력 – 이것들은 인간에 대한 고의적인 공격의 두 가지 형태이다. 그러나 속임수는 행동뿐만 아니라 믿음에도 작용하기 때문에 더 교묘하게 통제한다.' (p.18) Bok은 속은 사람들에 대해 다음과 같이 쓰고 있다.

부모의 정체성, 배우자의 애정, 또는 정부의 청렴성과 같은 중요한 문제에서 거짓말을 당했다는 것을 알게 된 사람들은 분개하고, 실망하고, 의심한다. 그들은 새로운 제안을 경계한다. 그리고 그들은 발견된 거짓말에 대한 새로운 관점에서 자신들의 과거 신념과 행동을 돌아본다(p.20).

또한 Bok은 속임수가 사회에 파괴적일 수 있다고 지적했다.

그러면, 구성원들이 진실한 메시지와 기만적인 메시지를 구별할 수 없으므로 사회는 붕괴될 것이다. 그러나 그러한 일반적인 붕괴 이전에도 개인의 선택과 생존은 위태로울 것이다. 음식과 은신처를 찾는 것은 다른 사람들의 기대에 달려있지 않을 수 있다. 우물에 독이 들어갔다는 경고나 사고 시 도움을 청하는 것은 독자적인 확인이 되지 않는 한 무시될 것이다(p.19).

속임수의 모든 개인적, 사회적 결과에 대한 철저한 조사는 이 책의 범위를 벗어난다. 그럼에도 불구하고, 이전의 글들은 거짓말이 심각한 문제라는 것을 보여주며, 만약 기만이 온라인에서 더 널리 퍼진다면, 그것은 심리학자들과 사회과학자들이 주목할 만한 행동이다.

11.2 사이버공간에서의 속임수

인터넷은 우리에게 속일 수 있는 새로운 플랫폼을 제공했다. 온라인에서, 개인들은 잠재적으로 더 많은 사람들을 속일 수 있다. 더욱이 사이버공간은 대면 환경에서는 불가능한 속임수에 대한 새로운 기회를 제공한다(Walther, 1996, 2007). 연구자들이 온라인에서 속임수가 더 널리 퍼질 수 있다고 믿는 주된 이유는 온라인 소통과 자기의 표현이 물리적으로 연결되어 있지 않기 때문이다. 디지털 속임수는 '기술적으로 매개된 메시지의 정보를 의도적으로 제어하여 메시지 수신자에 대한 잘못된 믿음을 만드는 것'으로 정의되어 왔다(Hancock, 2007, p.209). 사이버공간에서 일어나는 속임수에 대해 다른 매체와 분리해 별도로 정의할 필요는 없다. 그러나 연구자들이 적어도 어떤 종류의 거짓말을 하는 것이 더 쉬운지, 그리고 물리적인 세계와는 다른 방식으로 속일 수 있다는 것을 발견했다는 것을 고려한다면 유용할 수 있다.

연구자들은 온라인에서 일어나는 속임수의 유형을 분류하려고 시도했다. Utz(2005)는 속임수에는 범주 속임(성별 전환), 매력 속임, 정체성 은폐의 세 가지 유형이 있다고 주장했다. 이러한 구별은 물론 중요하지만, Hancock(2007)의 분류가 더 유용할 수 있다. Hancock은 디지털 속임수의 2개의 다른 유형들이 있다고 주장하였다. 개인정보 속임(Identity－based deception)과 메시지 기반 속임(Message－based deception)이다. 개인정보 속임은 거짓 정체성이나 소속을 만드는 것이다. 이런 종류의 속임수는 물리적인 세계에서보다 사이버공간에서 빠져나가는 것뿐만 아니라 수행하는 것이 더 쉬울 수도 있다. 메시지 기반 속임은 두 명 이상의 사람들 사이의 의사소통 내용에 기반한 속임수이다. 학술적 연구는 이러한 형태의 속임수에 초점을 맞추고 있다.

11.2.1 개인정보 속임수(Identity-based deception)

개인은 나이, 성별, 인종, 성적 선호도, 건강 및 신체적 매력 등 자신에 대한 다양한 개인정보를 위장할 수 있다. 사이버공간은 '실제' 세계보다 정체성과 익명성(또는 적어도 시각적 익명성)을 관리할 수 있는 더 많은 기회를 제공하며, 이는 개인정보 속임을 조장할 수 있다.

오늘날 대부분의 온라인 공간은 전적으로 텍스트 기반이 아니다. 그럼에도 사용자가 자신을 나타낼 아바타를 선택할 수 있는 공간에서는 여전히 자신의 정체성을 조작할 기회와 자유가 있다(Galanxhi & Nah, 2007). 더욱이, 사용자들은 아바타를 사용하지 않는 속임수와 아바타를 사용하는 속임수에 대해 느끼는 것이 다를 수 있다. 예를 들어, Galanxhi와 Nah(2007)는 온라인에서 텍스트만 사용하는 채팅 공간에는 사기꾼이 비사기꾼보다 더 큰 불안감을 느낀다는 것을 발견했다. 그러나 아바타 기반 환경에서는 속임수와 진실을 말하는 사람이 경험하는 불안에 큰 차이가 없었다. 이 저자들은 다음과 같이 추론하였다.

> 텍스트(단순한 매체)에서 익명성은 사기꾼의 정체성을 보호하는 데 도움이
> 되기는 한다. 하지만 아바타를 지원하는 매체에서 익명성은 수신자의 정체
> 성에 대해 혼란을 주거나 주의를 산만하게 하는 '마스크 착용'을 통해 더욱
> 증가될 수 있다. 따라서 마스크(즉, 아바타)는 사기꾼의 통신 상대와의 인식
> 거리를 증가시켜 사기꾼의 상태 불안 수준을 낮출 수 있다(p.778).

물론, 개인정보 속임에 참여하는 여러 가지 이유가 있다: 어떤 사람들은 악
의적일 수 있지만 다른 사람들은 자신을 보호하기 위한 수단일 수 있다(예: 낙인
이 될 수 있는 정체성을 가지고 있다고 믿는 개인). Bowker and Tuffin(2003)은 아래
에 주목하였다.

> 컴퓨터 매개 환경 내에서 장애인들은 참여에 대한 물리적 장벽이 허물어지
> 면서 얻을 것이 많을 수 있다. 더욱이, 신체적 차이를 숨기는 온라인 매체
> 의 능력은 장애인들이 종종 장애인 정체성과 관련된 낙인을 벗어나 운영되
> 는 대체 주관성을 경험하기 위한 사회적 공간으로써 접근할 수 있는 기회
> 를 제공한다.

특히, 모든 온라인 공간이 속임수를 조장하는 것은 아니며, 이 책에서 강조
했듯이 사이버공간을 동질적인 공간으로 이해해서는 안 된다. 이것의 좋은 예는
개인정보 속임에 대한 LinkedIn(전문적으로 알고 있는 사람들의 네트워크를 구축하기
위해 등록회원들이 그들의 고용 이력, 교육 및 개인 프로필에 대한 세부사항을 공유하도록
설계된 SNS 플랫폼)의 영향을 조사한 Guillory와 Hancock(2012)의 연구에 설명되
어 있다. 저자들은 개인이 이력서(curricula vitae)에 거짓말을 하는 것이 일반적이
라는 연구 결과를 제시하기 때문에 LinkedIn에 초점을 맞췄다. 예를 들어
George, Marett과 Tilly(2004)는 LinkedIn 표본의 약 90%가 입사지원서에 거짓

말하는 것을 발견했다. 그렇게 하는 한 가지 분명한 강력한 동기는 잠재적인 고용주에게 유능해 보이고, 그에 따라 취업 기회를 증가시키는 것이다. 그러나 Guillory와 Hancock은 이것이 기밀사항인 전통적 이력서와는 다른 공개 프로필임을 고려할 때 개인들이 LinkedIn에 거짓말을 할 가능성이 적을 수 있다고 추측했다. 따라서 LinkedIn의 거짓말이 적발될 위험은 기존 전통적 이력서보다 높다.

Guillory와 Hancock(2012)의 연구에서 18세에서 22세 사이의 대학생들은 전통적인 오프라인 단어 문서 이력서 작성, 비공개 온라인 LinkedIn 프로필 작성, 공개된 LinkedIn 프로필 작성의 세 가지 조건 중 하나에 무작위로 할당되었다. 그리고 나서 그들은 좋은 연봉과 국제 사무실을 가진 컨설턴트 자리를 위한 이력서를 만들도록 요청받았다. 참가자들은 가장 자격이 있는 지원자로 보이는 것을 목표로 자신의 정보를 사용하여 이력서를 맞춤 제작하도록 요청받았고, 이력서에 가장 잘 기입된 사람은 100달러를 받을 것이라는 말을 들었다. 그들은 다음으로 그 연구의 진정한 목적이 속임수를 탐지하는 것이라는 말을 들었고 그들의 속임수를 밝히고 설명하는 데 15분을 보내도록 요청받았다. 이러한 정보는 검증 가능한 정보(예: 책임, 능력, 기술)와 검증 불가능한 정보(예: 관심사, 취미)로 코드화되었다. 예측된 대로 Guillory와 Hancock은 전통적이고 사적인 LinkedIn 이력서에 더 많은 검증 가능한 거짓말들이 존재하는 경향이 있고, 공개적 LinkedIn 이력서들이 더 많은 검증 불가능한 거짓말들을 포함하고 있다는 것을 발견하였다. Guillory와 Hancock의 연구는 흥미로운 결과를 낳았지만, 여기에는 분명한 한계가 있다. 대학생 표본은 짧은 고용 이력을 가진 사람들이다. 게다가, 참가자들의 대학이 연구자들에게 이미 알려졌다는 점을 고려한다면, 참가자들이 그들의 대학 과정과 경험에 대해 거짓말을 할 가능성은 낮다. 이러한 형태의 속임수는 조직에서 일반적으로 보고되므로 동일한 결과를 얻었는지 여부를 결정하기 위해 서로 다른 샘플로 유사한 연구를 수행하는 것이 흥미로울 것이다.

11.2.2 인터넷에 의한 문하우젠(Munchausen)

인터넷에 의한 문하우젠은 정체성에 기반한 속임수의 흥미로운 예이다. Pulman과 Taylor(2012)의 문헌 검토는 인터넷이 문하우젠 증후군(아프다고 거짓말을 하거나 스스로 병의 증상을 유도하는 심리적 상태)의 발생 빈도를 증가시켰다는 개념을 논의한다. 문하우젠 증후군은 만성적인 경향이 있으며, 이 증후군을 가진 사람들은 습관적인 거짓말쟁이가 된다(Doherty & Sheehan, 2010). Feldman (2000)은 인터넷에서 일련의 극적인 만성질환과 회복을 통해 관심을 얻고자 하는 개인을 묘사하기 위해 'Munchausen by Internet'이라는 문구를 처음 만들었다. Pulman과 Taylor는 인터넷에 의한 문하우젠이 DSM-5의 미국 정신의학 협회에 의해 공식적으로 인정되어야 한다고 주장한다.

Van Gelder(1991)가 보고한 한 가지 고전적인 예는 'Alex'와 'Joan'의 경우이다. 실제로 중년의 미국인 정신과 의사였던 Alex는 'Shrink Inc.'라는 스크린 이름을 사용하여 채팅방에 가입했다. 그 채팅방 사람들은 그가 남성이라는 것을 깨닫지 못했고 많은 사람들은 Alex가 여성이라고 잘못 추측했다. Alex는 자신이 여성인 척함으로써 자신의 오프라인 직업에서보다 훨씬 더 많이 온라인에서 여성들의 연민과 친밀감을 유발할 수 있다는 것을 깨달았다. 그는 사람들을 도울 수 있는 이 새로운 기회에 흥분했다고 보고했고, '토크인 레이디(Talkin Lady)'라는 여성 캐릭터를 만들고 결국 자신의 진짜 이름이 Joan Sue Green이며 20대 후반의 신경심리학자라고 그룹에 말했다. Joan은 숨진 남자친구와 교통사고를 당한 것으로 설정하고, 자신도 몸이 마비되고 불구가 됐으며 말을 할 수 있는 능력을 상실한 상태라고 얘기하였다. 그러므로 대면 회의는 신체적으로 그리고 감정적으로 힘든 일이었다. Joan의 성격은 우울증과 자살에 대한 생각으로 고통받는 여성에서 많은 친구들과 함께 자신감 있는 여성으로 많은 변화를 겪었다. 동시에, Alex는 그의 온라인 페르소나인 Joan의 소개를 통해 채팅방 멤버들 중 일부를 만나 오프라인 업무에 참여했다. Alex는 결국 불치병으로 Joan을 죽이려 했다. 이 시점에서 멤버들은 속임수를 발견했는데, 병원에 꽃을 보내기 위해 병원에 전화하니 그런 환자는 없었던 것이다. 회원들이 Joan/Alex에 대한 진실을 알게 되었을 때, 공동체에는 상당한 분노가 있었다. 이 사례 연구는 많은 속임 수뿐만 아니라 인터넷에 의한 문하우젠의 좋은 예를 제공한다. 그것은 또한 우리에게 정체성을 가지고 놀 수 있는 능력을 포함하여 해당 행동의 동기에 대한 통찰력을 제공한다. 남성으로서는 달성하기 힘든 배려적이고 강조된 역할을 수행할 수 있는 능력, 그룹 구성원들로부터 공감과 친밀감을 얻는 능력, 오프라인에서 그룹 구성원들과 신체적 친밀감을 얻을 수 있는 능력 등을 포함한다.

Pulman과 Taylor(2012)는 사회심리학이 왜 인터넷에 의한 문하우젠이 발생하는지를 설명할 수 있는 여러 이론을 제시한다고 믿는다. 이 이론들 중 일부는 이 책의 앞부분에 요약되어 있다. 예를 들어, '탈억제 효과(disinhibition effect)'(제 3장 참조)는 공간의 비동시성(asynchronous)이라는 특성으로 인터넷에 의한 문하우젠은 온라인에서 발생할 가능성이 더 높다. 따라서 개인이 자신의 정체성을 창의적으로 표현할 수 있는 기회를 제공하고, 익명성은 다른 사람의 의견에 대한 최종 사용자의 걱정을 줄일 수 있음을 시사한다. 다른 연구자들은 인터넷 피해자들에 의해 만들어진 일부 문하우젠들이 온라인에서 다른 사람들을 속이는 것으로부터 얻는 단순한 즐거움에 의해 동기부여가 될 수도 있다고 주장한다. 인터넷에 의한 문하우젠이 DSM-5에 의해 공식적으로 인정되는지 여부는 일부 실무자들에게 우려가 될 수 있지만 보다 더 큰 관심사는 근본 원인을 더 자세히 이해하는 데 있을 것이다.

11.2.3 메시지 기반 속임수(Message-based deception)

메시지 기반 속임수는 말하는 이의 정보는 알려져 있지만, 통신 내용 내에서 속임수가 발생하는 것을 의미한다. 이러한 유형의 속임수는 대면 또는 중개된 상호작용에서 개인정보 속임수(Identity-based deception)보다 더 자주 발생한다. 예를 들어, 여행 계획을 지연시켰을 때 교통 체증을 탓하거나, 행사에 참여하고 싶지 않을 때 아프다는 것이 포함될 수 있다. 개인정보 속임수와 마찬가지로 메시지 기반 속임수가 항상 부정적인 결과로 이어지는 것은 아니다.

DePaulo, Wetzel, Sternglanz 및 Wilson(2003)은 많은 경우, 속임수가 사회적 결속력 향상으로 이어질 수 있고 사생활을 보호할 수 있다고 주장한다.

물론, 개인정보와 메시지 기반 속임수와 관련하여, 기만자들은 두 가지 형태를 동시에 사용할 수 있다. 대량 마케팅 사기는 두 가지 형태의 사용에 관한 예이다. 기만자는 자신과는 다른 페르소나를 쓴 채 메시지 기반 속임수(예: 지리적 위치, 돈을 요구하는 이유)를 사용한다. 대량 마케팅 사기와 기타 사이버 범죄는 각각 12장과 13장에서 살펴볼 것이다.

11.3 우리는 온라인에서 거짓말을 더 많이 할까?

사람들은 실제로 인터넷에서 거짓말을 더 많이 하는가? Caspi와 Gorsky (2005)는 73%의 사람들이 속임수가 온라인상에 널리 퍼져 있다고 믿으며, 일부 연구는 이러한 견해를 뒷받침한다고 언급하였다. 비록 온라인에서 거짓말을 할 수 있는 더 많은 기회가 있을 수 있고, 사이버공간에서 사람들이 거짓말을 더 많이 한다는 일반적인 인식이 있지만, 이것이 정말 사실인지 아닌지를 연구로 확인하는 것은 중요하다. 초기 연구는 개인들이 인터넷에서 자신의 특정한 측면에 대해 거짓말을 한다고 하였다. 일례로 Cornwell과 Lundgren(2001)은 참가자들이 대면하는 관계보다 온라인 로맨틱 파트너와의 관계에서 나이와 신체적 속성에 대해 거짓말을 할 가능성이 더 높다는 것을 발견했다. Whitty와 Gavin (2001)도 유사한 결과를 발견했는데, 참가자들은 온라인에서 타인과 소통할 수 있는 기회를 만들기 위해 거짓말을 하는 것이 사회적으로 용인될 수 있다고 믿었다. 그들은 이런 종류의 거짓말이 해롭거나 악의적이지 않은 '하얀 거짓말'이라고 생각했으며 참가자들은 이러한 유형의 속임수가 온라인에서 일반적이라고 믿었다.

더 최근에 연구를 수행한 Naquin, Kutzberg 그리고 Belkin(2010)은 참가자들이 펜과 종이보다 이메일로 의사소통할 때 거짓말을 할 의향이 더 높다는 것을 발견했고 그렇게 하는 것이 더 정당하다고 느꼈다는 것을 발견했다. Zimbler

와 Feldman(2011)은 이메일, 인스턴트 메신저 및 대면을 통한 15분간의 대화에서 속임수를 조사했고, 대면에 비해 디지털 미디어에서 속임수가 더 명확하다는 것을 발견했다. Naquin과 동료들, Zimbler와 Feldman는 연구가 몇 가지 흥미로운 발견을 제공하지만, 그럼에도 불구하고 이러한 연구는 실제가 아닌 실험실에서 수행되었다는 점에서 제한적이다. 현실에서, 개인들은 온라인으로 소통할지 오프라인으로 소통할지 선택할 수 있고, 원래 알던 사람 그리고 낯선 사람 모두와 소통할 수 있다.

보다 체계적으로 수행된 연구는 누군가가 거짓말을 할 가능성을 조사했는데, 대면, 전화 등 다양한 매체를 통해 그 가능성에 차이가 있는지 살펴보았다. 이러한 연구 역시 온라인에서 이용할 수 있는 다양한 유형의 미디어 간의 차이를 밝혔다. 예를 들어, 텍스트 전용 공간은 개인이 자신의 사진과 비디오를 업로드 해야 하는 공간에 비해 더 많이 속일 가능성이 높다. 이 연구는 아래에 자세히 설명되어 있다.

제안활동

지난 한 주 동안 여러분이 했던 다양한 거짓말(하얀 거짓말 혹은 진짜 거짓말)을 생각해 보라. 어디서 거짓말을 했고, 그 매체를 선택한 이유는 무엇인가?

11.3.1 속임수를 예측하기 위한 이론

어떤 유형의 미디어를 주로 활용하는 개인이 거짓말을 할 가능성이 더 높은지를 예측하기 위해 개발된 많은 이론들이 있다. '사회적 거리 이론(Social distance theory)'의 지지자들은 거짓말이 개인들을 불편하게 만들기 때문에, 그들은 그들 자신과 거짓말 상대 사이의 사회적 거리를 유지하기 위해 덜 풍부한 매체를 선택할 것이라고 주장한다. 즉, 기만자들은 자신의 거짓말이 들킬 수 있는 단서들(예를 들어 음성, 자신의 신체나 말투 등)을 가진 미디어의 사용을 피한다. 더구나 덜 풍부한 매체에서, 기만자는 상호작용에 대한 더 많은 통제력을 가질 수 있다. 예상치 못한 질문에 대해 즉각적인 반응을 하기보다는 좀 더 생각을 할 수 있기 때문이다. 만약 사회적 거리 이론이 경험적 연구에 의해 뒷받침된다면, 사람들은 이메일에 가장 많은 거짓말을 하고, 그 다음은 인스턴트 메시지, 전화, 대면 순으로 거짓말을 한다는 것을 발견할 수 있을 것이다. 이와는 대조적으로, '미디어 풍부성 이론(Media richness theory)'은 거짓말이 매우 모호하기 때문에, 사람들은 다중 큐 시스템(여러 정보 신호를 동시에 처리하는 시스템, 역자주), 즉각적인 피드백, 자연어 처리 및 메시지 개인화를 포함하고 있는 풍부한 미디어에서 더 많이 거짓말을 한다고 설명한다. 따라서 이 이론에서는 개인들이 직접 대면하는 상황에서 더 많이 거짓말을 할 것이고, 전화, 인스턴트 메시지, 그리고 이메일이 뒤따를 것이라고 예측한다.

　　Hancock(2007; Hancock, Curry, Goorha & Woodworth, 2005; Hancock, Thom-Santelli & Ritchie, 2004)과 그의 동료들은 그들이 '특성 기반 모델(Feature-based model)'이라고 부르는 대안 이론을 제안했다. 그들은 위의 두 이론에 대해 실험한 후에 그들의 연구가 뒷받침되지 않는다는 것을 발견하고 새 이론을 고안했다. 그들의 원래 연구에서, 참가자들이 일주일 동안 거짓말의 모든 사례를 기록한 일기를 활용하여 28명의 학생들의 거짓말을 조사했다(Hancock et al., 2004). 참가자들은 하루에 약 6번의 상호작용에 참여했고, 하루에 평균 1.6번 거짓말을 했다(전체 사회적 상호작용의 26%에 거짓말이 포함됨). 대면 상호작용에 거짓말이 가장 많이 발생했고(n=202, 하루에 1.03번), 전화(n=66, 하루에 0.35번), 인스턴트 메시지(n=27, 하루에 0.18번), 이메일(n=9, 하루에 0.06번) 등이 뒤를 이었다. 매체 내 거짓말의 가장 큰 비율은 전화에서 발생했고, 가장 작은 비율은 이메일을 통해 발생했다. 흥미롭게도, 사람들이 이메일을 더 많이 사용할수록, 그들은 이메일을 통해 더 많은 거짓말을 하는 경향이 있었다(이러한 관계를 인스턴트 메시지에서는 확인할 수 없었다).

　　그들의 발견을 설명하기 위해 Hancock과 동료들(2004)은 특성 기반 이론(feature-based theory)을 제공했다(표 11.1 참조). 이 이론은 속임수를 조사할 때 고려해야 할 3가지 차원을 제시했는데, 매체가 동시적인지(synchronous), 기록이

표 11.1 특성 기반 모형: 거짓말을 할 가능성에 대한 순위 예측

	대면	전화	인스턴트 메시지 (예: 메신저)	이메일	SNS	문자 메시지
미디어 특성						
동시적인	X	X	X			
기록이 없는	X	X				
떨어짐		X	X	X	X	X
거짓말 예측 순위	2	1	2	3	3	3

출처: Hancock et al., 2004

없는지(recordless), 떨어짐(distributed) 여부(즉, 공존하지 않음)이다. 특성 기반 이론은 매체가 동시적이고, 떨어져 있으면서, 기록 가능성이 적을수록 거짓말이 더 자주 발생한다고 언급한다. 첫째, 동시적 상호작용이 가능한 매체에 더 많이 발생하는데, 왜냐하면 대부분의 거짓말은 즉흥적이기 때문에 동시적 의사소통은 거짓말을 할 수 있는 더 많은 기회를 제공하기 때문이다. 둘째, 기록된 통신에서, 사람은 대화가 잠재적으로 유지되거나 저장되고(예: 저장된 이메일) 미래의 대화에서 참조될 수 있다는 것을 알고 있으므로, 이를 안다면 거짓말을 할 가능성이 적다. 셋째, 참가자들이 함께 있는 미디어에서의 거짓말은 즉시 밝혀질 수 있기 때문에 속이는 행동을 어느 정도 제한해야 한다(예: 실제로 컴퓨터 게임을 할 때 보고서를 작성하고 있다고 거짓말하는 것은 떨어짐이 없는 즉, 공존해야 하는 매체에서 어려울 수 있다).

Hancock 외 연구진(2004) 이후의 연구는 거짓말의 대상과 말하는 거짓말의 유형을 고려할 때 특성 기반 이론이 반드시 지켜지지 않는다는 것을 발견했다. 예를 들어, Whitty와 Carville(2008)은 150명의 참가자들에게 서로 다른 미디어에서 서로 다른 유형의 거짓말을 할 가능성이 얼마나 높은지 리커트 척도로 평가하도록 요청했다. 그들은 개인들이 그들에게 잘 알려지지 않은 사람들에게 이기적인 거짓말을 할 가능성이 전반적으로 더 높다는 것을 발견했다. 본 연구에서 확인된 이기적 거짓말의 예는 다음과 같다.

친한 누군가와 직접 만났을 때 그가 당신을 행사에 초대한다는 대화를 나누고 있다. 하지만 당신은 당신이 하고 싶은 다른 것을 생각할 수 있다. 그래서 당신은 그 행사에 갈 수 있을지라도 갈 수 없다고 말할 수 있다 (p.1025).

연구자들은 가까운 지인들은 개인의 일상생활에 대해 더 많은 정보를 가지고 있기 때문에 기만자가 그들에게 이기적인 거짓말을 하는 것이 더 위험하고 어렵다고 주장한다. 이기적인 거짓말과 관련하여 개인들은 이메일로 거짓말을 할 가능성이 더 높다고 말했고, 그 다음으로 전화, 마지막으로 대면하는 경우라고 말했다. 이러한 경우, 대상이 친근한 사람이든 잘 모르는 사람이든 상관없이 그랬다. 그러한 발견은 사회적 거리 이론(Social distance theory)을 뒷받침한다. Whitty와 Carville(2008)은 이기적인 거짓말이 기만자를 불편하고 불안하게 만들 가능성이 더 높기 때문에 이메일이 거짓말을 하기에 이상적인 장소라고 설명한다. 이와 달리 타인 지향적(other-oriented) 거짓말의 경우, 연구의 참가자들은 그들이 친밀감을 느끼는 사람들에게 이러한 거짓말을 할 것이라고 믿었다. 타인 지향적인 거짓말의 예는 다음과 같다.

당신은 잘 모르는 사람으로부터 이메일을 받았다. 이메일에서 그들은 당신에게 그들이 매력적으로 보이는지 묻는다. 당신은 그들이 매력적이라고 생각하지 않지만, 그들의 감정을 상하게 하고 싶지 않기 때문에 그들에게 매력적이라고 답장을 보낸다(p.1025).

타인 지향적인 거짓말은 일반적으로 거짓말 대상의 감정을 보호하기 위해 행해진다. 이것을 고려할 때, Whitty와 Carville은 사람들이 타인의 감정을 보호하기 위해 자신과 가까운 사람에게 거짓말을 하는 것이 그들을 화나게 하거나 괴롭게 할 수 있는 진실을 말하는 것보다 더 필요하다고 느낀다고 주장한다. 이 연구의 참가자들은 그들과 가까운 누군가에게 타인 지향적인 거짓말을 할 가능성에 매체의 유형이 영향을 미치지 않을 것이라고 믿었다. 아마도 이러한 유형의 거짓말의 목적이 대상의 진실성을 유지하는 것이며, 어떤 종류의 매체에서든 자신이 아끼는 사람을 위해 거짓말을 하도록 동기부여 해야 하기 때문일 것이다. 그러한 거짓말은 사람들을 다치게 하는 것이 아니라 다른 사람들이 자신에 대해 더 좋게 느끼도록 하기 위한 것이다. 누군가가 다른 사람을 더 신경 쓸수록, 확실히 더 동기부여가 되는 것은 그러한 '하얀 거짓말'을 하는 것이다. 대조적으로, 모르는 사람들에게 타인 지향적인 거짓말을 하는 것에 관해서, 참가자들은 이메일로 거짓말을 할 가능성이 적고, 얼굴을 맞대고 말할 가능성이 가장 높다고 주장했다. 다시 말하지만, 이것은 특징 기반 이론을 지지하지 않고 대신 사회적 거리 이론을 지지했다. Whitty와 Carville(2008)는 아래와 같이 언급하였다.

> 온라인은 사회적 존재감이 부족하고 맥락적 신호가 적기 때문에 직접 대면했을 때보다 컴퓨터 매개 소통(Computer Mediated Communication: CMC)에서 공격적으로 대화할 가능성이 더 높다. 이것은 왜 개인들이 모르는 사람에게 이메일에서 타인 지향적 거짓말을 하기보다 상처가 되는 진실을 말할 가능성이 더 높은지를 설명해준다. 이 경우 사회적 거리감은 불쾌한 진실을 말하게 하는 동기를 부여한다(p.1029).

위의 연구에 대한 주요 비판 중 하나는 그것이 가상의 시나리오를 기반으로 한다는 것이다. 이러한 연구를 통해 사람들이 현실에서 거짓말을 할 것인지를 확인하는 것은 어렵기 때문에 우리는 그 결과를 유의하여 볼 필요가 있다. 동일한 결과가 나올 수 있다는 확신을 갖기 위해서는 Hancock과 그의 동료들의 연구와 유사한 일기 연구 등과 같은 실제 현장에서 검증되어야 한다.

Whitty와 동료들(2012)은 더 큰 표본에서 추출하고, 더 많은 유형의 매체를 조사하고, 자발적인 거짓말과 계획된 거짓말을 구별함으로써 Hancock과 동료들의 초기 연구를 되풀이하려고 했다. 그들의 연구에서, 76명의 사람들이 일기 연구에 참여했고 6가지 의사소통 방식(대면, 전화, SNS, 인스턴트 메시지, 이메일 그리고 문자 메시지)에 초점을 맞췄다. Hancock과 동료들의 발견에 근거하여, 그들은 전화를 통해 대면이나 인스턴트 메시지보다 더 많은 거짓말이 전달될 것이며, 이어서 SNS, 이메일, 문자 메시지 순으로 거짓말을 전달할 것이라는 가설을 세웠다(표 11.1 참조). 그들의 가설은 부분적으로만 뒷받침되었다. 참가자들은 전화로 거짓말을 할 가능성이 더 높았고, 그 다음은 대면이었으며, 대면과 인스턴스 메시지 사이에 유의한 차이는 없었다. 그러나 연구 결과는 참여자들이 문자 메시지를 제외한 다른 디지털 미디어보다 인스턴트 메시지에서 더 많은 거짓말을 할 것이라는 가설을 뒷받침하지 않았다. 이것은 다음과 같이 설명할 수 있다. 속임수를 예측할 때 '미디어 특성'만 고려해서는 안 되며 모형 내에서 그 외의 특성을 고려할 필요가 있다. 추가적으로 연구자들은 인스턴트 메시지를 아마도 동시적이 아니라 '거의 동시적인' 매체로 간주해야 할 것이다.

11.4 속임수 탐지

사람들은 일반적으로 거짓말을 탐지하는 데 서툴다. 심지어 경찰관과 같은 거짓말 탐지 훈련을 받은 사람들도 그렇다(Vrij, 2008). 이런 맥락에서 심리학자들이 인터넷 존재 이전부터 속임수를 탐지하는 데 관심이 있었다는 것은 놀라운 일이 아니다. 물론 사람들의 일상에서 속임수를 탐지하는 것도 흥미롭지만, 용의자가 유죄인지 무죄인지를 구별하는 것처럼 실제적인 도움이 되기도 한다. 인지 심리학자들은 이야기에서 인지 부하를 증가시킴으로써 구두 설명에서 속임수 탐지를 개선하는 방법을 고려했다. 예를 들어, Vrij와 동료들(2008)은 진실을 말하는 사람과 거짓말하는 사람에게 자신의 이야기를 역순으로 보고하도록 요청했을 때 속임수의 탐지가 개선되었음을 발견했다.

심각한 범죄자들은 사람들을 속이기 위해 더 성공적인 거짓말 전략을 개발했을 가능성이 있기 때문에 발견하기가 훨씬 어려울 수 있다. 실제로 연구에서 범죄자들이 거짓말을 탐지하는 데 있어 비범죄자들을 능가한다는 것을 발견했다. 같은 연구자들은 비범죄자들의 94%가 거짓말을 하는 것이 진실을 말하는 것보다 더 많은 정신적 노력을 필요로 한다고 생각하는 반면, 범죄자들의 60%

만이 같은 의견을 보고했다(Hartwig, Granhag, Stromwall & Anderson, 2004). 잠재적 범죄자가 언제 속임수를 쓸지 감지하는 것이 어렵다는 점을 감안하여, 기만자를 잡기 위한 인터뷰 기술을 개선하는 것에 대한 많은 연구가 있었다(예: Dando, Bull, Ormerod & Sandham, 2015). 그 전략 중 하나는 그들이 기만자인지 판단하기 위해 누군가에게 질문할 때 인지 부하를 증가시키는 것이다. 영국의 연구자들은 '통제된 인지 참여'(Controlled Cognitive Engagement: CCE)라고 부르는 보안 검사 방법을 개발했다. 이는 탑승객이 제공하는 정보가 진실한 정보인지를 검증하기 위해 보안요원이 적용할 수 있는 통제된 인터뷰 방법이다(Dando, 2014; Ormerod & Dando, 2015). Ormerod와 Dando(2015)에 따르면, 통제된 인지 참여는 기만 탐지율을 개선하기 위해 실험실 연구에서 보여준 6가지 기술을 구현하였다. 그 기술은 증거의 사용, 예상 지식 테스트, 효과적인 질문 스타일, 교묘한 언어의 관찰, 비대칭적 인지 부하, 언어 행동의 변화이다(p.78). 이러한 유형의 인터뷰는 예상되는 지식을 테스트하기 때문에 진실을 말하는 사람은 친근하고 기대되는 지식을 위해 진실을 말하는 사람들이 친절하고 일상적인 대화를 경험하는 반면, 기만자들은 그들의 반응이 일관되고 사실적인지를 확인해야 하므로 인지 부하가 증가한다. 연구자들은 이 방법이 항공 보안 심사에서 속임수를 파악하기 위한 실험 연구에서 매우 성공적이라는 것을 발견했다.

범죄자가 아닌 집단에서 속임수를 탐지하는 것은 여전히 도전적이지만 약간 더 쉽다. 기만자들은 지나치게 통제된 행동을 보이는 경향이 있는데, 이는 정보를 의식적으로 전달하기 위해서이며 몸의 움직임과 제스처와 같은 약간의 동작을 가미한다(Granhag & Strömwall, 2002). 범죄자가 아닌 기만자는 종종 의식적으로 발언 속도를 감소시킨다(Vrij, 2008). 또한, 속임수는 죄책감과 두려움의 감정을 유발할 수 있기 때문에, 개인이 거짓말을 할 때, 그들은 종종 신경질적인 미소, 언어의 망설임 및 교란과 같은 스트레스 징후와 초조한 행동이 증가한다(DePaulo et al., 2003; Vrij, Edwards & Bull, 2001). 비록 비언어적인 신호가 속임수를 탐지하는 데 유용할 수 있지만, 문제는 거짓말을 할 때 해당 신호가 항상 기록되는 것은 아니라는 것이다. 우리는 이미 이 장에서 사람들이 거짓말을 할 때 종종 기록 가능한 형태의 미디어를 피한다는 것을 배웠다. 그럼에도 불구하고 일부 거짓말은 기록 가능한 매체에서 이야기되며, 사람들이 이러한 매체를 사용하여 속이려고 할 때 기록은 잠재적인 기만을 탐지하는 데 도움이 될 수 있다.

그러므로 인터넷은 속임수를 탐지할 수 있는 새로운 기회를 열었는데, 특히 범죄 사건에서는 발생 추정 시기부터 법의학적 증거를 수집할 목적으로 기록된 자료를 수집할 수 있다. 컴퓨터 과학자들과 행동 과학자들은 온라인 환경에서 속임수를 탐지하기 위해 혁신적인 연구에 대한 지식과 기술을 결합했다. Rashid와 동료들(2013)의 연구는 여러 개의 신분 뒤에 숨어 있는 범죄자(또는 소위 디지털 페르소나)를 탐지할 수 있는 것을 밝혔다. 그들의 작업은 주요 문법 범주와 의미론 분야뿐만 아니라 단어 빈도를 조사하여 저자를 위한 '문체 스타일 지문'을 수립한다. 연구원들이 그 방법을 적용하면 상당한 자신감을 가지고 디지털 페르소나 뒤에 있는 '진짜' 사람의 나이와 성별을 확인할 수 있으며, 이는 누군가가 그들의 실제 모습과 상당히 다른 온라인 가상 인물을 만들고 있는지 설명하는 데 도움이 될 것이다. 이 작업은 아동 성범죄자, 로맨스 사기 범죄자, 청소년의 과격한 문화와 관련된 사람 등 범죄자의 온라인 탐지에 도움이 될 수 있다.

11.5 결론

인터넷은 개인의 정체성을 속이는 것(예: 나이, 성별 또는 신체적 묘사 변경)의 발생 가능성을 증가시킬 뿐만 아니라 거짓말을 할 수 있는 새로운 기회를 열었다. 연구자들은 우리가 생각하는 것과는 달리 사람들이 다른 매체(예: 대면, 이메일)를 통해서보다 전화로 거짓말을 할 가능성이 더 높다는 것을 발견했다. 특성 기반 모델은 개인이 전화에 더 많이 거짓말을 할 수 있는 이유를 설명하기 위해 개발되었지만, 이 장에서 지적했듯이 거짓말의 복잡성(거짓의 유형, 거짓말을 당하는 사람 등)을 고려하여 해당 모형을 보완할 여지가 있다.

이 장에서 논의한 것처럼 거짓말을 하는 모든 사람들이 해를 끼칠 의도로 그렇게 하는 것은 아니다. 그럼에도 불구하고 연구자뿐만 아니라 다른 분야(예: 법 집행, 보안, 산업)의 종사자들이 사람들이 어디에서 거짓말을 더 많이 하는지와 속임수를 탐지하는 방법을 배우고 싶은 여러 이유가 있다. 비록 인터넷이 거짓말을 할 수 있는 새로운 기회를 제공했지만, 그것은 또한 속임수를 탐지할 수 있는 새로운 기회를 열었다. 이 장에서는 속임수 탐지에 있어 보다 효과적인 방법을 개발하기 위해 학제간 연구팀의 이점을 설명한다. 더욱이, 속임수를 탐지하기 위해 연구자들은 범죄자와 비범죄자를 구별하는 방법이 필요하고 거짓말을 하는 더 많은 이유를 발견하고 더 많이 훈련해야 한다. 범죄자들이 관여하는 특정 유형의 속임수가 있는데, 학계와 비학계는 그것을 탐지하는 데 관심을 기울였다. 우리는 온라인 사기, 피싱 및 불법 다운로드를 조사하는 12장에서 이 중 일부를 검토할 것이다.

토론 질문

1. 모든 상황에서 거짓말을 하는 것이 부도덕한 것으로 간주되어야 하는가? 만약 그렇지 않다면, 언제 거짓말을 해도 괜찮은가? 왜 그렇게 생각하는가?

2. 어떤 매체가 거짓말이 통할 가능성이 높다고 생각하는가? 당신은 왜 그것이라고 생각하는가? 당신의 생각은 속임수에 대한 어떤 이론적 모델에 의해 지지를 받는가?

3. 당신은 가까운 사람들에게 거짓말을 할 가능성이 더 높은가, 아니면 낯선 사람들에게 거짓말을 할 가능성이 더 높은가? 당신은 당신과 가까운 사람들 대 낯선 사람들에게 거짓말을 하기 위해 다른 매체를 사용하는가? 만약 그렇다면 왜 그렇다고 생각하는가?

4. Hancock의 특성 기반 모델을 떠올려보라. 이 모델에서 사람들이 어느 매체에서 더 잘 속이는지를 확인할 수 있는 다른 특성이 있다고 생각하는가?

5. 이 장의 요약 외에, 속임수를 탐지하기 위해 디지털 매체를 사용하는 다른 방법은 무엇인가? 제안한 방법의 효과를 어떻게 검증할 것인가?

Galanxhi, H. & Nah, F. F.-H. (2007). Deception in cyberspace: A comparison of text-only vs. avatar-supported medium. *International Journal of Human-Computer Studies, 65*(9), 770–783.

Guillory, J. & Hancock, J. T. (2012). The effect of LinkedIn on deception in resumes. *Cyberpsychology, Behaviour, and Social Networking, 15*(3), 135–140.

Hancock, J. T., Thom-Santelli, J. & Ritchie, T. (2004). Deception and design: The impact of communication technologies on lying behavior. In *Proceedings of the SIGCHI Conference on Human Factors in Computing Systems* (pp. 129–134). New York, NY: Association for Computing Machinery.

Ormerod, T. C. & Dando, C. J. (2015). Finding a needle in a haystack: Veracity testing outperforms behaviour observation for aviation security screening. *Journal of Experimental Psychology: General, 144,* 76–84.

Rashid, A., Baron, A., Rayson, P., May-Chahal, C., Greenwood, P. & Walkerdine, J. (2013). Who am I? Analysing Digital personas in cybercrime investigations. *Computer, 46*(4), 54–61.

Vrij, A. (2008). *Detecting lies and deceit: Pitfalls and opportunities* (2nd ed.). Chichester, UK: John Wiley & Sons.

12

온라인 범죄
: 스캠(scam), 사기 및 불법 다운로드

런던에 있는 아버지의 집에서 온 편지를 당신에게 보냅니다. 가족의 마지막 유산을 구하기 위한 저의 노력에 당신이 엄청난 도움이 될 것이라고 믿고 편지를 씁니다. 이 편지가 가장 빠르고 신뢰할 수 있는 의사소통 방법이기 때문에 저는 이 편지를 통해 당신에게 연락하기로 선택했습니다. 저는 여러분의 변함없는 지지와 협력을 원하기 때문입니다.

제 이름은 웨스트 알라미예시가(Mr. West Alamieyeseigha)입니다. 알라미예시가 가문의 후계자입니다. 작년쯤 남부 나이지리아의 바이엘사 지역의 주지사였던 아버지가 국가 원유를 생산하는 지역인 니제르 델타 지역의 곤경에 대한 정부의 불감증에 반대하는 캠페인을 벌인 후 연방 정부와 갈등을 빚으면서 우리 가족의 시련은 시작되었습니다. 그 지역은 우리나라의 주된 외화벌이 지역입니다. 아버지가 영국 런던에서 체포되기 직전 연방 당국과 일련의 회의에서 당국은 아버지의 진정한 연방주의와 자원 통제에 대한 캠페인을 그만두게 하는 것을 목표로 했지만, 아버지는 모든 매력적인 제안을 거절했고 정부는 아버지를 곤경에 빠트리고자 했습니다. 아버지는 작년에 런던에서 체포되어 구금되었습니다. 그는 바이엘사로 탈출했지만 겉으로는 그가 보석 기간 중에 도주했다고 주장하는 영국 당국의 협력이 없이는 가능하지 못했을 겁니다. 50세의 나의 병든 어머니 마거릿 알라미 예시가는 런던에서 굴욕을 당했고 돈세탁 범죄로 기소되었습니다.

나는 당신이 이 사건에 대해 잘 알고 있다고 확신하지만, 더 궁금한 게 있으면 연락 주십시오. 제가 당신에게 연락하는 이유는 제 가족의 유산을 확보하기 위한 당신의 지원과 협력을 요청하기 위해서입니다. 개인 금고에 보관된 2천만 달러가 넘는 아버지의 비자금 중 일부를 우리가 투자할 수 있도록 도와줄 믿을 만한 외국인을 찾아달라고 부탁하신 어머니의 지시로 연락드립니다. 귀국의 투자 정보를 나에게 제공한다면 나는 당신에게 우리 돈에 접근하는 세부사항을 제공할 것입니다. 우리는 전체 금액의 30%를 정보 및 협조에 대한 보상으로 지급할 것입니다.

당신이 우리를 도울 의향이 있다는 것을 알려준다면, 보다 자세히 설명해 드리겠습니다. 그동안에 당신은… (나이지리아 이메일 사기 사건의 예; Whitty & Joinson, 2009, pp.57-58).

11장에서는 일상적인 속임수와 범죄 활동을 목적으로 하는 속임수를 구별하는 것의 중요성을 지적하면서 일상적인 온라인 속임수에 초점을 두어 살펴보았다. 이 장에서는 범죄자들이 온라인에서 하는 속임수뿐만 아니라 일부 사람들이 이러한 속임수에 속는 이유에 초점을 맞춘다. 특히 피싱, 대량 마케팅 사기(Mass-Marketing Fraud), 음악·동영상 등의 온라인 자료 불법 다운로드 등에 집중할 예정이다.

12.1 피싱(Phishing)

피싱은 개인의 실제 계정에 부정하게 접근하기 위해 개인을 속여 개인 및 금융 정보를 누설하도록 하는 사회 공학 및 기술 기반 속임수이다. 이는 일반적으로 잘 알려져 있고 신뢰할 수 있는 기관(예: PayPal, eBay 및 잘 알려진 은행)에서 사용자에게 기관의 웹 사이트에 로그인하여 정보의 유효성을 확인하도록 요청하는 이메일 메시지로 시작된다. 그러나 제공된 링크는 공식 웹 사이트로 연결하는 대신 사용자에게 위조 사이트로 안내한다. 페이스북과 같은 소셜 미디어에도 유사한 메시지 링크가 나타날 수 있다. 기술 기반 위조 계획은 사용자의 컴퓨터에 범죄 소프트웨어를 심어 사용자의 온라인 계정, 사용자 이름과 암호를 가로채거나 로컬 내비게이션 인프라를 손상시켜 소비자를 위조 웹 사이트로 유도한다(Anti−Phishing Working Group, 2014). 이러한 공격이 집단적으로 발송된다는 점에서 '피싱'이라는 용어는 이러한 유형의 공격을 설명하기 위해 사용되었다. 이는 범인이 미끼와 마주치는 먹이 중 적어도 몇 마리를 속이기를 바라는 낚시(fishing)와 유사하기 때문이다. 피싱 메일의 예는 [그림 12.1]에서 확인할 수 있다. 그림에서 알 수 있듯이, 사용자가 웹 링크에 커서를 위치시켰을 때 나타나는 실제 웹 사이트 주소는 Nationwide 사이트와는 아무런 상관이 없는 곳이라는 것을 알 수 있다.

안티피싱 워킹그룹(Anti−Phishing Working Group)은 2014년 12월에 17,320개의 피싱 웹사이트를 확인했으며, 300개 브랜드가 피싱의 표적이 된 것으로 파악했다. 2014년 12월 가장 많은 표적 대상이 된 산업부문을 분석한 결과 유통 서비스(29.4%)가 가장 높은 대상 산업이었고, 결제 서비스(25.1%), 금융 서비스

그림 12.1 피싱 전자 메일의 예

 Nationwide 격이 다른 자부심

고객님께,

Nationwide 인터넷 은행에서는 새로운 보안 업그레이드 관련 안내를 해드립니다.
우리는 고객님께 더 편리하고 안전한 서비스를 제공하고자, 우리의 새로운 서버를 업그레이드 하였습니다.
고객님께서는 아래의 링크로 들어가셔서 계좌정보를 업데이트해주시기 바랍니다.

http://www.nationwide.co.uk/update.asp?ID=3b89db2a6001ec93328d21e59a011b0a25a

http://www.drinkrezepte.de/shakes/index.html

Rafiq Migh
고객 어드바이저
Nationwide 디렉터

(20.8%)가 그 뒤를 이었다. 향상된 탐지 기술로 인해 피싱 사이트의 약 절반이 하루 만에 정지된다(Rao, 2015). 그럼에도 불구하고, 여전히 존재하는 피싱 사이트의 개수는 탐지와 예방을 위한 개선된 접근이 필요한 문제임을 보여준다. 더 큰 문제는 들키지 않은 피싱 사이트의 존재가 적어도 범죄자들에게는 피해자들을 사취하는 성공적인 방법으로 인식된다는 것을 의미한다.

독자들은 피싱 외에도 피싱과 유사한 '스피어 피싱'을 알고 있을 수 있는데, 이것은 무작위 해킹 대신 특정 대상을 정해 접근한다. 피싱과 마찬가지로 스피어 피싱 메시지는 신뢰할 수 있는 소스에서 온 것처럼 보인다. 그러나 피싱과 달리 스피어 피싱 공격은 개인과 조직에 대한 특정 지식을 활용한다. Hong (2012)의 예시는 장군의 퇴역 파티 초대장이 포함될 수 있는 군인에 대한 공격인데, 수령인에게 참석 가능 여부를 확인하는 링크를 클릭하도록 요청한다. 따라서 일반적인 피싱 공격에 비해 스피어 피싱 공격이 알려진 소스에서 발생하는 것으로 보인다는 점에서 개인은 스피어 피싱 공격에 더 쉽게 반응할 수 있다.

12.2 보이스피싱(VISING)

개인들은 계속해서 새로운 사기에 직면하고 있고, 범죄자들은 그들이 진짜임을 잠재적인 피해자들에게 확신시킬 수 있는 새로운 미디어 활용법을 집요하게 찾고 있다. 예를 들어, 보이스피싱은 범죄자들이 전화를 통해 신원 도용에 사용될 개인 정보를 공개하도록 만드는 수법이다. 전형적으로 범죄자는 합법적인 사업체(예: 은행)인 것처럼 가장하여 피해자에게 합법적인 이유로 개인 정보를 요청하는 것처럼 속인다. 혹은 범죄자는 피해자에게 그들의 자금을 보호해야 한다는 명목으로 개인 정보를 웹사이트에 입력하도록 요청하거나, 실제로는 자금 세탁에 활용될 계좌로 돈을 이체하도록 한다.

12.2.1 피해자 수

고객에게 제공하는 수많은 인식 캠페인 및 교육 워크샵에도 불구하고 많은 개인이 보이스피싱 공격의 희생양이 된다. 캐나다 정부의 후원으로 실시된 Get Cyber Safe 2015년 보고서에 따르면, 캐나다인의 약 10%가 피싱(phishing) 링크를 클릭하는데 이는 약 80만 명에 해당한다고 추정된다(Get Cyber Safe, 2015). 영국의 Verizon이 작성한 보고서에서는 2014년 직원의 약 25%가 피싱(phishing) 이메일을 열었을 것이라고 주장한다(BBC News, 2015).

12.3 왜 사람들은 피싱에 속는가?

일부 연구원들은 피해자들이 피싱(phishing) 이메일이 진짜라고 믿는 이유를 조사했다. Wang, Herath, Chen, Vishwanath, & Rao(2012)가 수행한 연구에서 참가자들에게 '이메일 계정을 지금 업그레이드 하세요'라는 제목의 '진짜' 피싱 이메일 이미지를 제시했다. 그 이메일은 수신자들에게 그들의 이름, 비밀번호, 생년월일, 보안 질문의 답을 물었다. 수신자들은 또한 요청된 정보를 7일 이내에 보내지 않으면 이메일 계정을 잃게 될 것이라는 말을 들었다. 참가자들은 이것이 피싱 이메일이라는 것을 모른 채, 해당 이메일에 응답할 가능성이 얼마나 되는지 그리고 연구원들이 피싱 이메일에 응답할 가능성이 높은 사용자를 예측하는 이론적 모델을 개발하는 데 도움을 주는 일련의 질문을 받았다. 연구자들은 개인이 시급성을 강조하는 등의 본능적인 촉발요소에 주의를 기울이면 속게 될 가능성이 높아진 반면, 피싱 속임수 요소(문법 오류, 발신자 주소 등)에 주의를 기울이면 속게 될 가능성이 줄어든다는 사실을 발견했다. 흥미롭게도, 연구자들은 피싱 이메일을 처리하는 데 드는 인지적 노력이 이메일에 응답할 가능성과 유의한 상관이 없다는 것을 발견했다.

Alsharnouby, Alaca 및 Chiasson(2015)은 사람들이 피싱 사기에 속는 이유를 이해하는 데 도움을 얻기 위해 실험 참가자들에게 일련의 웹사이트(피싱 사이트 14개, 진짜 사이트 11개)를 제시한 후 살펴봐달라고 요청하였다. 참가자들은 각각의 웹사이트를 살펴본 후, 각 웹사이트가 합법적인지 사기인지, 피싱이 아님을 얼마나 확신하는지, 그리고 그렇게 결정한 이유에 대해 응답하였다. 또한 참가자들은 웹사이트를 보는 동안 그들의 시선을 기록하는 아이 트래커(eye-tracker) 장치를 착용했다. 비록 높은 효과는 아니었지만, 연구원들은 참가자들이 웹 브라우저(크롬)에서 보안 표시기를 보는 데에 더 오랜 시간을 할애할수록 사이트의 진위 여부를 알아차릴 가능성이 높다는 것을 발견했다.

Vishwanath(2015a)가 수행한 주목할 만한 연구에서 페이스북 사용과 피싱 공격에 대한 취약성 사이의 관계가 조사되었다. Vishwanath는 페이스북 등 소셜미디어를 통해 이뤄지는 피싱 공격 시도가 이메일 피싱 공격에 비해 훨씬 더 성공할 가능성이 높다고 지적한다. 그는 소셜 미디어의 인터페이스, 기능 및 사용자 보호가 끊임없이 변화하여 사용자가 플랫폼 사용에 대한 어느 정도의 숙달을 달성하기 어렵기 때문이라고 주장한다. 소셜미디어를 통한 피싱 공격은 두 단계로 나뉜다. 첫 번째 단계는 범죄자에게 친구 요청의 수락을 요구한다. 그렇게 되면 사용자에 대한 풍부한 데이터를 범죄자가 얻을 수 있다. 공격의 두 번째 단계에서 범죄자는 소셜미디어의 메시지(예: 페이스북의 메신저)를 사용하여 사용자에게 직접 정보를 요청한다. 예를 들어, 범죄자는 피해자가 개 애호가라는 지식을 활용하여 '개 자선단체'에서 후원을 요청하는 링크가 포함된 메시지를 보낸다. 그러나 해당 링크는 컴퓨터 등 매체를 감염시킬 수 있는 숨겨진 스크립트와 바이러스가 포함되어 있다. 이 연구의 메시지는 습관적인 페이스북 사용(잦은 페이스북 사용 빈도 및 대규모 소셜 네트워크라는 점)과 이러한 행동을 규제할 수 없는 것이 소셜미디어 공격에서 개인 피해의 가장 큰 예측 변수라는 것이었다.

Vishwanath(2015b)는 소셜 미디어 피싱이 이메일 피싱보다 범죄에 성공할 가능성이 더 높다는 것을 인정하지만, 그럼에도 불구하고 이메일 피싱 공격에 취약한 유형의 사람에 대해 더 많은 관심이 있었다. 이 특정 연구(Vishwanath, 2015a)에서 그는 대학생들의 표본(400명 중 200명, 유효 응답 192명)에게 피싱 이메일을 보냈다. 여기에는 이메일 계정 폐쇄에 대한 경고와 이메일 계정이 폐쇄당하지 않기 위해 기한 내에 꼭 하이퍼링크를 클릭해야 한다고 되어 있었다. 하이퍼링크를 숨기기 위하여 단축 URL 주소를 사용하였다. 링크를 클릭하지 않은 사람들은 일주일 후에 리마인더 메시지를 다시 받았다. 전체적으로 참가자의 83%(n＝159)가 하이퍼링크를 클릭했다. Vishwanath는 이메일 습관의 강도(즉, 개인이 이메일을 받으면 자동적으로 응답하는지 여부)와 인지 처리가 피싱 공격에 대한 취약성을 예측하는 데에 함께 영향력을 미친다고 주장했다. 그는 또한 성실성과 신경증의 성격적 특성이 이메일 습관에 영향을 미친다는 가설을 세웠다. 예측한 바와 같이, 성실성과 신경증에 높은 점수를 받은 사람들은 안전하게 이메일을 사용하는 습관을 보고할 가능성이 더 높은 것으로 나타났다. 또한 Vishwanath는 이메일을 더 상습적으로 확인하는 사람들이 피해자가 될 가능성이 높다는 것을 발견했다. 이에 더하여 '인지적 단축키'라고도 하는 휴리스틱 처리(heuristic process)는 피해자가 될 가능성(예: 이메일이 학생의 소속 대학과 같이 신뢰할 수 있는 출처에서 온 것처럼 보이는 것)을 크게 증가시키고, 체계적 처리(통신 내용에 대한 상세한 평가)는 해당 가능성을 크게 감소시킨다는 것을 발견했다. 그럼에도 이메일 습관이 피해자를 예측하는 가장 강력한 변수인 것으로 밝혀졌는데, 이는 취약성을 줄이기 위해서 이메일 사용 습관을 바꾸는 것에 예방의 초점을 둘 필요가 있음을 시사한다.

제안활동

자신의 전자 메일 습관을 생각해보라. 위의 논의된 연구에 비추어 볼 때 당신의 이메일 습관을 바꿀 필요가 있다고 생각하는가? 이메일 습관을 바꾸기 위한 교육 프로그램을 고민해 보라.

12.4 피싱 탐지의 발전

당연하게도, 피싱의 희생자 수를 줄이고 피싱 이메일로 인해 발생하는 피해로부터 조직을 보호하기 위해 피싱 이메일 탐지를 돕는 소프트웨어와 교육 프로그램이 개발되어왔다. 예를 들어 Jansson과 von Solms(2013)는 과거에 요청된 피싱 이메일에 응답한 개인에게 훈련 프로그램을 제공한 후 해당 프로그램이 효과적이었는지 여부를 확인하였다. 참가자들이 피싱 이메일의 링크를 클릭하면, 컴퓨터에 빨간색 경고 화면이 표시되어 '안전하지 않은' 동작임을 알려주는 이메일 메시지가 표시되었다. 게다가 이메일은 온라인 피싱 예방 교육 프로그램에 참여하도록 초대하는 링크를 제공하였다. 프로그램 참여 후, 참가자는 보안에 대한 이해를 묻는 짧은 질문들을 통해 다시 공격을 받을 가능성에 대해 진단을 받았다. 연구자들은 그들의 연구 결과가 이메일 사이트에 탑재된 훈련과 피싱 공격에 대한 가상훈련 모두에 노출되는 것이 피싱 공격에 대한 대응력을 높일 수 있다고 주장한다. 그러나, 해당 연구에서는 무작위 통제집단을 활용하지 않았다.

Davinson과 Silence(2010)의 초기 연구에서는 사용자에게 피싱 공격의 일반적인 유형과 식별 방법을 알려주는 훈련 프로그램을 개발하였다. 이 연구에서 참가자들은 무작위로 네 가지 조건 중 하나에 배정되었다. '그룹1'에게는 그들이 피싱에 대한 위험 수준이 낮음을 언급해주고, 훈련을 완료하지 않았다. '그룹2'에게는 그들이 피싱에 대한 위험 수준이 낮음을 언급해주고, 훈련을 제공하였다. '그룹3'은 그들이 피싱에 대한 위험 수준이 높다고 언급해주고, 훈련을 하지 않았다. '그룹4'는 그들이 피싱에 대한 위험 수준이 높다고 언급해주고, 훈련을 제공하였다. 훈련 프로그램은 피싱 공격으로부터 자신을 방어하도록 사용자를 훈련시키는 대화형 게임이다. 그들은 맞춤화된 위험 메시지가 참가자들의 위험 수준과는 상관없이 안전한 방식으로 행동하려는 의도를 증가시켰으나, 위험 수준에 대한 인식은 안전 행동을 증가시키지 않았다. 게다가, 연구자들은 프로그램 실시 7일이 지난 후에는 프로그램이 안전 행동에 영향을 미치지 않는다는 것을 발견했다. 이 연구는 훈련 프로그램 평가의 중요성 및 더 효과적인 훈련 프로그램 개발의 필요성을 강조한다.

12.5 대규모 마케팅 사기(Mass-Marketing Fraud: MMF)

사기(fraud)는 일반적으로 타인이나 조직의 이익을 부당하게 갈취하기 위해 사용되는 속임수로 정의될 수 있다. 대규모 마케팅 사기(Mass−Marketing Fraud, 이하 MMF)는 대량 커뮤니케이션 기술(예: 이메일, 메신저, 대량 메일, SNS)을 이용하여 사람들을 속여 돈을 빼앗는 사기의 일종이다. 이 범죄로부터 얻는 돈은 종종 더 사악한 범죄(예: 마약 밀매, 테러)에 사용된다고 여겨진다.

이 장은 대부분의 독자들이 아마도 알고 있는 MMF인 나이지리아 이메일 사기의 예를 제시하는 것으로 시작되었다. 이 사기는 '선입금 사기' 또는 '419 사기'(해당 사건에 적용된 나이지리아 형법의 섹션 번호 때문에 그렇게 이름 붙여짐)로도 알려져 있으며, 실제로 우편 사기로 시작되었다. 대부분의 경우, 우편물은 아프리카 국가 또는 나이지리아인 개인으로부터 발송되는 것으로 보이지만, 일부는 아프리카 국가에서 발송되었고 최근에는 아시아 및 동유럽 국가에서 발송되었다. 선수금 사기에서 범죄자는 다양한 이유(예: 청구되지 않은 재산, 부패한 임원, 죽어가는 사마리아인)로 인해 동결된 거액의 자금을 언급한다. 많은 경우에 발신자는 받는 사람에게 정부 공무원이나 가족 구성원이 난처하거나 법적인 문제에서 벗어날 수 있도록 돕는 것에 대해 풍부한 보상을 제공한다고 말한다. 그러한 이메일에 응답하는 사람들(그리고 놀랍게도 많은 사람들이 사기를 당했다)은 점차 금융거래에 문제를 겪는다. 처음에는 서류 작업이 지연된다고 하지만, 그 다음에는 많은 추가금이 왜 필요한지에 대해 변명을 한다. 예를 들어, 공무원들에게 뇌물을 준다는 식이다. 요청된 돈은 받는 사람이 궁극적으로 얻게 될 엄청난 횡재에 비추어 볼 때 미미해 보인다. 미루기는 지속되고 더 많은 금전적 지원이 요구된다. 이미 상당한 액수의 자기 돈을 거래에 투자했다는 점에서 추가적 제안을 거절하기는 더욱 어려워진다. 피해자가 그들이 속았다는 것을 알고 받아들였을 때만 끝이 난다. 그리고 그들이 그들의 돈을 다시 볼 가능성과 범인이 체포될 가능성은 매우 낮다.

범죄자들은 MMF를 이용하여 아주 미미한 노력으로 더 많은 잠재적 피해자들을 표적으로 삼을 수 있다. 잘못된 자선, 투자 또는 애정관계를 토대로 사람들을 속여 전자거래나 심지어는 암호화폐를 이체하도록 할 수 있다는 점을 감안할 때 인터넷은 MMF에 문을 열어준 셈이다. 범죄자들이 개인을 속일 목적으로 만든 온라인 사이트를 사람들이 불신하기 시작하면서, 이 범죄는 디지털 경제에도 영향을 미칠 수 있게 되었다. 고객들의 과실 또는 공모 여부와 상관없이 은행과 송금 조직은 그들의 거래뿐만 아니라 고객의 삶에 영향을 미치는 부정거래를 처리하는 문제가 있다.

일부 MMF는 낮은 금액으로 많은 피해자에게 사기를 치는 반면, 다른 MMF는 관계를 발전시켜 가면서(예: 로맨틱, 비즈니스, 우정) 다수의 동시 또는 순차적 피해자들의 돈을 편취하는 방식도 있다. MMF의 예는 다음과 같다:

- 투자 사기: '419 사기'와 같이 전통적인 수법의 이 사기는 피해자들로 하여금 그들이 매우 빠르게 많은 돈을 벌 것이라고 믿게 만든다. 범죄자는 피해자에게 연락하여 가치가 없거나, 과대평가되었거나, 혹은 존재하지 않는 주식을 제공한다. 피해자의 동기는 큰 이익을 얻기 위한 것이다.

- 온라인 데이트 로맨스 사기: 범죄자들은 온라인 데이트 사이트를 통해 연애를 시작하는 척하면서 피해자들을 속여 많은 돈을 갈취한다. 이 사기의 동기는 장기적이고 헌신적인 관계를 발전시키기 위한 것이다. 2012년 6월경부터, 이 사기에는 또 다른 사기 유형이 포함되었는데, 성인 데이트 사이트에서 채팅 등을 통해 피해자가 성적 행위를 하는 것을 동영상으로 촬영하고 나중에 메일로 협박(가족 또는 일터에 동영상을 보내겠다 등)하는 것을 포함한다.

- 자선 사기: 자선 사기는 범죄자가 진짜 자선단체처럼 보이게 하는 것도 포함된다. 사기꾼들은 합법적이고 잘 알려진 자선단체의 일부인 것으로

가장하거나 그들만의 자선단체를 만든다. 그들은 실제 자선단체가 운영하는 것과 비슷하게 보이기 위해 가짜 웹사이트를 개설한다. 이 사기는 일회성 사기뿐만 아니라 장기간에 걸쳐 피해자에게 피해를 줄 수 있다. 해당 사기의 피해자들은 자신의 이익을 위해서가 아닌 도움이 필요한 누군가에게 돈을 주기 위한 동기로 돈을 보낸다.

- **위기상황 사기**: 한 사람에 대한 실제 세부 정보를 인터넷으로 수집(예: 페이스북을 통해)한 후, 그 사람의 연락처 목록에 있는 한 명 이상의 지인들에게 그 사람이 곤경에 처해 있으며 즉시 돈이 필요하다고 말한다(예: 교통사고를 당했거나 외국에서 곤경에 처해 있다). 투자 사기나 로맨스 사기와는 달리 이 사기는 빠르게 작동한다. 그 동기는 도움이 필요한 사랑하는 사람을 돕기 위한 것이다.

- **상속 사기**: 범죄자는 변호사인척 하면서 피해자들에게 다음과 같은 이야기를 한다. 피해자와 성이 같은 혹은 매우 비슷한 이름을 가진 부자가 죽었는데, 부자의 변호사인 자신이 그 부자의 친척을 확인하여 유산을 상속하지 못하면, 그 돈은 정부로 귀속될 것이라고 말한다. 변호사 사기꾼은 피해자가 비슷한 이름을 공유하는 만큼 정부에 돈을 넘기지 않도록 도와주면 피해자에게 돈을 나눠줄 수 있다고 제안한다. 다른 선수금 사기와 마찬가지로 피해자들은 자금을 풀어주기 위한 세금과 소송 수수료 등을 내도록 요구받는다. 상속을 위해 이러한 절차를 합법적으로 수행하는 회사들이 실제로 존재하기 때문에 발견하기 어려운 사기가 될 수 있다. 이 범죄의 일부 피해자들은 그들의 행동에 합법적이지 않은 부분이 있다고 믿고 있어 사기를 당하고도 말하지 못하는 경우가 있다.

보고서에 따르면 상당히 많은 개인이 MMF로 인한 피해를 입는다. 영국 국가 사기청(National Fraud Authority, 2012)은 영국의 사기로 인한 비용(cost)이 연간 780억 파운드(약 130조원)에 달하며, 2011년 MMF에만 35억 파운드(약 6조원)가

손실되었다고 추정했다. 국가 사기청은 4,000명 이상의 영국 성인을 대상으로 전국 단위의 연구를 수행했으며, 2011년에는 100만 명(2% 미만)이 원치 않는 통신에 응답하여 돈을 보냈고, 그 결과 절반가량이 사기를 당한 것으로 나타났다. 또한 그 연구는 2011년에 영국 성인의 4분의 3(3,700만 명)이 요청하지 않은 통신을 받았다는 것을 발견했다. 그 중 대부분이 이메일이었다. 유사하게, 영국 성인 2,000명을 대상으로 한 연구에서 Whitty(2013a)는 2012년에 영국에서 약 80만 명의 성인이 MMF에 의해 사기를 당했다는 것을 발견했다. 2010년, 영국 공정거래청(UK Office of Fair Trading)은 '영국 성인의 절반가량이 사기의 표적이 되고, 8%는 적어도 한 번은 피해자가 될 것(p.1)'이라고 보고했다. Whitty와 Buchanan(2012)은 전국 단위의 연구를 통해 온라인 데이트 로맨스 사기에 의해 영국인 중 적어도 23만 명이 사기를 당했다는 것을 발견했다. 이러한 통계에서 알 수 있듯이 MMF의 재정적 비용은 심각하다. 재정적 비용에는 피해자, 가족, 친구뿐만 아니라 법 집행 비용과 사회 및 건강 지원 서비스 비용도 포함된다.

대량 마케팅 사기는 과소 보고된 것으로 여겨지는데, 이는 피해자들이 경험하는 당혹감과 수치심, 범죄자들이 잡힐 것이라는 희망의 부족, 그리고 법 집행 기관이 이 범죄를 심각하게 취급하지 않을 것이라는 두려움 때문이다. Action Fraud와 같은 영국의 보고 기관은 실제로 이러한 유형의 범죄를 보고하는 피해자가 10% 미만이라고 추정한다. 미국의 경우, 인터넷범죄신고센터(Internet Crime Complaint Center: IC3, 2014)에 따르면 인터넷 범죄로 인해 12만 3,684명의 피해자가 해당 단체에 금전적 손실을 신고했으며, 이 중 상당수가 MMF였다. IC3에 범죄를 신고하는 피해자는 10%에 불과한 것으로 추정된다. 2012년 호주의 MMF 피해자들은 9,400만 호주달러가 넘는 돈을 손실한 것으로 보고되었다(Australian Competition & Consumer Commission, 2012).

MMF의 피해자들은 금전적 손실과 심리적 영향을 모두 겪으며, 때로는 금전적 영향보다 심리적 영향이 더 크다(Button, Lewis & Tapley, 2014; Lea, Fischer & Evans, 2009a; Levi & Burrows, 2008; Whitty, 2015; Whitty & Buchan, 2016). 심리적 피해에는 수치심, 죄책감, 당혹감, 우울감, 자살 충동, 슬픔, 불안, 신뢰 상실 등이

포함될 수 있다. 게다가 피해자들은 다른 유형의 범죄 피해자들과는 달리 가족이나 친구의 지지나 지원이 부족한데, 이는 타인들이 MMF에 대한 이해가 부족하고 피해자들은 종종 그들의 상황에 대해 비난을 받기 때문이다(예: 이상하다는 생각 정말 못했어? 어떻게 보이스 피싱인줄을 모를 수 있지? 등). 일부 피해자들은 사기꾼들의 '돈 운반책'으로 활동하는 등 범죄 행위를 저지르는 것으로 알려져 있는데, 때때로 자신조차 모를 수 있고 때론 손실을 만회하기도 한다.

MMF 범죄자들을 잡고 기소하는 것은 어려운 일이다. (1) 범죄자들이 피해자들과 다른 나라에 사는 경우가 많고, (2) 범죄자들의 사용 방법은 추적을 어렵게 하며, (3) 범죄자들에 대한 증거를 확립하고 그들의 행방과 운영 전략에 대한 정보를 얻기 위해 많은 양의 온라인 데이터를 분석해야 하므로 기소는 매우 많은 시간이 걸린다. 이러한 요소들을 고려할 때, 이 범죄를 예방하고 탐지하기 위한 새로운 전략이 필요하다. 예를 들어, 데이트 사이트들은 (로맨스 사기를 위해 만들어진) 범죄 프로파일의 수를 줄이는 것을 돕기 위해 알려진 가짜 프로파일을 공유하도록 요청받았다. 페이스북(Facebook)은 알려진 가짜 프로필(범죄자들이 다양한 유형의 MMF를 가능하게 하기 위해 만드는 프로필)을 삭제했다. 또한 돈세탁방지 규정은 웨스턴 유니온(Western Union), 머니그램(MoneyGram) 등과 같은 자금이체 회사를 통해 자금이 송금될 때 거래와 수취인의 식별 가능성을 높인다.

12.6 인식 캠페인

피싱 사기에 대한 예방 전략과 유사하게, MMF를 방지하기 위해 다양한 인식 캠페인이 고안되었다. MMF에서 발생하는 피해를 방지하기 위해 사용자에게 해당 교육을 하려는 수많은 웹사이트와 전화 앱이 존재한다. 이러한 캠페인은 일반적으로 링크를 클릭하지 않는 것과 같은 기본적인 규칙을 제안한다(예: 당신의 은행 개인정보에 대한 확인을 요청하는 이메일에 절대 응답하지 마세요. 그리고 당신이 온라인에서 만난 낯선 사람들에게 돈을 보내지 마세요). 피싱 사기를 방지하기 위해 개발된 교육 프로그램을 논의할 때 이 장 앞부분에서 설명한 것처럼 온라인 보안에 대한 경고는 종종 이상화된 개인행동에 초점을 맞추어 사람들이 지식이 부족하기 때문에 사기에 속는다고 가정한다. 이 접근법의 문제는, 적어도 MMF의 경우, 많은 MMF 피해자들이 사기를 당하기 전에 이러한 사기에 대해 들어본 적이 있다는 것이다. Lea 외(2009a)는 교육을 받은 개인들이 종종 '무적에 대한 환상(illusion of invulnerability)'을 갖기 때문에 사기에 대한 자세한 지식이 되려 취약성을 증가시킨다고 주장했다. 권위 있는 인물(예: 경찰, 법 집행 기관, 은행 관리자 등)이 피해자에게 당신이 연애 사기의 피해자가 되었다는 사실을 그들에게 알리려고 해도, 그들은 종종 그 사실을 믿는 데 어려움을 겪는 것으로 밝혀졌다. 또한, 피해자가 범인에게 진위여부를 질문할 때에도 범인은 설득기법을 사용하여 피해자를 설득할 것이다(Whitty, 2015). 반복해서 피해를 당한 피해자가 많다는 것은 이 집단이 사기를 인식하는 것이 어렵다는 것을 의미한다. 따라서 사기에 대한 지식을 가졌다는 것이 사기당하는 것을 막기에는 충분하지 않다는 점을 고려할 때, 다른 유형의 개입이 필요하다. MMF로 인해 개인이 사기를 당하지 않도록 효과적인 캠페인을 고안하는 데 도움이 되기 위해서는 왜 속는지를 이해하는 것이 중요하다. 예를 들어, 연구자들은 사기의 예방과 탐지를 위해 개인이 사기를 당했을 때 인지적으로 정보를 처리하는 방법, 사기를 당할 가능성이 높은 개인의 유형, 사기의 단계 등을 연구하고 있다.

12.7 인지적 및 동기적 오류

'사기를 당하는 것은 피해자의 의사결정의 오류 때문이다'는 의견과 '사기꾼들은 피해자의 잘못된 의사결정의 가능성을 높이는 상황을 만든다'는 의견은 논쟁이 되어왔다(Lea et al., 2009a, p.35). 인지적(예: 특정 주제에 대한 과신) 및 동기적(예: 긍정적인 감정을 유발함) 과정은 사람들이 사기에 반응하는 심리적 이유를 설명한다. 사기에 반응하는 주된 이유에는 '신뢰와 권위에 호소하는 것'(사기를 합법적으로 보이기 위해 권위자나 유명 기관을 이용하는 것)과 '본질적인 촉발제'(잠

표 12.1 사기와 관련된 의사결정의 오류

동기적(Motivational)	인지적(Cognitive)
본능적인 영향	인지능력 저하
정보처리에 대한 동기 감소	긍정적 환상
확인받기를 선호함	배경 지식 및 과신
자제력 부족	규범 활성화
기분조절 및 환상 고정	권위
감각 추구	사회적 증거
호감과 유사성	대체 캐스팅
보답	
헌신 및 일관성	

출처: Lea et al. 2009a, p.24

재적인 피해자들이 엄청난 보상과 장밋빛 미래에 대한 긍정적 감정 상태를 상상하도록 하는 것)가 포함된다. 피해자들이 자주 저지르는 또 다른 실수는 그들이 사회적 규범에 따라 행동하고 있다는 믿음이다. 규범은 '사회적 지식에 기초한 경험적 규칙'으로 볼 수 있다. 그것들은 우리가 어떤 선택을 하는 것이 "정당"한지, 그리고 더 나아가 사람들이 어떻게 선택할지를 말해 준다'(Lea, Fischer & Evans, 2009b, p.25). Lea et al.(2009a)이 요약한 MMF 피해자의 의사결정 오류는 [표 12.1]에 요약되어 있다.

12.8 어떤 유형의 사람이 MMF에 취약한 경향이 있는가?

인지 과정 이외에도, 연구자들은 MMF에 취약한 경향이 있는 개인의 유형을 조사했다. Furnell(2005)은 탐욕스럽고 순진한 개인이 속을 가능성이 더 높다고 주장했다. Lee와 Soberon-Ferrer(2005)는 사기 피해자들이 나이가 많고, 가난하며, 교육을 덜 받고, 독신인 경향이 있다는 것을 발견했다.

Holtfreter, Reisig 및 Pratt(2008)는 '소비자 사기' 피해를 광범위하게 살펴본 결과, 피해자들이 자기 통제력이 낮은 경향이 있다는 것을 발견했다. 반면, Buchanan과 Whitty(2014)는 감각 추구가 높은 사람들이 온라인 데이트 로맨스 사기에 당할 가능성이 높지 않다는 것을 발견했다. 대신에, 이상적인 낭만에 대한 높은 신념을 가진 사람이 피해자가 될 가능성이 높다는 것을 발견했다. 사기 피해자에 대한 일반적인 유형이 있을 수 있지만, 특정 사기의 독특한 특성들(예: 긴급 사기는 즉각적인 대응이 필요함, 로맨스 사기는 보통 피해자가 사기를 당하기까지 몇 달이 걸림)을 고려할 때, 사기 유형에 따라 특정 위험 요소가 있을 수 있다. 즉, 온라인 MMF에 취약한 사람의 유형과 특정 개인이 취약한 사기 유형을 아는 것은 관련된 사람들에게 맞춤화된 올바른 메시지를 주어 예방을 도울 수 있다.

12.8.1 인터넷의 역할

인터넷이 개인이 돈을 쓰도록 하는 데에 어떤 역할을 하는지에 대한 연구는 거의 없다. 일반적으로 인터넷이 MMF의 시작 또는 실행에 있어 어떤 역할을 한다는 점을 고려할 때, 이 매체의 잠재적 영향력에 대한 조사는 해당 범죄를 예방하는 새로운 방법을 설명하는 데 도움이 될 수 있다. 제3장에서 우리는 Walther의 초인적 이론(hyperpersonal theory)을 요약했다. 이 이론은 온라인 데이트 로맨스 사기를 조사하기 위해 Whitty(2013b)에 의해 도출되었다. 그녀는 이 사기에서 피해자와 사기꾼 사이에 일방적이고 '초인적인(hyperpersonal)' 관계가 발전한다고 주장한다. Whitty에 따르면, 피해자들은 그들이 완벽한 로맨틱 파트너를 찾았다고 믿으면서 거짓 페르소나를 이상화한다. Whitty는 그녀의 모형에서 인터넷의 역할에 대해 자세히 설명한다(다음 섹션에서 설명). 추가적인 연구는 어떠한 미디어의 특징이 MMF 사기꾼들에 의해 활용될 수 있는지에 더욱 초점을 두어야 할 것이다.

12.9 온라인 데이트 로맨스 사기에 연루되어 가는 단계

사기를 일련의 단계로 간주하는 것은 개인이 사기의 구조에 대한 통찰력을 얻을 수 있는 유용한 방법일 것이다. 온라인 데이트 로맨스 사기는 여러 단계에 걸쳐 진행되며 범죄자들이 다양한 매체를 이용해 피해자들의 돈을 빼앗은 후, 헤어지도록 설득한다는 연구결과가 나왔다(Whitty, 2013b). 확인된 단계는 다음과 같다.

- 1단계: 잠재적 피해자들은 '이상적인 파트너'를 찾기 위한 동기부여를 필요로 한다.

- 2단계: 잠재적 피해자들은 이상적인 프로필을 제시받고 사기꾼에 의해 피해자와만 관계를 맺기로 약속 받는다.

- 3단계: 범죄자는 잠재적 피해자의 신뢰와 사랑을 얻기 위해 그들을 잘 보듬고, 돈을 빼앗을 준비가 되었는지 판단하기 위해 적절한 수위를 시험한다.

- 4단계: 범죄자는 잠재적 피해자가 돈을 보내도록 설득하는 기술(예: 돈이 긴급히 필요한 위기상황에 대한 이야기 또는 '문간에 발들이기(foot-in-the-door)' 기술)을 사용한다.

- 5단계: 범죄자는 사기를 유지하기 위해 추가적인 기술을 사용한다(예: 추가적인 위기를 언급하거나 상대방에게 부담을 주는 문 닫기(door-in-the-face) 기술).

- 6단계: 일부 피해자들은 사기가 끝났다고 생각할 수 있지만, 그 후에 다시 사기를 당한다(예: 범죄자는 자신이 피해자에게 사기를 쳤다는 것을 인정하면서, 그럼에도 불구하고 당신과 사랑에 빠졌다고 말한다. 그리고 피해자가 돈이 더 있는지 묻는다).

12.10 불법 다운로드

주요 음반사들은 파일 공유 앱인 아우루스(Aurous)가 알파 버전을 출시한 지 며칠 만에 '고의적이고 끔찍한 저작권 침해'로 소송을 제기하였다.

미국의 산업 단체인 미국 음반 산업 협회(RIAA)는 유니버설 뮤직, 소니 뮤직, 워너 뮤직의 자회사인 워너 브라더스, 애틀랜틱, 그리고 캐피톨을 포함한 레이블들을 대표하여 소프트웨어에 대한 금지와 손해배상을 요구하는 소송을 제기했다.

스포티파이(Spotify) 스타일 애플리케이션은 사용자가 스트리밍 및 다운로드할 노래를 검색할 수 있게 해주며, 개발자는 음악 및 라이센스 스트리밍 서비스의 애그리게이터(여러 서비스에 대한 정보를 모아 제공하는 사이트)가 될 것이라고 말했지만, 미국 음반 산업 협회는 소송에서 해당 소스가 해적판 사이트라고 주장했다(Dredge, 2015).

이 장에서 지금까지 설명한 활동은 명백한 범죄 행위이다. 그러나 사용자가 불법임을 알지 못하거나 범죄로 취급되지 않을 정도로 일반적인 관행이라고 믿는 일부 활동이 온라인에서 행해진다. 이러한 활동에는 인터넷에서 저작권이 있는 자료(예: 음악, 비디오, 책)를 불법으로 다운로드하는 관행이 포함된다. 연구에 따르면, 사용자는 불법 다운로드에 대한 윤리적 우려를 하지 않는다(Siegfried, 2004). Hardy, Krawczyk 및 Tyrowicz(2013)는 '사실상, 파일 공유 서비스의 인기는 둘 중 하나라고 말한다. 수백만 명의 사람들이 도덕적으로 타락했거나, 온라인 "절도"를 전통적인 절도와 동일시하는 것을 강하게 반대한다.

많은 사람들이 그러한 활동이 도덕적으로 잘못된 것인지에 대해 의문을 제기한다는 것을 고려할 때, 이러한 형태의 사이버 범죄를 예방하려면 비전통적인 접근이 필요할 수 있다. 사실, 온라인 파일 공유나 '해적판'을 줄이기 위해 인식을 높이는 교육 캠페인에 많은 돈이 투자되었다. 그러나 이러한 캠페인은 대부분 성공적이지 못했으며, 생각이나 행동을 바꾸는 데 거의 도움이 되지 못했다(D'Astous, Colbert & Montpetit, 2005). 실제로 온라인 불법 복제에 관여하는 최종 사용자의 수는 계속해서 증가하고 있는 것으로 보인다(Cesareo & Pastore, 2014). 이러한 캠페인의 대부분은 전통적인 오프라인 절도 행위를 온라인 절도 행위와 동일시한다. 또한 벌금이나 감금과 같은 부정적 결과를 온라인 불법 복제와 관련시키는 것에 초점을 맞춘다. 2012년, 영국의 중대조직범죄청(현재의 국가범죄청)은 음악 사이트 RnBXclusive를 삭제하고 사용자가 최대 10년의 징역과 무제한의 벌금을 받을 수 있다는 경고를 웹사이트에 남겼다. 결과적으로 적어도 하나의 다른 사이트가 자발적으로 오프라인으로 전환되었다는 점을 고려할 때 이러한 노력은 부분적으로 성공적이었다. 그러나 이러한 조치는 최종 사용자들의 태도를 변화시키지 않는 것으로 보이며, 일부에서는 이를 왕따 전략 또는 유언비어라고 부른다(Geere, 2012; Moody, 2012). 최근 런던 경찰은 불법 복제 콘텐츠를 제공하는 것으로 추정되는 웹사이트에 배너 광고를 배치하기 시작했다. 그러나 현재까지 이 최신 전략의 효과를 조사하기 위한 후속 연구는 없었다.

이전 전략의 문제는 그러한 행위에 대한 개인적 윤리뿐만 아니라 변화된 행동의 심리에 대한 통찰력이 부족하다는 것이다. 공포 유발 캠페인은 성공 확률이 낮다. 너무 많은 공포가 유발되면 사람들은 불안을 피하기 위해 메시지에 주의를 기울이려 하지 않는다(Bada & Sasse, 2014). 온라인 보안과 금연 캠페인은 너무 많은 두려움을 심어주고 행동 변화에 거의 영향을 미치지 않는 광고의 대표적인 예이다. 연구자들은 사용자들이 전통적인 절도와 비교하여 온라인 해적 행위에 대해 다른 윤리적 입장을 가지고 있다고 주장해 왔다(Blythe & Wright, 2008; Moores & Chang, 2006 참조). 게다가, 계획된 행동 이론이 언급한 것처럼, 만약 개인들이 어떤 것을 사회적 규범이라고 믿는다면, 특히 그들의 친구들이 그 활동에 참여한다면, 그들 또한 그 행동에 참여할 가능성이 있다. 흥미롭게도, Hardy et al.(2013)은 개인이 온라인에서도 오프라인만큼 엄격한 관점을 가지고 있더라도, 사람들은 사회적 규범이 '느슨하다'고 인식할 때, 해적 행위에 참여할 가능성이 더 높아진다는 것을 발견했다.

그러므로 온라인 불법 복제는 그것을 줄이는 데 도움이 되는 새로운 접근법이 필요할지도 모른다. 그것은 심지어 온라인 자료에 대한 비용을 지불하는 것과 관련하여 새로운 비즈니스 모델을 개발하는 것을 의미할 수도 있다. 예를 들어 Magnatune은 2003년에 시작된 레코드 레이블로, 수익의 절반을 아티스트에게 제공하고 차등 요금제를 만들어 사람들이 구매할 수 있도록 한다. 일부 연구자는 이 접근법이 불법 다운로드를 방지할 수 있다고 믿는다. Magnatune에 대한 소비자의 태도에 대한 연구에서 Regner(2015)는 다음과 같이 결론짓는다.

일련의 연구에서 문서화된 자발적 지불 기반 모델의 성공은 흥미롭고, 이에 대한 우리의 이해를 향상시키는 것은 중요하다. 다양한 기본 동기가 자발적 지불의 결정 요인으로 확인되었다. 이 증거에 따르면 공정성, 상호적 관심, 자기 이미지 관심사, 규범 적합성 및 전략적 고려가 조합되었을 때 자발적 지불 행동이 유도될 것으로 보인다(p.212).

Magnatune의 예는 우리가 나아가야 하는 방향일지도 모른다. 하지만 산업과 연구자들은 그들의 성공을 위한 심리학 이론 기반의 다른 접근법을 고려할 수 있다.

제안활동

온라인 자료를 구매하는 것에 대한 새로운 접근법들을 생각해 보라. 귀하의 접근 방식이 불법 다운로드를 방지하는 데 도움이 될 수 있다고 생각하는가? 왜 그런가? 혹은 왜 그렇지 않은가?

12.11 결론

이 장에서는 온라인 범죄 행위의 두 가지 유형인 사기와 불법 다운로드에 초점을 맞췄다. 여기에 초점을 맞춘 사기 유형에는 피싱, 피싱의 다양한 하위 집합(예: 스피어 피싱) 및 MMF가 포함된다. 이러한 범죄자들을 체포하고 기소하는 것은 어렵고 시간이 많이 걸리기 때문에 이러한 범죄를 예방하는 데 도움이 되는 교육 및 인식 프로그램과 같은 다른 접근법이 개발되었다. 이에 심리학 분야는 웹사이트 개발자들이 개인의 행동을 바꾸는 방법, 사기에 취약한 사람들의 심리적 특성, 사기꾼이 접근했을 때 피해자들이 저지르는 인지적, 동기적 오류에 대한 이해를 돕는 여러 프로그램을 제공해야 한다.

토론 질문

1. 전체적으로 볼 때, 어떤 사용자들이 피싱 공격에 의해 사기를 당할 가능성이 더 높은가? 현재 이용 가능한 연구의 한계와 장점은 무엇인가?

2. 피싱 공격을 방지하기 위한 교육 프로그램에 대한 연구 중 일부를 찾아보라. 이러한 프로그램에 대해 당신이 할 수 있는 비판(장점과 약점 포함)은 무엇인가?

3. MMF에게 사기당한 사람을 알고 있는가? 왜 그들이 속았다고 생각하는가?

4. 음악 및 비디오를 불법으로 다운로드하는 것에 대해 어떻게 생각하는가? 당신은 이것을 하는 것이 도덕적으로 잘못되었다고 생각하는가? 왜 그런가? 혹은 왜 그렇지 않은가?

추천하는 읽을거리

Alsharnouby, M., Alaca, F. & Chiasson, S. (2015). Why phishing still works: User strategies for combating phishing attacks. *International Journal of Human-Computer Studies*, *82*, 69–82.

Cesareo, L. & Pastore, A. (2014). Consumers' attitude and behaviour towards online music piracy and subscription-based services. *Journal of Consumer Marketing*, *31*(6/7), 515–525.

Davinson, N. & Sillence, E. (2010). It won't happen to me: Promoting secure behaviour among internet users. *Computers in Human Behavior*, *26*, 1739–1747.

Lea, S., Fischer, P. & Evans, K. (2009). The psychology of scams: Provoking and committing errors of judgement. Office of Fair Trading. Retrieved 7 April 2016 from http://webarchive.nationalarchives.gov.uk/20140402142426/ http://www.oft.gov.uk /shared_oft/reports/consumer_protection/oft1070. pdf.

Vishwanath, A. (2015). Examining the distinct antecedents of e-mail habits and its influence on the outcomes of a phishing attack. *Journal of Computer-Mediated Communication*, *20*, 570–584.

Wang, J., Herath, T., Chen, R., Vishwanath, A. & Rao, R. (2012). Phishing susceptibility: An investigation into the processing of atargeted spear phishing email. *IEEE Transactions on Professional Communication, 55*(4), 345-362.

Whitty, M. T. (2013). The scammers persuasive techniques model: Development of a stage model to explain the online dating romance scam. *British Journal of Criminology, 53*(4), 665-684.

Whitty, M. T. (2015). Mass-marketing fraud: A growing concern. *IEEE Security & Privacy, 13*(4), 84-87.

13

온라인 범죄
: 사이버 괴롭힘, 증오 범죄와 사이버 전쟁

12장에서는 주로 돈과 관련된 온라인 범죄들에 대해서 다루었다면, 이번 장에서는 개인과 조직, 사회와 같은 좀 더 일반적인 범주의 범죄에 초점을 맞추고자 한다. 사이버 괴롭힘이나 사이버 공격과 같은 범죄들은 종종 증오에 의해 발생한다. 영국 및 다른 많은 국가들에서는 이러한 범죄들과 싸우기 위해 새로운 법을 내놓고 있지만, 이러한 범죄들로 인해 희생자들이 겪는 심리적인 고통에 대해서는 최근에서야 그 이해의 영역이 넓혀지고 있다. 온라인 범죄의 피해자들은 엄청난 피해를 입을 수 있으나, 몇몇 사람들은 피해자가 될 수 있다는 두려움이 거의 없을 수 있다. 이 장에서는 주로 온라인에서 발생하는 범죄들에 초점을 맞출 것이며, 더 나아가 온라인 범죄를 탐지하고 예방하는 수단으로서 감시 권한을 사용하는 것에 대한 논란에 대해 다룰 것이다.

13.1 온라인 괴롭힘과 스토킹

Newark 검안사 David Matusiewicz과 그의 전 부인 Christine Belford가 2006년에 이혼할 당시 세 자녀에 대한 양육권을 가지고 분쟁한 것은 꽤나 일반적인 것처럼 보였다. 오늘날 그들의 이야기는 혐의와 반대 혐의, 거짓말, 납치, 스파이 행동, 해킹된 페이스북 계정, 소셜미디어에 올라온 신랄한 게시물, 2013년 뉴캐슬 카운티 법원 로비에서 자녀 양육에 대한 청문회에 걸어들어가다가 데이비드의 아버지 토마스 마투시빅의 총에 의해 죽은 벨포드와 그녀의 친구 로라 이야기로 점철되어 있다. 데이비드 마투시빅과 그의 여동생 에이미 곤잘레스, 그의 어머니 레노르 마투시빅은 배심원이 벨포트의 죽음과 관련이 있다고 판단할 경우 종신형을 선고받을 수 있는 범죄인 사이버스토킹으로 기소된 미국 최초의 피고인들이다(Reyes & Spencer, 2015).

제안활동

사이버스토킹에 대한 뉴스 기사를 찾아보고 읽어보라. 사이버스토킹을 당한 사람은 어떤 심리적인 피해를 경험할 것 같은가?

괴롭힘(Harassment)이라는 단어는 대게 누군가에게 위협적이거나 방해가 되는 행위를 법적인 맥락에서 표현할 때 주로 사용된다. 직장에서 원치 않는 성적인 접근을 지속적으로 당하는 것은 성적인 괴롭힘의 한 예이다. 전자기기를 활용한 의사소통은 육체적 괴롭힘과 비슷하거나 새로운 방법으로 괴롭힘에 사용될 수 있다. 사이버 괴롭힘은 잘못된 연인 관계 또는 원치 않는 로맨스나 성적인 관심으로부터 기인하여 발생할 수 있다. 괴롭힘은 직장 및 조직 내에서 발생할 수 있으며, 오프라인뿐만 아니라 온라인에서도 다양한 형태(성적이거나 인종적인)로 발생할 수 있다. Barak(2005)은 사이버공간에서 발생할 수 있는 세 가지 형태의 성적인 괴롭힘을 성별과 관련된 괴롭힘, 원치 않는 성적인 관심, 그리고 성적인 강요라고 지적하였다. 바락은 성적인 괴롭힘 외에도 다른 누군가에 의해 개인의 컴퓨터의 접근 권한이 침범당하는 것, 키보드 사용에 대해 감시당하는 것, 바이러스에 걸리는 것, 혹은 평판이 무너지게 되는 것 등에 대해서도 논의하였다.

또한 연구자들은 사이버 괴롭힘이 Second Life나 다른 가상세계와 같은 대안적인 정체성이 통용되는 온라인 공간에서 분명하게 발생한다고 보았다(Behm-Morawitz & Schipper, 2015). Behm-Morawitz와 Schipper(2015)의 연구에서 사이버 괴롭힘은 '컴퓨터를 매개한 외설적인 발언, 성적인 괴롭힘, 가상세계 이용자를 비하하거나 몰아내기 위한 괴롭히는 행위'라는 의미로 사용되었다. Behm-Morawitz와 Schipper는 216명의 Second Life 사용자들을 대상으로 설문지를 돌렸고, 참가자들은 자신의 아바타의 외모 및 가상환경 관련 경험에 관한 정보를 제공하였다. 설문 결과, Second Life에서 사이버 괴롭힘은 꽤나 흔하게 발생하고 있었으며, 216명 중 3분의 2 정도가 사이버 괴롭힘을 경험한 적이 있다고 응답하였다. 또한 여성들이 남성들에 비해 훨씬 더 많은 사이버 괴롭힘을 당했다고 보고했는데, 이는 주로 아바타를 성적 대상화하기 때문이었다.

스토킹은 좀 더 심각한 형태의 괴롭힘으로 이해되고 있으며, 종종 학술 문헌에서 혼동되어 사용되고 있다(이는 학자들끼리 합의된 정의가 없기 때문일 것이다). 법적인 관점에서 스토킹은 상대적으로 새로운 범죄에 속하여 1990년대까지 불법 행위로 인정되지 않았는데, 그 예로, 1990년에 캘리포니아에서 처음으로 스토킹을 범죄로 인정하는 법이 통과되었다. 이는 배우 Rebecca Schaeffer를 결국 죽음으로 치닫게 한 스토킹에 대한 대응방안이었다. 스토킹이 범죄로 인정된 것은 상대적으로 얼마 되지 않았지만, 연구자들은 이러한 유형의 활동이 고대로 거슬러 올라가며, 복수를 목적으로 다른 사람을 강박적으로 쫓는 것은 오랫동안 문학에서 분명하게 드러났다고 지적한다(Spitzberg, 2002).

앞서 언급한 바와 같이, 인터넷은 다른 개인 및 조직을 스토킹할 수 있도록 하는 새로운 기회들을 제공해왔다. 온라인에서 수집된 정보들은 실제 세계에서 한 개인을 스토킹 하는 데 사용될 수 있다; 그러나 개인들은 또한 온라인에서만 스토킹을 당할 수도 있으며, 이는 실제 세계에서 스토킹 당하는 것과 동일하거나 혹은 더 큰 심각한 피해를 야기할 수도 있다. 이와 관련된 용어를 정의하려는 시도에 있어서 McGrath과 Casey(2002)는 다음과 같이 주장했다:

스토킹은 피해자의 삶과 활동을 반복적으로 감시 및/또는 침입하는 행위이며, 항상 그렇지는 않지만 대부분 피해자나 피해자의 주변 사람들을 위협하기 위한 목적으로 수행된다. 사이버스토킹은 정보를 수집하고, 감시하고, 피해자에게 연락을 취하는 과정에서 인터넷을 사용하는 스토킹인 것이다 (pp.88-89).

Bocij(2004)가 정의한 사이버스토킹은 좀 더 포괄적이며 개인뿐만 아니라 단체 및 조직의 개념을 포함한다:

사이버스토킹은 개인, 집단 또는 조직이 정보 및 정보통신 기술을 사용하여 다른 개인, 집단 또는 조직을 괴롭히는 행동의 집합이다. 이러한 행동들은 위협, 허위 고발, 신원 도용, 데이터 또는 장비의 손상, 컴퓨터 사용 감시, 성적 목적을 위한 미성년자 권유 및 공격성이 포함된 모든 행동을 포함하며 이에 국한되지는 않는다. 괴롭힘은 동일한 정보를 가지고 있다고 생각하는 합리적인 사람이 다른 합리적인 사람을 정서적으로 고통스럽게 하는 일련의 행동으로 정의된다(p.14).

물론 사이버스토킹이 반드시 온라인상에서만 발생하는 것은 아니다. 사이버스토킹 행위는 잠재적으로 온라인에서 시작될 수 있지만, 스토킹 행위를 오프라인으로 발전될 수 있으며, 전통적인 오프라인 스토킹 행위의 예는 전화 (사용)하기, 목적 대상 따라가기, 편지 보내기 등이 있다. 사이버스토킹은 오프라인 스토킹과 함께 발생할 수도 있는데, 잠재적인 피해자가 온라인에서 포착되면, 오프라인에서 스토킹을 당할 수도 있다.

13.2 사이버스토킹과 법

스토킹에 관한 일부 법률은 사이버스토킹을 포함하도록 재작성되었다. 예를 들어, 호주 남부 법에서는 사이버스토킹을 다음과 같이 정의하고 있다:

스토킹은 스토커가 정보기술을 이용하여 다른 사람에게 육체적 또는 정신적인 해를 가하거나, 피해자로 하여금 심각한 불안감 또는 공포감을 느끼게 하는 경우를 말한다. 사이버스토킹은 어떤 사람이 적어도 두 번에 걸쳐 심각한 해를 가할 목적으로, 인터넷이나 다른 형태의 전자통신을 사용하여 불쾌감을 주는 자료를 게시 및 전달하거나, 혹은 당사자나 다른 사람들에게 불안이나 두려움을 불러일으키도록 소통할 때 발생한다(SA Crimes Act, 1990).

미국 법무장관 보고서(1999)에 따르면, 사이버스토킹은 '다른 사람을 스토킹하기 위해 인터넷, 이메일, 혹은 다른 전자소통장비를 사용하는 것'으로 정의되었다. 흥미롭게도 1997년 영국과 웨일즈에서 발행된 괴롭힘 방지법(the England and Wales Protection from Harassment Act 1997)에는 사이버스토킹이나 스토킹이라는 개념 자체가 괴롭힘 행동에 포함되지 않았다. 다만, 이 법에는

다른 사람을 괴롭히는 행위를 해서는 안 되며, 그런 의도조차 가지지 말아야 한다고 규정하고 있다. 또한, '동일한 정보를 소유하고 있는'이라는 문장에 해당되는 자에 한하여 '합리적인 사람' 테스트가 사용되고 있다. 괴롭힘을 일으키는 행위는 언제나 실제로 그 행동이 괴롭힘에 해당하는 것을 아는지 증명할 필요가 없다는 점에서 독특하다. 괴롭힘에서의 정신적 요소는 용의자가 자신의 행동이 괴롭힘에 해당되는 행동임을 알았거나 알고 있어야 했다는 것을 기반으로 확립되며, 피해자에게 얼마나 영향을 미치는가에 의해 그 행동이 '괴롭힘'인지 여부가 결정된다. 이 기준의 장점은 어떤 종류의 지속적이고 원치 않는 행동도 괴롭힘에 해당할 수 있으며, 따라서 이에 대해 행동이 폭력으로 커지기 전에 경찰이 개입할 수 있다는 것이다(Metropolitan Police Service, 1997).

13.3 범죄자 및 피해자 심리프로파일링

사이버스토킹에 대한 연구가 부족한 것을 감안한다면, 인터넷이 스토킹을 수월하게 하도록 하는 또 다른 하나의 수단이자 공간이 되는 것인지, 아니면 사이버스토킹을 고유의 사회 문제로 보아야 할지에 대해 분간하기 어렵다. 이론적으로는, 온라인 공간에서 사람들은 좀 더 억제되지 않는다고 느낀다는 연구에 따라 사람들은 좀 더 큰 위험을 감수하는 행동을 하게 된다. 따라서 인터넷이 아니었다면 스토킹에 전혀 관심 갖지 않았을 수도 있는 사람들이 사이버스토킹을 하게 될 수도 있다는 것이다. 반면, 몇몇 다른 연구들에서는 사이버스토킹과 일반 스토킹의 가해자 및 피해자를 구분하려는 시도도 있었다.

사이버스토킹뿐만 아니라 스토킹 자체를 할 가능성이 높은 사람들에 대한 몇 가지 문헌자료가 있다. Fisher, Cullent과 Turner(2002)는 자신이 스토커임을 인식하는 스토커가 많다는 점을 감안할 때, 다른 종류의 범죄와 비교하여 스토커와 관련된 데이터를 수집하는 것이 더 쉽다고 주장하였다(다만 여기에는 자신의 행동에 대해 공개적으로 인정하는 사람과 그렇지 않은 사람에 대한 잠재적인 편견이 존재한다). 또한 다른 오프라인 스토킹에 관한 연구에서, 스토커들은 주로 트라우마가 있는 어린 시절을 겪고, 불안정 애착이 있으며, 성격장애가 있는 남성인 경우가 많다는 것을 발견하였다(Dye & Davis, 2003; Dutton & Winstead, 2006; Spitzberg & Cupach, 2003; Spitzberg & Veksler, 2007). 약물과 알코올 문제는 주로 공격성이 있는 스토커들에게서 좀 더 흔한 편이다(Rosenfeld, 2004). 사이버스토킹과 관련해서 Menard와 Pincus(2012)는 일반 스토커들과 사이버스토커들이 스토킹을 하지 않는 일반인들에 비해 어렸을 때 아동 성학대를 경험했을 가능성이 높다는 것을 발견하였으며, 남성들의 경우 자기애적 취약성 및 성적 학대 경험이 스토킹 행동을 예측하였고, 여성들의 경우 불안정 애착 및 알코올에 대한 기대감이 스토킹 행동을 예측하였다. 또한 Alexy, Burgess, Baker 및 Smoyak(2005)은 사이버스토커들이 일반 스토커들보다 자해를 할 확률이 높다는 것을 발견하였다.

일반 스토킹의 경우 여성들이 남성보다 피해자가 될 확률이 높은 반면

(Basile, Swahn, Chen & Saltzman, 2006), 사이버스토킹의 경우 남성들이 피해자가 될 확률이 더 높다고 밝혀진 연구결과가 있는데(Alexy et al., 2005), 이러한 차이와 관련해서는 표본을 대표할 만한 연구들이 더 이루어질 필요가 있다. 또한, 일반 스토킹 피해자의 경우 주로 그들의 사회 및 고용 환경의 변화가 생기는 반면, 사이버스토킹의 피해자의 경우 좀 더 가족과 친구들을 잃는 경우가 많다고 주장한 연구도 존재하는데(Sheridan & Grant, 2007), Sheridan과 Grant는 심리적, 사회적, 재정적인 부분에 있어서 그 피해가 일반 스토킹을 당한 사람과 사이버스토킹을 당한 사람이 거의 차이가 없다고 주장하였다.

13.4 증오 범죄

증오 범죄는 문화적으로 제한된 그룹의 사람들의 부정적인 태도에 의해 자행되는 범죄행위로 널리 이해되고 있다(Brax & Munthe, 2015). 일부 사이버괴롭힘, 사이버스토킹, 그리고 테러행위 또한 증오 범죄로 이해될 수 있다. 그러나 증오범죄가 실질적으로 조직되기는 어려운데, Brax와 Munthe는 다음과 같이 지적한다:

증오 범죄 논쟁에서, 우리는 무엇이 범죄를 증오 범죄로 만드는지에 대해 다양한 관점을 발견하게 된다. 이는 단순히 구두로만 이야기하는 문제가 아니라, 어떤 주제가 법적이고 정책적으로 다루어져야 하는 부분인지에 대해 영향을 미치는 일이다. 이러한 개념적인 차이는 각 국가간, 국가 내의 당국간, 공공 정책의 다양한 부서간에도 존재할 수 있을 뿐만 아니라, 혐오 범죄를 연구 주제로 다루는 학문 분야 간에도 존재할 수 있다(p.1688).

사이버 괴롭힘과 마찬가지로, 범죄자들은 그들의 증오 범죄를 인터넷에서 저지르거나 혹은 오프라인에서 해를 끼치기 위해 인터넷을 사용하여 누군가에 대한 정보를 찾아낼 수 있다. 증오 범죄와 관련된 심리학 연구는 꽤 드문데, 특히 인터넷을 사용한 경우는 더욱 드문 편이다. 이는 아마도 이러한 범죄들이 명확하게 정의되지 않았으며, 다른 더 명확하게 정의된 범죄들과 중복되기 때문일 것이다. 다음은 영국에서 발생한 증오 범죄의 한 예이다:

'대부분 여성들의 공간'이었던 Mumsnet도 결국은 공격을 피할 수 없는 운명이었을지도 모른다. 웹사이트가 인기가 많아지기 시작하면서 모욕도 많아졌는데, Mumsnet의 소유자인 48세의 로버츠에 의하면 '모든 종류의 이상한 시위'가 수년간 지속되었다고 한다. 그녀에 의하면 그 중에는 Fathers 4 Justice라는 캠페인 그룹이 Mumsnet의 직원에게 우편으로 속옷을 보내기까지 했다고 한다. 또한, 트위터에는 '주방 싱크대로 돌아가라, 네 자리를 알아라'라는 문구와 비슷한 댓글들로 가득찼다.

그러던 중 2015년 어느 8월 저녁, 모욕과 공격이 로버츠가 결코 예상할 수 없었던 방식으로 확대되었다. 경찰은 익명의 누군가로부터 로버츠가 살해당했고, 그녀의 4자녀가 총을 든 사람에 의해 인질로 잡혀있다는 제보를 받았다. 8명의 경찰들이 한밤중에 런던에 있는 그녀의 집으로 출동하였으며, 5명의 경찰은 기관총으로 무장하였고, 경찰견 또한 동반하였다.

사실 로버츠의 가족들은 휴가중이었고, 모두 무사하였다. 단지 그 집에 있던 21살의 스페인 출신 육아도우미만이 이러한 소란을 온전히 마주해야만 했다.

이 사건은 경찰에게 거짓으로 신고하여 피해자의 집에 경찰들을 불러모으는 스와팅 공격이었다. 이는 미국에서 주로 있던 현상인데, 이 사건은 스와팅이 영국에서도 처음 발생한 사례로 여겨졌다.

이와 동시에 Mumsnet에 위협적인 메시지들과 해킹 공격이 발생했는데, 이는 자명하게도 DadSecurity라고 불리는 그룹에 의해 자행되었으며, 이들로 인해 웹사이트가 일시적으로 셧다운되고, 서버가 온갖 데이터들로 가득차게 되었다. 피싱을 통해 웹사이트 사용자 정보들을 다 빼앗기게 되고, 트위터 상에서 이러한 공격에 대해 대항하던 두 명의 Mumsnet 회원들도 스와팅을 당하였다.

이 사건은 로버츠에게 매우 충격적이었다. 그녀는 다음과 같이 말했다: '저는 이 기간 동안 너무나도 스트레스를 받았고, 거의 매일밤 총을 든 남자가 우리집에 있는 것만 같은 생각이 들었습니다. 이런 일들이 분명히 그저 비합리적인 사기라는 것을 알고 있지만, 저에게는 너무나도 불안한 시간이었어요. 저희 웹사이트 사용자들과 직원들에 대한 엄청난 책임감 또한 느꼈죠.'(Silverman, 2015)

제안활동

증오 범죄에 대한 뉴스 기사를 찾아보고 읽어보라. 당신의 관점에서 증오 범죄가 다른 범죄들과 중복된다고 보는가? 당신이 읽은 기사에서 그 범죄로 인해 겪을 수 있는 심리적인 피해는 무엇인가?

우익 극단주의 집단으로도 알려진 극우 집단은 온라인에서도 명백히 드러난다. 미국 극단주의 단체KKK단(Ku Klux Klan)과 영국 국민당(British National Party), 영국의 내셔널 액션(National Action) 등은 웹상에 존재하는 몇 가지 예시에 불과하다. 이들은 웹상에서 종종 새로운 회원들을 선발하기 하기도 하는데, 헤일(Hale, 2012)은 이러한 단체들이 어떻게 온라인 미디어를 사용하여 젊은이들의 관심을 사는지 조사해보았다. 그의 연구에서 그는 증오 관련 자료를 빠르게 다운로드 받을 수 있는 것이 자료를 사용하는 사람으로 하여금 안전하게 느끼도록 하고, 주변 사람들로부터 원치 않는 관심을 받는 위험을 낮춘다는 점에서 새로운 회원선발을 촉진시킨다고 지적하였다. 헤일은 또한 이러한 단체들이 온라인 채팅 포럼의 게시물을 뒤지거나 자신의 웹사이트 방문자들의 인구통계학적 자료를 추적하여 교육자료 매뉴얼 및 선전들을 보내는 등의 방식을 통해 잠재적인 회원을 찾는다고 보고하였다. 헤일은 Stormfront와 같은 맞춤형 SNS가 회원들에게 정보를 제공할 뿐만 아니라, 이들의 상호작용을 촉진시켜 더욱 강력한 커뮤니티를 형성하게 한다는 점에서 유용한 회원선발의 도구가 된다고 믿었다. 헤일의 자료가 증오 단체의 선발과 관련된 중요한 포인트들을 다루고 있지만, 여전히 이러한 단체들을 탐지하고 억제하기 위해서는 좀 더 효과적인 방법이 필요하고, 따라서 더 많은 연구가 필요한 상황이다(온라인 급진화에 대한 더 자세한 내용은 7장 참조).

13.5 사이버 전쟁

미국의 공식 네트워크에 침입한 해커들은 중국의 시스템을 발사대로만 사용하는 것이 아니라, 아예 중국에 기반을 두고 있다고 소식통은 타임지에 전했으며, 그들의 이야기는 다음과 같다: 2004년 11월 1일, 해커들은 중국 남부에서 컴퓨터 앞에 앉아 미국의 비밀을 캐내기 위해 다시 한 번 찾아나서기 시작했다. 이들은 2003년도부터 미국 정부 기관들을 타깃으로 하여 관련 민감한 정보를 훔치기 위해 광범위한 공격을 수행해왔으며, 미국의 수사관들은 이러한 대규모 사이버 스파이 조직의 일부를 타이탄 레인(Titan Rain)이라는 코드명으로 명명하였다. 그날 밤, 해커들의 목표물은 군사 데이터였고, 이들은 그 데이터를 얻기 위해 사이버공간을 가로지르는 새로운 무기로 무장하였다. 타이탄 레인을 추적하는 데 도움을 준 전직 정부 네트워크 분석가에 따르면, 그 새로운 무기는 공격자들이 추후에 이용할 수 있는 취약성을 가진 단일 컴퓨터들에 있는 방대한 군사 네트워크를 검색하여 '펌프를 준비시키는' 스캐너 프로그램이었다. 그들이 가진 다른 무기들과 마찬가지로 이는 간단한 프로그램이었지만, 그들의 필요에 맞게 영리하게 개조되었고, 방대한 미국 네트워크에 대항하여 효율적으로 사용되어 무자비했다. 소식통은 해커들이 하루 이틀 내에 수십 개의 군사 네트워크에서 이미해왔던 것처럼, 스캔을 한 후에 컴퓨터에 침입하여 가능한 한 많은 데이터를 훔칠 수 있었다는 것이 거의 확실하다고 전했다(Thornburgh, 2005).

사이버 전쟁은 본질적으로 어느 한 국가가 다른 국가에게 해나 손상을 입힐 목적으로 네트워크에 침투하는 행위이다. 앞서 나온 예시는 2004년에 발생했던 '타이탄 레인'으로 잘 알려진 사이버공격의 한 예이다. 이러한 공격은 한 국가의 인프라에 재정적인 피해나 절도와 같은 영향을 끼칠 수 있으며, 이는 실질적인 피해로 이어질 수 있다.

새로운 기술들이 개발되면서 시간이 지남에 따라 전쟁의 규칙도 변화해왔다. 새로운 발명과 기술들은 그 어느 때보다 빠른 속도로 전쟁의 규칙을 다시 작성하도록 해왔다(Singer, 2009). 그러나 국제 사회는 아직 사이버공간에서의 국가 행동을 통제하기 위한 규범을 체계화하고 승인하지 않았다(Beidleman, 2009). 싱어(Singer)와 같은 학자들은 특히 전쟁의 영역에서 윤리와 기술에 대해 질문하는 것이 왜 그렇게 어려운지 질문해왔으며, 싱어는 1984년 11월 오마 브래들리 장군의 연설을 다음과 같이 인용하였다: '세상은 지혜 없는 위대함, 양심 없는 힘을 얻었다. 우리는 핵 거인들과 윤리적 유아들의 세상 속에 살고 있다. 우리는 평화에 대해 아는 것보다 전쟁에 대해 더 많이 알고 있으며, 삶에 대해 아는 것보다 죽음에 대해 더 많이 알고 있다(Singer, 2010, p.300).' 싱어가 지적한 중요한 포인트는 사회과학, 인문학, 자연과학이 서로 연결되어 있지 않아서 전쟁에 사용될 수 있는 많은 새로운 기술들이 윤리적인 고려없이 개발된다는 것이다. 이 책의 전반에 걸쳐 언급한 바와 같이, 학제간 연구는 문제에 대한 좀 더 풍부한 발견 및 해결책을 제공할 수 있다. 사이버 전쟁은 다양한 분야의 전문가들이 함께 모여서 최선의 해결책을 찾을 수 있는 영역의 좋은 예이다.

사이버 전쟁에는 전통적인 무기의 사용과는 구별되는 몇 가지 특징들이 있다: 사이버공격의 출처는 파악하기 어려운 경우가 많고, 이로 인해 귀속 문제가 발생하며, 대부분 사이버공격들은 직접적으로 치명적인 영향을 주거나 물리적 개체에게 영구적인 손상을 입히지는 않는다(Dipert, 2010). 또한, 사이버 전쟁에 참여하는 것은 물리적인 전쟁에 참여하는 것과는 다소 다른 심리적인 경험이다.

사이버기술론 또한 전쟁의 성격을 바꾸었다. 예를 들어, 전쟁에서 드론을 사용하는 것은 살인이 쉬워진다는 주장이 제기되었는데, 이는 드론 조종사와 목표물의 거리가 물리적으로 더 멀수록 도덕적 거리 또한 더 멀어진다는 것을 암시한다. 공격자와 목표물 사이의 짧은 거리는 살인에 대한 감정적이고 연민적인 장애물을 생성할 수 있다(Coeckelbergh, 2013).

이 책의 다른 장에서 여러 번 의논한 바와 같이(특히 3장 참조), 심리학자들은 사이버공간에서 탈억제 효과가 있다고 지적하였는데, Suler(2004)는 이러한 효과를 양날의 검 효과라고 묘사하였다. 어떤 사람들의 경우 Suler가 '양호한 탈억제'라고 부르는 비밀스러운 감정, 두려움, 소망을 드러내거나 혹은 보통 이상의 친절함과 관대함을 보여주는 반면, 다른 사람들은 대면하는 것보다 좀 더 무례해지고, 비판적이 되며, 더 화가 나거나 위협적이 되는 경우가 있는데, Suler는 이를 '유해한 탈억제'라고 부른다. 이 장에서 먼저 언급된 바 있는 사이버 괴롭힘은 이러한 유해한 탈억제의 한 예이다. 탈억제 효과는 몇몇 사이버 범죄자들이 왜 그들의 범죄를 수행하는지 설명할 수 있다. 이는 범죄를 저지르는 것에 대한 책임감을 느끼는 가능성을 낮출 수 있을 뿐만 아니라, 수치심과 같은 부정적인 감정을 느끼는 것 또한 감소시킬 수 있다(범죄를 목격할 만한 청중들이 보이지 않으므로)(Guitton, 2012). 그러나 정보기관 및 정부가 사이버 공격에 대응하거나 공격을 시작하기로 결정하는 시기와 관련하여 탈억제 효과를 고려하는 것은 동일하게 중요할 수 있다. 예를 들어, 물리적 세계에서 적과 직면하게 된다면, 아무래도 덜 보복하거나 더 적은 피해로 보복할 수 있을 것이다.

드론을 사용하는 것에 대한 윤리적인 문제에 대해 많은 학자들이 의문을 제기해왔다. 학자들은 전쟁 중 만약 적군이 가까운 거리에 있었다면 적에게 해를 끼치지 않도록 결정을 내렸을지에 대해 질문하였다. Coeckelbergh(2013)은 다음과 같이 기술하였다: '원격 전투가 몸을 덜 사용하고, 덜 사회적이며, (하이데거의 용어를 사용하자면) 세상에 존재하는 방식으로 덜 관여되는 것은 사실이지만, 드론 조종사는 여전히 몸을 사용하고 있고, 사회적 상호작용을 하며, 또한 전투와 살해를 몸으로 체험하게 된다(p.94).' 코커벌에 따르면, 보다 실용적이고 실질적인 질문은 드론 조종사들이 실제로 경험하는 바가 무엇인지를 묻는 것이다. 그는 또한 이러한 조종사들이 오히려 목표물들을 클로즈업 하여 더 긴 시간 동안 관찰하게 되며, 이는 목표물들의 '얼굴'을 보게 된다는 의미이고, 이러한 상황들을 통해 그들이야 말로 오히려 목표물들의 삶에 대해서 연상하게 되어 잠재적으로 살인하는 것을 더 어렵게 할 수 있다고 주장하였다. 코커벌은 결국 사람이 목표물을 가까이에서 볼 수 있는 드론 및 감시 방법에 초점을 두었는데, 사실 이것이 사이버 전쟁에서의 모든 공격 및 방어 방법에 해당되는 것은 아니다. 사이버 범죄에서 공격에 참여하거나 공격을 계획하는 경우, 멀리서 모니터링 하는 역할의 분석가 및 행위자들이 어떻게 느끼는지 배우는 것은 흥미로운 일일 수 있다.

13.5.1 핵티비스트(Hacktivists)

사이버 전쟁에 차명하는 개인이나 단체는 핵티비스트라고 불린다. 그러나 핵티비스트는 단지 사이버 전쟁에 참여하는 것 훨씬 이상의 것들을 할 수 있으며, 일부 핵티비스트들은 법을 어기지 않기도 한다. 대개 핵티비스트들은 사회적 또는 정치적인 목적을 위해 컴퓨터 파일이나 네트워크에 무단으로 접근하는 일을 한다. 핵티비스트는 종종 화이트햇 해커(white-hat hacker)와 블랙햇 해커(black-hat hacker)로 구분되는 경우가 많다. 화이트햇 해커는 도덕적인 해커로 인식되고 있으며, 고객들에 의해 제재를 받는다(예: 취약성을 알아내기 위해 시스템을 침입하는 것과 보안을 증진시키기 위해 시스템의 취약점을 소유자에게 보고하는 것). 반면 블랙햇 해커는 피해를 입히려는 사이버 범죄자를 의미한다.

몇몇 핵티비스트들은 악의적인 불법 행동과 도덕적인 행동 사이를 오가며 블랙햇인지 화이트햇인지 명확하지 않게 행동하는 경우가 있다. 이러한 개인 또는 단체는 '그레이햇'이라고 불린다. 잘 알려진 그레이햇 단체로는 자칭 'Anonymous'가 있는데, 이들은 느슨하고 분산된 명령 구조를 가진 국제적인 네트워크로 구성되어 있다. 이들은 정부나 종교, 기업 웹사이트를 대상으로

DDoS(Distributed Denial-of-Service)라는 서비스 거부 공격을 수행하는 것으로 알려져 있는데, 이는 특정 의도를 가진 유저가 기계 또는 네트워크 사용을 불가능하게 만드는 것이다. 예를 들어, 이들은 이슬람 전투단체를 상대로 사이버 전쟁을 선포했었으며, 더 가디언지(The Guardian)에 보고된 바에 따르면 2015년에는 KKK단(Ku Klux Klan)와 같은 증오 집단에 관심을 돌리기도 했었다:

해킹 집단인 'Anonymous'는 약속했던 KKK단 멤버의 신원 노출을 시작하였다. 이미 350명의 KKK단 멤버의 이름과 소셜미디어 계정이 링크와 함께 공공 도메인에 노출된 상황이다.

익명 공유 사이트인 Pastebin에 게재된 파일 안에 있는 이름들 중 오로지 하나의 이름만이 휴대전화번호까지 포함되어 있었으며, 5명 이하의 이름의 이메일 주소가 노출되었다. 댓글은 허용되지 않았다.

대부분의 정보는 적어도 소셜미디어와 같은 대중의 눈에 노출되었다. KKK단 멤버 중 한 명인 James Pratt의 트위터 자기소개란에는 '미국 전통주의 기사단 KKK단의 회원이자 베테랑, 아버지'라고 적혀 있었다.

미국 전통주의 기사단의 제국 마법사로 노출된 Frank Ancona는 KKK단의 대표로 TV에 출연하기도 했다. 전 지도자 David Duke 또한 노출 목록에 있었으며, 백인 우월주의 사이트인 Stormfront의 창립자인 Don Black도 포함되어 있었다(Woolf, 2015).

13.6 감시와 모니터링

온라인에서 발생하는 범죄의 양과 오프라인 범죄를 가능하게 하는 인터넷의 사용, 이러한 범죄들이 일으킬 수 있는 피해를 고려할 때, 정부는 이러한 범죄를 감지하고 예방할 수 있는 강력하고 효과적인 수단뿐만 아니라 이러한 범죄의 배후의 범죄자들을 잡을 수 있는 조치가 필요하다고 믿게 되었고, 그 방법의 일환이 감시와 모니터링이었다. 그러나 감시의 문제점 중 하나는, 비록 감시의 목적이 범죄 행동을 예방하고 탐지하기 위함이기는 하지만, 감시의 영역이 의심의 여지 없이 무고한 사람들의 개인적인 삶을 포함하게 된다는 것이다. 따라서 이 문제는 국내외 할 것 없이 얼마만큼 모니터링 하는 것이 윤리적이고 사회적으로 허용되는 것인지, 누가 이 정보에 접근할 수 있어야 하는 것인지에 대한 많은 논쟁을 일으켜왔다. 감시에 대한 우려는 Edward Snowden이 미국 및 다른 국가 정보의 감시 관행을 유출한 후 더욱 증가하였다. 이러한 유출로 인해 각국의 정부들은 감시와 관련하여 투명성이 필요한지 여부와 입법을 재작업 해야 하는지 여부를 고려하게 되었다. 정부가 감시에 대한 입장을 재고한 하나의 예시로 영국의 '엿보기 헌장(영국의 통신 데이터 법안 초안)'이 있지만, 이 새로운 헌장은 많은 불만을 야기하였다:

나는 조지 오웰이 통찰력이 부족했다고 말할 날이 올 줄 몰랐다. 스파이들은 그들이 상상할 수 있었던 것 보다 더 멀리 나아가 비밀스럽고 민주적인 허가 없이 궁극적인 판옵티콘(panopticon)을 만든 것이다. 이제 그들은 영국 대중이 이를 합법화하기를 기대하고 있다.

이러한 입법안은 명백하게 반민주적인 태도를 취하고 있다. 권력을 가진 사람들은 선하다고 여겨지며, 따라서 의심의 여지없이 혜택을 받는다. 다음의 문장들은 스파이들과 경찰들에게 면책을 부여하는 것이다: '… 경우에 따라 모든 목적으로 하는 행위는 합법적이다', '… 본인은(그 인물이 승인을 받았는지 여부와는 관계없이) … 한 행위와 관련하여 어떠한 민사적 책임을 부담하지 않아야 한다.'

스파이들의 감시 행위 또한 적절한 법적인 절차로부터 면제된다. 이들은 감시나 도청에 대한 어떠한 법적 절차에 대해 어떠한 질문도 받지 않게 될 수 있다. 이는 일반 대중들이 실제 사람들이 감시에 의해 얼마나 영향을 받는지 결코 알 수 없게 하도록 하기 위함이다. 실로 이러한 면제에 대한 대가는 엄청나다. 이는 영국 검찰이 전세계 중대 범죄 사건을 기소할 때, 핵심이 도청이라면 테러리스트를 기소할 수 없게 되는 것을 의미한다.

권력이 없는 사람들은 잠재적으로 불리한 상황에 처하게 되는데, 이들은 반드시 가까이에서 끊임없이 감시되고 모니터링 되어야만 하는 것이다. 법안에 언급된 보호 장치들은 시민이 아닌 주정부가 이득을 얻기 위함이다. 형사처벌은 스파이나 경찰의 권력 남용을 막기 위함이 아닌, 비판자들이나 내부고발 가능성이 있는 사람들을 침묵시키기 위한 것이다. 이에 대해 확신할 수 있는 이유는 법안 전반에 걸쳐 퍼져 있는 입막음 명령에는 공익에 대한 면제 조항이 없기 때문이다. 막대한 양의 개인정보를 안전하게 하기 위한 장치들은 대중을 보호하기 위함이 아니라 누구든지 데이터가 정확히 얼마나 크고 침습적인지, 혹은 이것이 어떻게 습득되었는지에 대해 발견하는 것을 막기 위함이다. 다시 말하지만, 우리가 이것을 확신할 수 있는 이유는 법안에 공익 면제가 없기 때문이다.

법안에는 국가가 가진 우려사항들은 많으나 시민들에 대한 염려는 어디에도 보이지 않는다. 또한 법안에는 엄청난 감시에 대한 민주주의적 비용과 사생활에 대한 내용은 거의 전혀 없으며, 국가가 전면적인 권력의 사용과 남용에 대해서 심각하게 책임을 져야한다는 내용도 없다(Brooke, 2015).

개인의 온라인 사생활과 관련하여 많은 이슈들이 논의될 필요가 있다. Sparck-Jones(2003)는 사생활에 영향을 미치는 수집된 정보의 구체적인 특징을 다음과 같이 분류하였다:

- **영구성(Permanence)**: 일단 한 번 기록되면 정보가 거의 사라지지 않는다. 이와 같이 개인에 대한 세분화되고 검색 가능하고 지속적인 데이터가 존재하고, 이 정보를 분석하는 데 사용되는 정교하고 저렴한 데이터 마이닝 장치도 존재한다.

- **분량(Volume)**: 이제 기술을 사용하여 정보가 쉽게 기록될 수 있으므로 방대한 양의 데이터 세트가 생성된다. 게다가 저장 비용이 저렴하기 때문에 많은 양의 정보가 무한정으로 존재할 수 있다.

- **비가시성(Invisibility)**: 모든 수집된 정보는 불투명한 시스템 내에 존재하는 것처럼 보이며, 따라서 수집된 정보와 관련된 사람에게 '보이지' 않을 수 있다. 심지어 정보가 해당 개인에게 제공되더라도 알 수 없는 코딩방식 때문에 정보를 해석하지 못할 수 있다.

- **중립성(Neutrality)**: 정보 수집의 용이함은 정보가 어떤 자격 요건을 충족하던지 간에 정보가 손실될 수 있음을 의미한다. 따라서 정보는 메타데이터인지 여부에 관계없이 흡수될 수 있다. 즉, 정보수집에 있어 개인적이고 민감한 정보와 민감하지 않은 정보 간에 구별이 없을 수 있다.

- **접근성(Accessibility)**: 정보에 접근할 수 있는 수많은 도구가 있으며, 이는 그만큼 수많은 사람에 의해 정보들이 읽힐 수 있다는 것을 의미한다. 수집된 정보가 쉽게 복사되고, 전송되고, 통합되고 증식될 수 있다는 것은 정보에 대한 접근성이 더욱 향상됨을 의미한다.

- **조합성(Assembly)**: 여러 다양한 출처에서 정보를 검색하고 재구성하는데 다양한 효과적인 도구들이 사용될 수 있다.

- **원격성(Remoteness)**: 정보는 대개 사용자로부터 육체적으로나 논리적으로 떨어져 있는 경우가 많지만, 이 정보에 대해 모르는 사람들도 접근하여 사용할 수 있다.

Whitty와 Joinson(2009)이 주장한 바와 같이, 각 특징들은 다른 위협 요소들과 결합하여 개인정보에 고유하게 영향을 미친다. 비록 거대한 데이터를 수집하고 저장하는 것이 다양한 방법으로 가능해졌지만, 인터넷의 구조 자체 및 연결성이라는 부가적인 기능은 온라인에서의 개인정보 문제를 더욱 악화시킨다. 인터넷은 쌍방향으로 소통하는 것을 가능하게 하고, 사람과 장소, 사람과 사람을 연결하여 다른 매체보다 더 친밀하게 사람들의 삶에 엮여 있는데, 이러한 상황은 온라인 개인정보에 위협이 되는 것이다.

온라인 개인정보와 관련된 최근 이슈 중 하나는 '빅데이터'가 개인이 알지 못하거나 생각해보지 못했을 통찰력을 제공하도록 재조정되고 사용될 수 있다는 것이다. 예를 들어 몇몇 기관들은 빅데이터를 사용하여 임신 여부를 예측한 경우가 있었다. 이는 정부 감시의 목적은 아니었을 지라도, 개인의 데이터가 대중이 상상하지 못한 방식으로 사용될 수 있다는 것을 보여준다. 이러한 이야기는 아래에 요약되어 있다:

마케터들이 Pole에게 설명했던 바와 같이 새롭게 부모가 된 이들은 소매업자들에게는 주요 타깃 고객들이었다. 이들은 대부분 그들이 필요한 것들을 한 가게에서 사지 않았으며, 식료품은 식료품점에서, 장난감은 장난감 가게에서, 그리고 타깃(Target)에서는 타깃에서 주로 살 수 있는 물건들 − 청소용품이나 새로 나온 양말들, 6개월치의 화장실 휴지 등을 사고는 했다. 그러나 타깃은 우유부터 인형, 정원관리용 도구에서 전자기기들까지 모든 것을 팔고 있었는데, 이 기업의 주요 목표 중 하나는 고객들이 필요한 모든 것들을 타깃에서 살 수 있다고 인식시키는 것이었다. 그러나 이는 아무리 창의적인 광고와 캠페인을 해도 고객들에게 각인시키기 어려웠는데, 고객들의 쇼핑 습관이 한 번 자리 잡기 시작하면 그것을 바꾸는 것은 정말 어려운 일이기 때문이다.

그러나 인간의 삶에는 오래된 일상이 무너지고, 구매 습관이 갑자기 바뀌는 짧은 기간이 있다. 그러한 기간은 바로 아이가 태어날 시기인데, 부모들은 소진되고 피곤한 상태라 그들의 쇼핑 패턴이나 브랜드에 대한 충성도가 불분명해지는 상태가 된다. 이때가 마케터들이 폴에게 설명했듯, 타이밍이 중요해지는 시점이다. 출생 기록은 대개 공개된 자료이기 때문에, 부부가 새로운 아기를 가지게 되는 순간 거의 즉각적으로 온갖 기업에서 제공되는 인센티브와 광고에 휩싸이게 된다. 즉, 다른 업체들이 부부에게 아이가 태어난다는 사실을 알기 전에 더 일찍 연락하는 것이 핵심인 것이다. 특히, 마케터들은 출산 전에 복용하는 비타민과 임부복과 같은 모든 종류의 물건들을 구매하기 시작하는 임신 초기 여성들에게 특별하게 고안된 광고를 보내고 싶어하였다. '만약 우리가 임신 초기 여성들을 식별해서 타겟팅한다면, 그들을 수년간 잡을 수 있는 좋은 기회가 있을 겁니다' 폴이 나에게 말했다. '그들이 우리에게서 기저귀를 사게 되는 순간, 다른 필요한 모든 것들도 사게 될 것입니다. 그들은 가게에 와서는 병을 찾으러 왔다가 오렌지 주스를 지나치게 될 거고, 쇼핑 바구니를 집어들게 될 겁니다. 그러고는 새로운 DVD를 발견하게 될거고, 시리얼, 페이퍼타올을 사게 되고, 계속 쇼핑하러 오게 될 것입니다.'…

폴이 해야 하는 일은 쇼핑객들의 일상−보상 신호 루프를 분석하고 기업이 이를 활용하는 방법을 알아내도록 돕는 것이었다. 폴의 부서의 업무는 꽤나 단순했다: 아이를 갖게 될 고객을 찾아 장난감에 대한 카탈로그를 크리스마스 전에 보내는 것이다. 그러나 폴의 가장 중요한 업무는 소비자의 쇼핑 습관이 특히 유연해지고, 적절한 광고나 쿠폰을 통해 새로운 방식으로 지출을 하도록 하는 특별한 그 시기를 분별하는 것이었다…

일부 고객들은 대학을 졸업하거나 새 직장을 얻을 때, 혹은 새로운 도시로 이사갈 때, 그들의 쇼핑 습관이 소매업자들에게 있어서 잠재적인 금광과 같은 예측가능한 방식으로 유연해졌다. 또한 누군가가 결혼을 하게 되면, 그/그녀는 새로운 타입의 커피를 사게 될 확률이 높아지며, 부부가 새로운 집으로 이사를 가게 되면 다른 종류의 시리얼을 살 확률이 높아졌다. 부부가 이혼하게 되면 그들은 서로 다른 종류의 브랜드 맥주를 살 확률이 높아진다…

폴의 컴퓨터가 데이터를 샅샅이 뒤지고 함께 분석해본 결과, 각 쇼퍼들에게 '임신 예상' 점수를 할당하는 것을 가능하게 하는 25개의 제품을 파악할 수 있었다. 더 중요한 것은, 폴이 임산부의 출산예정일을 추정하는 것 또한 가능해서, 타깃이 임산부의 임신 기간 동안 특정 시기마다 쿠폰을 보낼 수 있었다는 것이다(Duhigg, 2012).

사이버 범죄를 예방하고 감지하기 위해 감시를 사용하는 것은, 심지어 테러만큼 심각한 경우일지라도, 지속적으로 논쟁될 것이며, 학제간 접근이 필요하다. 심리학 또한 물리적 또는 사이버 영역에서의 정체성에 대한 지식과 개인의 정체성에 대한 시민의 태도에 대한 지식을 증진시키도록 도움으로써 기여할 수 있다.

13.7 결론

이 장에서는 잠재적으로 개인이나 조직, 사회에 큰 해를 끼칠 수 있는 사이버 범죄들을 중점적으로 다루었다. 여러 나라들에서는 이러한 범죄들을 인지하기 위해 노력하고 있지만, 나라 간의 이러한 조치는 일관성을 보이지 않는 상황이다(국경을 넘어선 범죄에 대응하는 것은 특히 어려우므로). 학자들 사이에서도 우리는 여전히 이러한 종류의 범죄에 대해서 명확하게 대응하고 있지 못하다(증오 범죄가 좋은 예인데, 이는 하나의 범죄로써 명확하게 정의되고 있지 않다). 이러한 범죄를 예방하고 감지하기 위해 여러 정부들은 감시 방법에 대해 모색해왔는데, 이는 대중들에게 잠재적으로 개인의 사생활을 침해할 여지가 있다는 강한 반발을 일으켰다. 14장에서는 인터넷의 출현 이후 더 큰 문제가 된 또 다른 형태의 범죄인 아동 음란물과 소아성애에 대해 살펴볼 것이다.

토론 질문

1. 사이버스토킹과 누군가의 온라인 활동을 지켜보는 것 사이의 경계를 어디에 그을 수 있는가?
2. 현재 시점에서 사이버괴롭힘과 사이버스토킹에 관한 연구의 한계는 무엇이 있는가?
3. 당신의 관점에서 증오 범죄를 예방하기 위한 전략은 무엇이라고 보는가?
4. 사이버 전쟁의 영역에서 심리학자들이 기여할 수 있는 부분은 무엇이라고 보는가 (예: 예방이나 보복, 제지, 감지에 대한 결정과 관련하여)
5. 드론은 윤리적인 무기나 감시의 수단인가? 그렇다면/그렇지 않다면 그 이유는 무엇인가?
6. 범죄를 탐지하거나 예방하도록 온라인 개인 데이터에 대한 감시를 활용하는 것에 대해 당신의 견해는 어떠한가? 이것이 수행된다면 어떻게 가장 효과적으로 수행될 수 있으며, 누가 개인의 데이터에 대해 접근 권리를 가져야 하는가?

추천하는 읽을거리

Barak, A. (2005). Sexual harassment on the Internet. *Social Science Computer Review*, *23*(1), 77–92.

Behm-Morawitz, E. & Schipper, S. (2015). Sexing the avatar: Gender, sexualisation and cyber-harassment in a virtual world. *Journal of Media Psychology*. doi: 10.1027/1864-1105/a000152

Guitton, C. (2012). Criminals and cyber attacks: The missing link between attribution and deterrence. *International Journal of Cyber Criminology*, *6*(2), 1030–1043.

Hale, W. C. (2012). Extremism on the World Wide Web: A research review. *Criminal Justice Studies*, *25*(4), 343–356.

Sheridan, L. P. & Grant, T. (2007). Is cyberstalking different? *Psychology, Crime & Law, 13*(6), 1477-2744.

Singer, P. W. (2009). Military robots and the laws of war. *New Atlantis, 23*(winter), 28-47.

Sparck-Jones, K. (2003). Privacy: What's different now? *Interdisciplinary Science Reviews, 28*, 287-292.

14

온라인 범죄
: 아동 포르노 및 소아성애

이번 장에서는 다시 온라인 범죄를 다룬다. 이 장에서는 (1) 아동 음란물 이미지에 접근 및 거래를 하지만 아동을 대상으로 직접 성적 학대를 가할 이력이나 동기가 없는 사람, (2) 아동 포르노에 접근 및 거래하고 인터넷을 사용하여 그루밍을 통해 아동과 직접적인 성 접촉을 하려는 사람들에 초점을 맞춘다. 또한 범주 (2)에 속한 사람들과 관련하여 아동 포르노물과 직접적인 아동 성적 학대 사이의 관계를 살펴보고, 또한 범주 (1)에 속한 사람들이 아동 포르노물에 대한 관심으로 인해 (2)의 범죄 행동 특성을 나타낼 가능성도 고려할 것이다. 추가로, 왜 개인이 아동음란물을 보도록 동기화되는지, 무엇이 이러한 동기를 유지하는 데 도움을 주는지, 그리고 직접적인 성적 학대로 확대될 가능성을 설명하는 이론들을 살펴볼 것이다. 이를 위해 먼저 아동음란물에 대한 법적 이해와 용어 정의와 관련된 쟁점, 특정 음란물이 아동음란물법을 위반한 정도를 평가하는 이슈에 대해서 살펴볼 것이다. 가상 사진과 가상 아동음란물의 문제와 그 법률상 지위 문제도 논의된다. 본 장에서는 아동음란물 수집 범죄와 성적 관음증의 기저에 있는 병리학, 아동음란물 및 소아성애적 행동과 관련한 분류와 특성에 중점을 두고 범죄 유형을 요약하였다. 우리는 또한 인터넷에서 아동 포르노를 접하는 것, 접촉 범죄자들 사이에서 아동 포르노가 확산되는 것, 그리고 실제 범죄 행위를 하는 것 간의 관계에 대해서도 논의한다. 마지막으로, 범죄 행위에 대한 현재의 심리학적 이해와 아동 포르노 사용 및 성매매와 같은 미성년자가 관련된 다른 인터넷 범죄를 탐지하는 기술의 사용에 대해 논의하였다.

이러한 문제들에 대해 다루기 전에 먼저 살펴봐야 할 점이 있다. 흔히 대중 언론에서는 아동 성학대의 가해자를 '소아성애자(paedophiles)'라고 칭한다. '소아성애자'라는 용어를 임상적으로 사용할 때에는 사춘기 이전의 아동에 성적 관심이 있는 사람을 말한다(Berlin & Sawyer, 2012). 적어도 영국과 미국에서는 아동음란물법은 사춘기 아동(즉, 18세 미만의 누구나)에 대한 성적 학대에 관한 것이다. 사춘기 및 사춘기 이전의 아동에 성적 관심이 있는 개인은 '청소년성애자(hebephiles)'(Neutze, Seto, Schaefer, Mundt & Beier, 2011)라고 한다. 이러한 임상적 정의에 기초하여, 누군가는 (그들의 성적 관심이 사춘기 청소년에 있기 때문에) 소아성애가 아닌 아동음란물법 위반으로 유죄를 선고받을 수 있다. 이러한 구분은 본 장 전반에 걸쳐 사용되는 언어에 반영되어 있다.

14.1 인터넷과 아동 포르노의 증가

인터넷의 등장은 아동음란물(Lee, Li, Lamade, Schuler & Prentky, 2012; Motivans & Kyckelhan, 2007; Tsaliki, 2011)을 포함한 음란물의 제작, 전송 및 접근성에 있어서 새로운 시대를 열었고, 이는 인터넷 산업 중 가장 빠르게 성장하는 산업 중 하나(Bell & Kennedy, 2000; Jenkins, 2009)로 기하급수적으로 성장하였다.

인터넷에 쉽게 접근할 수 있게 되면서 아동 포르노를 포함한 파일의 온라인 전시, 교환, 판매 및 구매로 구성된 새로운 형태의 범죄 행위를 설명하는 '사이버 소아 범죄'(Webb, Craissati & Ken, 2007)가 발생했다. 예를 들어 미국의 경우 인터넷 아동음란물 관련 범죄(즉 아동 성추행 등 추가 성범죄가 없는 경우)가 2000년 (935건)에서 2006년(2,417건) 사이에 크게 증가한 데 이어 2009년(3,719건)에도 증가했다(Wolak, Finkelhor & Mitchell, 2012). 실제로 인터넷 아동 포르노(이하 아동 포르노) 범죄는 현재 미국 연방 검사가 기소한 성적 착취 사건의 가장 큰 부분을 차지하고 있다(Lam, Mitchell & Setto, 2010). 아동 포르노의 이러한 증가에 대처하기 위해 국제경찰(Genesis in 2001, Falcon in 2004 and Koala in 2006)은 많은 사이버 소아성애 범죄자를 다수 적발했다(Niveau, 2010년). 게다가, 2008년까지 국제경찰 기관인 인터폴의 아동 학대 이미지 데이터베이스는 전 세계적으로 거의 700명의 피해자를 식별하는 데 사용된 50만 개 이상의 아동 학대 이미지를 수집했다(Elliot & Beech, 2009). Elliot과 Beech(2009)는 또한 2008년 영국 인터넷 워치 재단(UK Internet Watch Foundation's)이 아동 포르노를 포함하는 웹사이트에서 복구된 이미지를 분석한 결과를 보고했다. 이러한 이미지 중 80%는 10세 이하의 어린이(2세 이하 10%, 3세~6세 사이 33%, 7세~10세 사이 37%)인 것으로 나타났다. 이러한 이미지의 대부분은(79%) 여아의 것으로 밝혀졌는데, 사실, 가장 흔한 아동 포르노 이미지는 사춘기 이전 여아의 것이다(Seto, 2010).

5장에서 언급한 트리플 A 엔진(The Triple A Engine)은 접근성, 경제성 및 익명성 증가라는 측면에서 아동 포르노의 생산량을 설명하기 위해 사용되었다(Cooper et al., 2000). 여기에 더해 Quayle, Erooga, Wright, Taylor와 Harbinson(2006)은 디지털화된 포르노 자료는 디지털이 아닌 자료보다 저장하기가 훨씬 쉬우며 숨기기 훨씬 쉬운 면이 있음을 언급했다. 또한, 인터넷은 범죄자들이 성적 이미지를 구하거나 직접적인 범죄를 노리는 측면에서 잠재적인 성학대 피해자들뿐만 아니라 아동 학대에 대한 성향을 공유하는 다른 사람들과 모두 접촉할 수 있는 매체가 되기도 한다(Mcarthy, 2010). 아동음란물의 소비 확산을 고려할 때, 실질적으로 중요한 문제는 아동음란물을 소비하는 사람들이 향후 접촉 성범죄에 가담할 가능성이나 직접 범죄를 저지를 위험이 어느 정도 있는지다(Endrass et al., 2009).

14.2 아동 포르노와 법률

1970년대 후반이 되어서야 영국과 미국에서 아동 포르노를 금지하는 법이

제정되었다. 이러한 법은 아동 포르노를 별도의 금지행위로 지정했다(여기서 '아동 포르노'는 물론 인터넷이 생기기 이전 자료를 의미한다). 그 이전에는 성인음란물과 아동음란물을 구분하지 않았고, 동일한 음란물 관련 법률에 근거하여 규제하고 있었다(Gillespie, 2010). 실제로 1982년에야 미국 대법원은 '특정 연령 미만 아동의 성적 행위를 시각적으로 보여주는 자료'로 정의되는 아동 포르노를 '아동의 성적 학대와 본질적으로 연관되어 있다'는 것을 근거로 수정헌법 제1조(표현의 자유에 관한)의 보호 대상에서 제외했다(New York v. Ferber, 1982, p.764, cited in Ray, Kimonis, Donoghue, 2010, p.85). 이 점과 관련하여 영국 아동 착취 및 온라인 보호 센터는 '아동 포르노'라는 문구를 '아동 학대' 또는 '아동 학대 이미지'로 대체해야 한다는 제안을 편집자들에게 보냈다는 사실에 주목할 필요가 있다.

'아동음란물'이라는 용어를 사용하게 되면 실제로 아동에게 벌어진 학대보다 합법성과 준법성의 정도가 덜한 것처럼 잘못 암시될 수 있다(Adams, 2010; 참고 Edwards, 2000; Tate, 1992, Taylor & Quayle, 2003). 이는 Williams(1991)가 '아동 포르노그래피는 아동학대에 대한 시각적 기록 그 자체이다. 각 영상이나 사진은 아동에 대한 형사범죄를 기록한다'(p.88)는 것과 같은 입장이다. 또한, 발생한 학대 그 자체에 더하여 학대에 대한 영구적 기록은 아동에게 다시 한 번 폭력을 행사하게 된다(Beech, Elliot, Birgden & Findlater, 2008; Taylor & Quayle, 2003). 이러한 의견의 타당성을 인정하면서도 관련 문헌들에서는 '아동음란물'이라는 용어가 광범위하게 사용되는 점을 감안하여 편의상 '아동음란물'이라는 용어를 계속 사용하고 있다.

14.2.1 아동 포르노 콘텐츠의 객관적이고 기능적인 측면

법률상 아동음란물에 해당하는 자료와 아동에 대한 성적 관심이 있는 사람들이 사용하는 자료가 반드시 일치하는 것은 아니다. 개인의 성적 흥분을 유도하는 데 사용되는 아동의 이미지가 성적 학대를 묘사하지 않을 수도 있고, 아동의 신체 일부나 전신의 나체 이미지가 포함되지 않을 수도 있다. 따라서 아동의 이미지 자체로는 아동음란물법에 저촉되지 않을 수도 있다(Tate, 1990). Howitt(1995)가지적한 바와 같이, 성적 자극은 노골적인 성적 콘텐츠가 아니라 가해자의 마음속에서 일어나는 환상에 근거할 수 있다. 따라서 Taylor, Holland와 Quayle(2001)은 아동 포르노그래피(노골적으로 성적 학대를 포함)와 아동 성애물(erotica, 성적 흥분을 이끌어내기 위한 다양한 이미지를 사용)을 구별한다.

물론 아동에 대한 성적 관심이 있는 사람들이 아동 포르노법을 위반하여 성적으로 학대당하는 아동의 이미지를 소지하고 있거나, 적어도 시청 동기가 있는 경우가 더 흔하다. 그럼에도 불구하고, 콘텐츠에 대한 어떤 형태의 객관적인 척도가 이미지가 사용되는 용도(시청자에게 제공되는 목적)로부터 독립적이어야 한다는 Taylor와 Quayle의 지적은 적절하다고 본다.

14.2.2 다양한 법적 해석

아동 포르노에 대한 법적 정의는 국가마다 다르며, '아동'과 같은 용어에 대한 해석도 다르다. 아동 포르노를 정의하고 규제하는 방식이 전 세계적으로 다양하므로, 해당 연구 주제에 관하여 가장 중요한 위치를 차지하고 있는 영국과 미국의 법적 정의에 초점을 맞추고자 한다. 영국에서는 2003년 성범죄법 제6A.1항에 1978년 아동보호법과 1988년 형사사법법을 개정하여 '18세 미만의 아동의 음란한 사진 또는 유사 사진을 배포하거나 광고할 의도로 촬영, 제작, 촬영 허용, 유포, 전시, 소지하는 행위'를 범죄라고 규정하고 있다. 무엇이 '음란물'에 해당하는지에 대한 판단은 규준에 따라 배심원이 결정한다. 제6A.1항 위반에 대한 유죄 판결 수위는 범죄의 심각성을 반영하여 1급: 성행위 없이 성적인 포즈를 취한 이미지부터 5급; 가학성애 또는 동물에 의한 혹은 동물에 대한 삽입 행동이 있음까지 다양하게 결정된다(아래 COPINE; Combating Pedophile Information Networks in Europe, 영국에서 아동 성 학대 이미지의 심각성을 분류하는 데 사용되는 등급 시스템의 척도 참조).

미국 법무부의 연방헌법 가이드에는 아동 착취 및 음란물을 다룬 절에 다음과 같이 기술하고 있다.

미국 연방헌법 제18장 제2256조는 아동 포르노를 미성년자(18세 미만의 사람)와 관련된 노골적인 성적 행위를 시각적으로 묘사한 것으로 정의하고 있다. 여기에는 실제 미성년자와 구분할 수 없는 대상에 대한 사진, 비디오, 디지털 혹은 컴퓨터로 생성한 이미지, 제작, 각색, 수정된 이미지를 포함한다.

추가로:

성적으로 노골적인 행위에 대한 법적 정의에 따르면, 이미지에 성행위를 하는 아동이 반드시 묘사되어야만 해당하는 것은 아니다. 아동의 나체 사진이 충분히 성적으로 선정적일 경우 불법 아동 포르노에 해당할 수 있다 (US Department of Justice, 2015).

14.2.3 아동 포르노 및 동의 연령

아동 포르노에 대한 영국과 미국의 정의에 따르면 어린이는 18세 미만의 모든 사람이다. 해당 나이는 아동 포르노 관련 국제법에도 규정되어 있다 (Gillespie, 2010; UN 아동권리협약 제1조a항 참조; 유럽평의회 사이버범죄협약 및 성 착취 협약 참조). 따라서 포르노 이미지가 18세 미만인 사람의 이미지인 경우, 아동 음란법에서 규정하는 아동의 이미지에 해당된다. 여러 국가에서 이 나이는 합법적으로 성관계에 대한 동의 연령과 다르다. 예를 들어, 영국에서는 성관계 동의 연령을 16세로 본다(그러나 학생과 교사의 경우처럼 취약한 개인이 관련되어 있거나 권력 불균형 여부에 따라 달라질 수도 있음). 미국의 경우에는 거주하고 있는 주(state)에 따라 성관계 동의 연령은 16세에서 18세 사이로 다양하다. 전 세계적으로는 성관계 동의 연령이 12~20세에 이른다(12세의 성적 동의에 관한 경우, 상대방이 18세 미만이어야 함).

이러한 차이를 고려할 때, 영국과 미국의 일부 주에서도 만 18세 미만이지만 성관계 동의 나이에 해당하면 합법적인 성관계를 가질 수 있지만, 만 18세 미만이기 때문에 그 파트너가 성적인 이미지를 소지하거나 자신의 성적 이미지를 보내는 것은 불법에 해당할 수 있다(Berlin & Sawyer, 2012).

제5장에서 언급한 바와 같이, 섹스팅은 주로 청소년들이 휴대전화나 인터넷을 통해 문자 메시지 또는 성적으로 선정적인 이미지(누드 또는 세미누드 사진 포함)를 전송하거나 게시하는 행위이다(Levick & Moon, 2010). 미성년자가 다른 미성년자(16세 이상인 경우에도)의 성적 이미지를 제작하는 것은 아동 포르노에 대한 법적 기준을 충족한다(Walsh, Wolak & Finkelhor, 2013; Mitchell, Finkelhor, Jones & Wolak, 2012 참조). 그러나 Levick과 Moon(2010)에 따르면, 섹스팅 사건에서 미성년자를 기소하는 것은 해당 행위가 정상적인 청소년 성적 발달의 새로운 표현에 불과하다는 점을 감안할 때, 아동음란물법을 심각하게 잘못 적용하는 것으로 보기도 한다(Comartin, Kernsmith & Kernsmith, 2013 참조). 미국에서 섹스팅에 대한 기소는 다음과 같은 경우에만 발생한다:

- 악의적인 의도, 폭력, 강요 또는 괴롭힘(앞의 이유로 사진을 누군가에게 보낸 후 배포하는 경우)
- 유포(지속되는 섹스팅 및/또는 피해자의 동의 없이 의도하지 않은 사람에게 이미지를 전송하는 행위)
- 사건에 관련된 사람들 간에 나이 차이가 큰 경우
- 생생한 표현(매우 성적으로 노골적이거나 성적으로 폭력적인 이미지)(Walsh et al., 2013에서 재인용)

따라서 섹스팅은 (제5장에서 논의된 바와 같이) 아직 법적으로 해결되지 않은 새로운 사회 문제이다.

14.3 가상 사진

디지털 시대는 아동 포르노를 금지하는 법을 제정하는 사람들에게 자체적인 문제와 도전을 가져왔다. 아동 포르노의 가상 사진(pseudo-photographs)은 실제 사진을 조작하거나 사람/어린이의 디지털 표현을 변경하는 것을 포함한다. 이것은 누드 성인의 이미지를 어린이의 것으로 보이도록 조작하거나 포르노처럼 보이도록 외설적이지 않은 어린이의 이미지를 조작하는 경우도 있다. 후자의 경우, 원래 아이스크림을 핥고 있는 것으로 묘사된 아이의 이미지가 조작되어 아이가 어른에게 성적인 행위를 하는 보이게 수정할 수 있다(Gillespie, 2010).

실제 아동음란물의 경우, 아동의 성적 대상화 또는 아동의 이미지인 경우에는 그 사진이나 영상이 그 사건 발생의 기록이다. 그러나 유사 사진의 경우 생성되는 것은 실제가 아니라 실제인 것처럼 제시되는 사건이다(Oswell, 2006). Williams(2003)는 비록 그러한 '포토샵된' 이미지들이 매우 불쾌하지만, 그림 이상의 의미를 갖는 건 아니라고 하였다. 그러나 아동 포르노의 맥락에서 음란물 사진과 유사 음란물 사진이 동일하지 않다 하더라도, 영국 법률(2003년 성범죄법 및 2009년 코로너 사법법 참조)은 이를 동일하게 취급한다(Oswell, 2006). 이와 같이 위에서 설명한 종류의 유사 사진은 학대 자체를 묘사하지는 않더라도 착취적이며 따라서 '특정 아동뿐만 아니라 모든 아동에 대한 범죄'로 간주된다(Oswell, 2006, p.252, 원본 강조).

미국의 법률은 1996년 아동 포르노 방지법을 통해 아동 포르노에 대한 정의에 미성년자에 대한 성적 학대 장면뿐 아니라 성적 활동을 하는 미성년자를 보여주는 것을 포함시켜 디지털 시대의 변화를 고려하였다. 여기에 따르면 유사 사진 혹은 실제 아동이 찍히지 않은 사진이라 하더라도 법의 처벌을 받을 수 있다(Samenow, 2012).

그러나 2002년 애쉬크로프트 대 자유언론연합(525 U.S. 234)의 판결이 내려졌고, 이 판결은 1996년 아동음란물방지법(18 U.S. C. § 2251)에 이의를 제기하기 시작했다(Kosse, 2004 참조). 영국의 입법과 대조적으로, 미국 대법원은 '아동의 성적으로 노골적인 사진을 만들거나, 보여주거나, 소유하는 것은 여전히 불법이지만… 단지 아동의 것으로 보이는 사진의 제조나 전시를 금지할 특별한 이유는 없다'고 판결했다(Levy, 2002, p.319). 더욱이 실제 미성년자가 개입되지 않아 범죄를 기록하지 않는 순수한 디지털 기원의 이미지(즉, 가상 아동음란물)와 관련하여 연방대법원은 미국 아동음란물법이 아동의 피해를 방지하기 위해 제정되었고, 가상 아동음란물의 경우 피해자가 없으므로 표현의 자유를 제한할 강제적인 이유가 없다고 판시했다.

Paul과 Linz(2008)가 '가상 아동음란물은 성인들의 아동과의 성관계에 대한 욕구를 자극하며, 그러한 콘텐츠가 미성년자에 대한 성적 학대 또는 착취를 시청자들이 수용하고 심지어 선호하게 될 수 있다'(35쪽)는 1996년 아동음란물보호법을 옹호하는 미국 정부의 가정을 검증하기 위해 성인들을 '거의 합법적이지 않은' 음란물에 노출시켰을 때, 참여자들이 성적 행위를 미성년자의 성적 이미지와 인지적으로 연관시킬 가능성이 더 높지만(응답 지연 측면에서), 가상 아동음란물 시청이 참가자들로 하여금 아동음란물이나 소아성애를 더 많이 받아들이게 한다는 증거는 없다는 것을 발견했다. 거의 합법적이지 않은 음란물은 18세 이상이지만 동의 나이가 안 되거나 갓 넘은 것처럼 보이는 모델을 사용하였다 Paul과 Linz의 연구 결과는 아동음란물이 아동학대의 실제 사례로 이어진다는 미국 정부의 주장에 의문을 제기하고 조건부 혹은 간접적인 인과관계 이외의 다른 영향을 준다는 증거가 없다는 2002년 대법원의 견해를 뒷받침한다. 주목할 만한 점은, 2002년 대법원 판결이 아동음란물을 만들기 위해 실제 아동의 이미지를 변형하는 것을 금지하는 데 영향을 주지 않았다는 점이다. 그러나 2003년 PROTECT 법이 도입되었는데, 이는 음란물을 금지함으로써 가상 아동 음란물의 허용을 제한한다(음란은 현대 사회의 인정된 기준에 근거함). 구체적으로, 이 법은 다음을 범죄화한다:

명백하게 성적 혹은 외설적인 행동을 하는 미성년자를 나타내거나 미성년자의 성관계를 나타내지만 문학적, 예술적, 정치적, 과학적 가치가 결여된 그림, 만화, 조각, 회화와 같은 시각적 표현(18 USC §1466A)(Samenow, 2012, p.19)

음란법을 위반하지 않는 가상 아동음란물과 관련하여 미국 대법원은 다음과 같이 결정했다:

- 가상 아동 포르노는 실제 아동 포르노에서 일어나는 아동 성학대와 본질적인 관련이 없으므로, 실제 범죄와 연관지을 수 없다.
- 실제 아동 성학대와의 연관성은 간접적이고 우발적이기 때문에 반드시 미래의 아동학대와 연관된다고 말할 수 없다.
- 일부 아동들에게 피해를 줄 가능성에 근거하여 가상 아동 포르노를 금지할 수 없다.

14.4 아동 포르노 범죄자의 유형

본 절에서는 아동 포르노 범죄자를 어떻게 범주화할 수 있는지를 다루었다. 예를 들어 Berlin and Sawyer(2012)는 아동 포르노 범죄자를 다음과 같은 하위 범주로 구분한다:

1. 치한(Sexual molesters): 아동 포르노를 보는 것 외에도 실제로 아동에게 접근하는 것에 관심이 있는 사람(때로는 과거 이력이 있는 사람).
2. 성적 외판원(Sexual solicitors): 아동 포르노를 보는 것 외에도 대면할 동기 없이 아동과 성적으로 '대화'를 하는 사람들(일부 가해자는 당연히 하위 범주 1의 접촉 특성을 달성하기 위한 수단으로 먼저 이러한 방식으로 접촉을 시작할 수 있다).
3. 관음자(Sexual voyeurs): 아동에게 성적으로 접근하려고 시도한 적이 있는 기록이 없지만(그리고 실제로 그렇게 하고 싶어 한다는 증거가 없는) 아동

포르노를 보는 패턴을 보이는 사람들(때로는 강박적으로).

14.4.1 달리 명시되지 않은 변태성욕장애

하위 범주3에 해당하는 사람의 컴퓨터를 압수한 경우, 하위 범주 2에서 설명된 아동과의 성적으로 부적절한 '채팅'에 대한 증거는 발견되지 않는다(Berlin & Sawyer, 2012). 체포 후의 공표에 이어, 하위 범주1과 유사한 형태의 부적절한 접촉에 대해 아동이 직접적으로 비난하는 보고는 없다. 실제로, Berlin and Sawyer(2012)가 언급하듯이, 하위 범주3에 해당하는 사람들의 자녀들 대부분은 부모로부터 부적절한 성적 접촉을 보고하지 않는다. 이를 감안할 때, Berlin and Sawyer(2012)는 다음과 같이 결론을 맺었다:

어떤 사람들은 [아동 포르노의] 이미지를 관음적으로 보고 싶은 강박적 충동을 경험하면서도 실제로 아이에게 성적으로 접근할 동기가 전혀 없는 것처럼 보인다. 다시 말해서, 이러한 경우에, 인터넷을 통해 그러한 이미지를 보는 행위는 실제적인 성적 접촉과 같은 다른 목적을 위한 수단이라기보다는 그 자체로 목적인 것처럼 보일 것이다. (pp.31−32)

그럼에도 불구하고 DSM−IV−TR에 근거하였을 때, 위와 같은 아동음란물에 대한 관음증적 시청은 '별다른 명시가 되지 않은 변태성욕장애(paraphilic disorder)'로 분류된다. 이는 사춘기 이전의 아동의 성적으로 노골적인 이미지를 반복적으로 보고 싶어 하는 강박적인 욕구를 가진 개인을 의미하며, 이 변태성욕장애의 주요 구성요소는 관음증과 소아성애이다(Berlin & Sawyer, 2012). 이 장애의 소아성애적 측면은 인터넷을 통한 관음증에 국한되며, 따라서 단순히 성적인 콘텐츠가 포함된 어린 아동의 이미지를 보는 것이 아니라 사춘기 이전의 아동과 성적인 행위를 하려는 동기가 있는 소아성애(직접적인 피해자가 발생할 수 있다는 특징이 있음)와 구별되어야 한다. 이러한 임상적 구분을 지지하기 위해

Galbreath, Berlin and Sawyer(2002)는 39명의 인터넷 아동음란물 범죄자를 대상으로 한 연구에서, 23%가 소아성애로 진단된 반면 49%는 특별하게 명시되지 않은 변태성욕장애로 진단된다고 보고했다.

인터넷은 특히 높은 수준의 성적 판타지를 불러일으키면서도 자신의 판타지에 대해 행동하는 것을 강하게 억제하는 사이버 소아 범죄자들에게 매력적으로 보일 수 있는 다음과 같은 여러 특징을 가지고 있다(Niveau, 2010).

- 상대적으로 익명성을 띰
- 접근의 용이성
- 저렴함
- 무제한 시장
- 소비자와 생산자 사이의 경계가 흐려짐(모든 소비자는 파일 교환에 의해 생산자가 될 가능성이 있음)
- 판타지 경험을 위한 무한한 기회

14.4.2 수집가

많은 아동 포르노 제작자들은 단순히 아동이나 아동이 학대당하는 이미지를 보거나 획득하는 것을 넘어서서, 이러한 이미지들을 수집하여, 분류하고 색인화하는데, 이를 Talyor(1999)는 이를 '수집가 증후군'이라고 했다. Svedin과 Back(1996; cited in Oswell, 2006)은 이렇게 다양한 '수집가'들을 묘사하고 있다:

- 옷장 수집가(The closet collector)는 이미지는 볼 수 있지만 아이들과 직접적인 성적 접촉은 하지 않는 사람이다.
- 격리된 수집가(The isolated collector)는 영상을 보는 것 외에도 아동 성학대에 관여하는 사람이다.
- 오두막집 수집가(The cottage collector)는 자신의 수집품을 다른 사람들과

공유하고 다른 사람들과 직접적인 학대에 관여한다는 점에서 고립된 수집가와 다르다.

- 상업적 수집가(The commercial collector)는 자신들이 제작하는 아동 포르노의 유통을 통해 이익을 얻는 사람이다. 상업적 수집가는 Elliot과 Beech (2009)가 언급한 '상업적 착취'와 유사한데, 이는 아동 포르노를 제작하고 거래하는 사람들을 금전적 이익을 위해, 아마도 더 광범위한 불법행위의 일부로, 따라서 아동 성접촉에 특별한 관심이 없을 수도 있는 사람들을 포함한다.

수집가가 되려는 동기는 근본적인 병리적 징후로 보이며, 오두막 수집가의 경우 범죄자가 유사한 동기를 가진 다른 사람들과 갖는 사회적 관계를 끈끈하게 만들어주는 특징으로 보인다(Oswell, 2006). Taylor 등(2001)은 수집품은 아무렇게나 모아진 것이 아니라, 수집가의 '마음'을 드러내며, 특정 이미지가 아동 포르노에 대한 영국과 미국의 법적 정의에 위배되지 않더라도, 수집품 내에서의 위치와 수집하는 동기를 고려했을 때 학대적이라고 보았다. Taylor 등(2001)은 10점 리커트 COPINE 척도에 기반한 이미지 유형을 제공한다(COPINE은 유럽 소아성애자 정보 네트워크 대책의 줄임말이다). 이 척도 범위는 (1) 지시하는, (2) 벗고 있는, (3) 성애적인, (4) 포즈를 취하는, (5) 성적인 포즈를 취하는, (6) 노골적인 성적 포즈 취하는, (7) 노골적인 성 행동을 하는, (8) 폭행하는, (9) 혐오스런 폭행을 하는, (10) 가학적인/짐승같은으로 분류한다. 따라서, 위에서 언급한 수집품 내에 어떤 이미지가 있다고 할 때, 척도의 가장 낮은 지점에서 분류된 이미지(일상생활은 하는 어린이의 성적이지 않은 모습의 이미지)조차도 어린이에 대한 성적 폭력을 나타낸다. Taylor 등(2001)의 연구에 따르면, 수집가가 Svedin과 Back(1996; Oswell, 2006에서 인용)의 옷장 수집가 유형에 부합하는지 또는 수집가가 실제 아동학대를 저질렀는지 여부는 가해자의 병리학과 관련하여 아무런 차이가 없다. 특히 성적 흥분을 유도하기 위해 모아진 컬렉션 내에서 아이들의 이미지를 보는 것은 심지어 COPINE 척도의 가장 낮은 수준의 내용이라 하더라도 아동을 희생물로 삼는 것이다. 따라서 가해자의 병리학은 아동에 대한 직접적인 성적 학대만을 갖고 판단해서는 안되며, 옷장 수집가인 경우라도 그 수집품을 구성하는 내용의 성격을 반영해야 한다.

14.5 아동 포르노 범죄자의 특징

이제 아동 포르노 범죄자들의 특성에 대해 알아보자. Galbreath 등(2002)은 아동 포르노에 접근하는 사람들이 압도적으로 남성이라고 주장하지만(여성에 관한 연구는 Seigfried-Spellar & Rogers, 2021 참조), 이와는 별도로 다양한 배경을 가진 범죄자들이 있다. Reijnen, Bulten과 Nijman(2009)도 네덜란드 표본을 기반으로 아동 포르노 범죄자들이 비범죄 인구에서처럼 이질적이라고 했다(Nielssen et al., 2011 참조). 사실, McCarthy(2010)는 현재 전형적인 아동 포르노 범죄자의 프로필이 존재하지 않는다고 주장한다. 그럼에도 불구하고, 몇몇 연구들은 차이점을 지적했다.

미국 조사 결과에 따르면, 많은 사람들이 비교적 잘 교육을 받았다(O'Brien & Webster, 2007). Wolak, Finkelhor 및 Mitchell(2005)은 아동 포르노 범죄로 유죄 판결을 받은 1,713명의 개인 표본에서 37%가 대학에 진학하거나 대학 졸업장을 취득했으며 추가로 4%가 박사 학위를 가지고 있다는 것을 발견했다. 호주 샘플을 사용한 Burke, Sowerbutts, Blundell 및 Sherry(2002)에 따르면 범죄자는 25세에서 50세 사이인 경향이 있다. Web 등(2007)은 인터넷 범죄자 표본(n=90)의 평균 연령이 38세로 실제 성범죄자보다 낮았다고 보고했다. 또한 실제 성범죄자보다 동거 경험이 적은 경향이 있었다.

Middleton, Elliot, Mandeville-Norden과 Beech(2006)는 심리적 결함을 진단받은 인터넷 범죄자들이 사회적으로 고립되거나 친밀감에 문제가 있는 경향이 있음을 발견하였다. Henry, Mandeville-Norden, Hayes and Egan(2010)은 아동 포르노 범죄자 422명을 표본으로 하여 정서적 부적절성과 높은 일탈성의 증거를 차례로 보고하였다. 인터넷 사용도 정서적 스트레스를 완화하는 방법으로 보았다. 그러나 Henry 등의 연구에서 거의 절반에 가까운 범죄자들이 심리적 결함을 보이지 않았다는 것에 주목할 필요가 있다. 실제로 Nutze et al.(2011)은 그들의 표본에서 정서적 결함의 증거를 전혀 발견하지 못했다. 또한 아동음란물 사범과 비인터넷 성범죄자를 비교했을 때, Reijnen 등(2009)은 아동음란물사범이 연령이 더 어리고, 혼자 살고, 미혼이며, 자녀가 없는 경향이 있는 것으로 나타났다. 이에 레이넨 등은 아동음란물 범죄자들이 사회적으로 더 고립되어 있다고 결론 내렸다. 이러한 연구결과는 앞서 언급한 Middleton 등(2006)과 Web 등(2007)의 연구결과와 일맥상통한다. Reijnen 등 연구진은 또한 사회적 고립(예를 들어, 친밀성에 문제가 있기 때문에)이 범죄자의 인터넷 행동을 유발하는 계기로 작용하거나, 소아성애적 성향이 친밀한 성인 관계를 맺으려는 시도에 해로운 영향을 미칠 수 있다고 추측했다.

14.6 아동 포르노와 실제 범죄와의 관계

현재 대부분의 아동 포르노그래피 범죄자들은 인터넷을 통해 범죄를 저지른다(Ray et al., 2010). 앞서 이 장에서 언급한 바와 같이, 이러한 범죄자들 중에는 아동학대 이미지를 관음증적으로만 추구하며, 직접적인 가해 행위는 하지 않는 구별된 범주가 있다. 그러나 인터넷의 이중적 잠재력을 고려할 때, 미성년자에 대한 성적 선호를 가진 사람들은 − 이미지를 보는 것과 더 직접적인 접촉(예: 직접적인 가해를 일으키는 유형)의 관점에서 − 아동 포르노와 직접적인 아동 성범죄의 관계를 고려해야 한다. 왜냐하면, 직접 아동학대를 하는 사람들과 이를 보기만 하는 사람들에 근거한 구분은 경우에 따라 적합할 수 있지만, 그럼에도 불구하고 아동들에게 치근덕대거나 추행 혐의로 기소된 사람들이 종종 아동 포르노를 소지하고 있다는 것은 명백하다(Kingston, Fedoroff, Firestone, Curry & Bradford, 2008; Riegel, 2004).

또한, 범죄자의 일탈적인 성적 흥분으로 인해 점점 더 자극적인 묘사를 찾거나(Niveau, 2010) 직접 아동 학대에 가담하게 될 수 있는 확대 문제도 있다

(Seto & Eke, 2005). Quayle과 Taylor(2002)와 Sullivan과 Beech(2003)는 아동 포르노에 대한 성향이 성추행이나 성적 권유의 형태로 미성년자를 상대로 접촉 범죄를 저지를 가능성을 높인다고 주장한다(Seto, Wood, Babchishin & Flynn, 2012). 어느 정도의 인터넷 아동 포르노에 대한 관심이 가해자로 하여금 직접 범죄를 일으키는지, 혹은 아동들에 대한 성적 이미지를 보는 것으로 만족하는지 고려해야 한다.

Bourke와 Hernandez(2009)의 연구에서는 아동 포르노 범죄자 155명의 표본을 바탕으로 85%가 적어도 한 번은 아동을 학대했다고 인정했다. Wolak 등(2005)은 아동음란물 범죄자 1,713명의 표본에서 40%가 이중 범죄자였으며, 이중 39%가 인터넷에서 피해자를 만났다고 보고했다. Seto, Hanson과 Babchishin(2011)은 아동음란물 범죄자 8명 중 1명이 실제 접촉범죄 전과가 있는 것으로 나타났다. Seto and Eke(2005)는 실제 성학대 이력이 있는 아동음란물 범죄자들은 재범 가능성이 더 높은 반면, 아동음란물 위반으로만 유죄를 받은 사람들은 적어도 후속 연구 기간 동안은 접촉 가해를 지속하지 않았다고 언급했다(Eke, Seto & Williams, 2011을 참조). Webb 등(2007)은 아동음란물 범죄로 유죄 판결을 받은 사람들(그러나 아동 성범죄자는 아닌 사람들) 사이에 재범의 증거가 있지만, 그들의 재범은 아동음란물 관련으로 국한되어 있으며, 그들이 접촉 가해를 지속했다는 증거는 없다는 것을 발견했다. 실제로 McCarthy(2010)는 이러한 두 일탈 집단을 구분하는 데 있어 접촉 가해(인터넷 그루밍 포함)의 부재가 중요한 요인이라고 생각한다. 예를 들어, 소년에 대한 성적 선호를 가진 아동음란물 범죄자의 표본(n=290) 중 Riegel(2004)은 84%가 이미지가 실제 아이를 대체하는 역할을 한다고 보고했으며, 84.5%는 그러한 이미지를 보는 것이 소년과 직접적인 학대를 하고 싶은 욕구를 증가시키지 않는다고 말했다.

Lee 등(2012)은 아동음란물 범죄자들이 두 측정치에서 모두 높은 점수를 받은 이중범죄자들에 비해 인터넷 몰두정도에서 높은 점수를, 반사회적 인격장애(그들이 '반사회성'이라고 부르는 것)와 관련된 특성에서 낮은 점수를 기록한 것을 발견했다. Lee 등은 높은 인터넷 몰두정도와 관련하여 반사회성에 대한 낮은 또는 높은 정도가 이중범죄 발상에 대한 유용한 예측을 제공할 수 있으며, 따라서 아동음란범죄 유죄판결을 받은 사람들 중 누가 직접 아동 성범죄를 저지를지 예측할 수 있다고 하였다.

14.7 아동 포르노 범죄에 대한 이론적 접근

이 절은 일부 사람들이 소아성애자가 되는 이유를 설명하기 위해 제안된 몇 가지 심리학 이론을 개략적으로 설명한다.

14.7.1 구애 장애 이론(Courtship disorder theory)

구애 장애 이론(Freund & Blanchard, 1986; Freund, Scher & Hucker, 1983)은 정상적인 성적 상호작용이 4개의 각 단계를 통해 진행된다고 가정한다. 첫 번째는 잠재적인 파트너를 찾는 것이다. 그런 다음 바라보고 대화하는 방식으로 접촉이 이루어진다(신체접촉 전 상호 작용이라 알려져 있음). 다음은 성관계를 맺기 전 스킨십이나 키스와 같은 촉각적 상호작용으로 진행된다. 이 진행 과정의 병리학적 장애는 일반적으로 정상적인 구애 단계 중 하나에서 왜곡(주로 흥분의 형태로 나타남)으로 특징지어진다. 본 챕터의 앞부분에서, 우리는 일부 아동 포르노 범죄자들이 사회적으로 고립되거나, 친밀감 문제가 있거나, 정서적인 부적절감을 느낀다는 것을 알아보았다(Henry et al., 2010; Middle et al., 2006; Web et al., 2007). Jung, Ennis와 Malesky(2012)는 Elliot, Beech, Mandevil–Norden 및 Hayes(2009)과 유사하게 아동 포르노 범죄자의 행동을 거부의 위험 없이 실제 삶에서 친밀감의 부족을 보상하는, 일종의 유사 친밀감을 달성하는 과정의 일부로 이해해야 한다고 보았다. 달리 명시되지 않은 소아성애로 진단된 가해자들이 강력한 관음증 요소를 나타내는지 떠올려보라. 따라서 Jung et al.(2012)은 '불법 음란물을 입수하기 위한 인터넷의 강박적 이용은 잠재적 파트너를 찾아 평가하는 1단계의 병리적 왜곡과 개념적으로 유사할 수 있다'(p.662)고 추측한다.

아동음란물 범죄가 성적인 치근댐이나 추행 중 하나로 확대될 것인가에 대한 질문에 대해, 달리 명시되지 않은 소아성애장애를 가진 개인에 의한 미성년자에 대한 고착이 무질서한 구애의 일부라면, 그러한 개인은 잠재적 피해자와 접촉하지 않는 상태가 유지되는 것이 아니라, 인간의 성적 상호작용의 후속 단계에 참여하고, 행동 전 상호작용으로 진행되며, 나아가 성기 결합에 참여하는 경향이 있을 수 있다(Jung et al., 2012, p. 662).

구애 장애 이론의 설명은 짝 선택에 대한 진화론적 접근법 안에 있다. 그러나 이것은 특히 인터넷을 통해 발생하기 때문에 범죄 행동에 대한 사회적 및/또는 상황적 영향에 대해 거의 알려주지 않는다(예: Wortley & Smallbone, 2006).

14.7.2 사회 학습 이론

사회 학습 이론(Bandura, 1977)은 관찰과 모델링을 통한 학습을 중시한다. 보상을 받는 행동을 관찰하면, 그 행동을 모델링할 가능성이 높아지고 따라서 그 행동을 하게 된다. 인터넷의 향상된 의사소통 능력은 관찰할 수 있는 행동의 범위가 증가하며, 여기에는 아동에 대한 성적 학대 행동도 포함된다. 아동 성학대에 연루된 다른 사람들을 관찰 및/또는 상호작용할 수 있는 환경 내에서, 관찰자들은 학대의 특징적인 행동을 학습하고 모델링할 수 있을 것이다. 또한 그러한 환경에서, 온라인 아동성애자 그룹 내에서, 개인들은 아동학대의 미덕이 칭송받고 미성년자에 대한 [개인들의] 성적 관심을 타당화받는 공동체 의식을 경험할 수 있다(Malesky & Ennis, 2004). 오두막집 수집가들에게, 아동 포르노 이미지의 공유와 심지어 직접 체험해보는 성범죄의 협력 조직이 범죄자가 유사하게 동기부여를 받은 다른 사람들과 갖는 사회적 관계의 구속력 있는 특징임을 상기해보자.

이런 종류의 인터넷 노출은 관찰자들에게 인식의 변화를 일으켜서 그들이 불쾌감을 주는 행동들에 더 수용적인 입장을 취하고, 그래서 그들이 이전에 성적 학대에 관여하지 못하게 만들었던 억제들을 더 감소시키는 경향이 있다(Jung et al., 2012). 이러한 공동체 의식과 타당화 과정은 소아성애를 지지하는 웹사이트의 다음 인용구에서 나타난다. '이 모임으로 인해 나는 단지 한 달 반 전에 내가 소년을 좋아한다는 걸 알게 되었다. 나는 웃고, 울고, 당신의 아름답고, 슬프고, 재미있는 게시물을 모두 공유했다. 내 인생에서 누군가가 나와 동일한 감정을 갖고 있다는 걸 본 것이 처음이었다'(Durkin, 1996, p. 108; Jung et al., 2012, p. 658에서 인용).

Jung 등(2012)에 따르면, 전례 없는 정도로 인터넷을 통해 아동 범죄 행동을 지지하는 생각이 퍼지게 되었다. 친―소아성애적인 관점은 대해 비난이나 이들이 하는 행동이 누군가에게 해를 끼치고 있다고 말하는 반대 목소리가 없을 때에 가능하다. 이와 같이, 인터넷에서 아동 포르노에 접근하고/또는 거래하는 것이 처벌받지 않는 것처럼 보일 때, 또 다른 누군가가 동일한 학대적인 행동을 하도록 간접적으로 촉진하게 된다.

14.7.3 Finkelhor의 전제 조건 모델

구애 장애 이론과 사회학습이론은 결코 양립할 수 없다. 아동 포르노 제작자들은 성적 대상화된 아이들의 이미지를 보면서 왜곡된 의사적 친밀감을 획득하고 모델링을 통해 더 정교한 범죄행위를 학습할 수 있다. 그들은 또한 마음이 맞는 다른 개인들과의 인터넷 소통을 통해 이에 대해 정당하다고 느끼고, 이는 자신이 하는 행동을 더욱 강화하는 역할을 한다. 구애 장애 이론의 구애 진행의 일환으로, 그리고 추가적인 사회학습이론 실천을 통해, 인터넷 범죄자는 음란물의 인터넷 시청에서 아동을 대상으로 한 성적 치근덕거리기 또는 추행으로 '진행'할 수 있다.

Finkelhor(1984)에 따르면, 직접적인 아동 성학대가 발생하기 위해서는 네 가지 전제조건이 충족되어야 한다(Liot & Beech, 2009년 각색). 가해자는 다음과 같이 해야 한다:

1. (a) 아동과의 성관계가 정서적으로 만족스러울 것이라고 믿거나 (b) 아동 및/또는 (c) 정상적인 성적 배출구(성인과의 성관계)가 차단되거나 (d) 다른 사람들은 거리껴하는 것에 대해 거리끼지 않으므로 범죄를 저

지르고자 동기화된다.

2. 아마도 (a) 인지 왜곡(1a에 설명된 종류) 및/또는 (b) 충동성 및/또는 (c) 물질 남용을 통해 내적 억제를 벗어버린다.

3. (a) 그루밍 및/또는 (b) 보호자 또는 전문 조직(둘 중 하나가 어린이에게 접근할 수 있는 경우)을 통해 외부 억제(어린이에 대한 접근을 차단하는 일반적인 장벽)를 해제한다.

4. 위협이나 선물 혹은 아동 포르노를 지속적으로 접하여 무감각해지고 일상화되어 아동의 저항을 무력화시킨다.

14.7.4 성범죄의 경로모델 및 통합이론

Ward와 Siegert(2002)는 아동 성학대는 1차적인 인과적 영향을 미칠 수 있는 여러 가지 다른 요인들 — 또는 학대에 대한 다른 경로 — 의 정점이라고 주장한다. 경로 모델은 여러 가지 다른 경로가 아동의 성적 학대로 이어질 수 있다고 가정하지만, 그것은 왜 아동 성추행이 계속될 수 있는지에 대한 설명을 제공하지 않는다. Ward와 Siegert(2002)는 아동 성추행의 인과적 설명에서 네 가지 구별되고 상호 작용하는 심리적 메커니즘을 확인한다. 이것들은 친밀감과 사회적 기술의 결손, 왜곡된 성적 대본, 감정적인 조절 장애 및 인지적 왜곡으로 나타난다. 또한, 그들의 통합된 성범죄 이론(integrated theory of sexual offending, ITSO)의 일부로, Ward와 Beech(2006)는 '생태적 영역(ecological niche)'이라는 아이디어를 소개하는데, 이것은 개인의 생물학과 물리적 환경(그들의 사회적 학습)의 상호작용을 말한다. ITSO는 또한 개인의 생태적 틈새를 표현한다고 알려진 세 가지 신경심리 시스템에 초점을 맞추고, 아동 성학대 가해자의 경우 부분적으로 또는 전적으로 역기능적이라고 제안된다. 이러한 신경심리 시스템의 붕괴는 성인의 성적 친밀감, 행동적 자기조절 및 부적응적 신념의 문제를 초래한다고 한다. Elliot와 Beech(2009)는 경로 모델과 ITSO를 통합하여 아동 포르노 가해자에게 적용한다. 이러한 통합의 핵심 측면은 아래에 제시하였다.

14.7.4.1 자율규제 문제

아동 포르노 범죄자들은 인터넷에서 아동 성적 대상화된 이미지를 자신의 삶의 불쾌한 측면에서 벗어나는 수단으로 보고한다(Quayle & Taylor, 2002); 그들은 불쾌한 개인적 상황으로부터 스스로를 차단한다. 따라서 아동 포르노를 보는 것은 어려운 감정 상태를 다루는 데 중요한 역할을 하는 것으로 이해되는데, 특히 성적 만족의 즉각적인 보상(자위 중 이러한 이미지를 보는 것을 통해 달성되는)은 매우 강화될 수 있기 때문이다(Gifford, 2002).

14.7.4.2 사회적/근접적 문제

이전에, 우리는 아동 포르노의 일부 시청자가 성인과의 친밀한 관계를 시작 및/또는 유지하는 데 문제가 있다고 제안하는 연구에 대해 논의했다. 결과적으로, 이 범죄자들의 온라인 성 행동은 성인과의 대면 성 접촉에 대한 문제를 고려할 때 더욱 중요한 역할을 한다. 이는 성인과의 대면 성 접촉에 비해 이러한 성 행동의 덜 위협적인 특성 때문에 가해자가 인터넷 아동 포르노(주기적으로 음란한 영상을 시청하는 사람들의 경우)에 접속하여 (판타지만 있는 경우) 더 적극적으로 이를 찾아 거래(미들턴 외, 2006; 위의 구애 장애 이론 절 참조)할 수 있다.

14.7.4.3 반사회적 사고 패턴

Ward(2000)는 아동 성학대자들의 왜곡된 사고 패턴의 특징은 다음과 같은 5가지 믿음이 있다고 주장한다:

1. 아이들은 그들이 어른들과의 성적인 접촉을 필요로 하는/원하는 한 성적인 존재이고 성행동에 동의할 수 있다.
2. 아이들과의 성행위는 해롭지 않다.
3. 혹은 '나'는 아이보다 우월하기 때문에 특별한 대우를 받을 자격이 있다.
4. 세상은 믿을 수 없는 사람들로 가득 찬 위험한 곳이다.

5. 혹은 '나'는 자신의 행동을 완전히 통제할 수 없다.

Howitt과 Sheldon(2007)은 (1)과 관련하여 아동 포르노 범죄자와 아동 성추행범의 신념에 차이가 있음을 발견하였는데, 전자의 집단이 후자보다 이러한 효과에 대한 신념이 강하다. Elliot과 Beech(2009)은 음란물 범죄자들, 특히 판타지만 있는 집단의 청소년들이 전형적으로 상황의 현실을 경험하는 아동 성추행범들과 달리 믿음을 확인하는 것처럼 보이는 이상화된 성적 이미지를 보기 때문일 수 있다고 추측하며, 이는 이러한 믿음과 모순된다.

Elliot과 Beech(2009; following Taylor & Quayle, 2003)도 아동 성범죄자들이 어떻게 '도덕적 이탈'을 하는지를 기술하고 있는데, 이것은 그들의 왜곡된 사고 패턴의 또 다른 특징이다. 그들은 종종 그들의 행동과 그것의 상대적 무해함(그들이 생각할 때)을 '사진일 뿐이다'는 측면과 '단순히 수집품일 뿐이다'라는 측면에서 정당화하려고 할 것이다. 정상화는 그들이 그들의 행동에 있어서 혼자가 아니라는 주장, 즉 '남들도 그렇게 한다'를 통해서도 일어난다. 이미지를 대상으로 인식하는 것은 도덕적 이탈의 추가적인 특징인 비인간화 과정의 특징이기도 하다. 책임의 분산은 범죄자들이 이러한 이미지의 보급과 접근의 용이성으로 인해 인터넷이 '책임져야 함'을 말할 때도 분명하게 드러난다. Elliot과 Beech (2009)에 따르면 아동에 대한 일탈적 성 흥미는 그러므로 아동에 대한 왜곡된 성 관련 믿음과 관련하여 자신의 기분 상태, 성적 욕구 및 성적 통제에 대한 자기 조절의 문제의 결과이며, 이 모든 것은 일탈적인 성적 환상과 부적절한 성적 선입견을 만든다.

14.8 결론

인터넷은 아동이 관련된 음란물(아동학대 영상)에 대한 접근성을 높이고 보급을 용이하게 했다. 또한 소아성애자들이 아동과 접촉할 수 있는 기회를 증가시켰다. 본장에서는 이러한 증가의 이유를 제시하고 관련 법안의 일부 차이점을 포함하여 영국과 미국의 아동음란물 관련 입법의 요약을 제공했다. 또한 아동음란물 범죄자를 어떤 방식으로 분류하고 그 특성을 고려했는지도 살펴보았는데, 아마도 전형적인 아동음란물 범죄자는 존재하지 않을 것이다. 또한 아동음란물을 보는 사람들과 직접적인 범죄와의 관계, 특히 아동음란물을 보는 것이 범죄 행위의 확대(일종의 미끄러운 경사 주장)를 초래할 것이라는 우려를 논의하였다. 우리는 누군가가 소아성애자가 되는 데 기여하는 메커니즘과 과정을 이해하는 데 도움을 주고 설명하기 위해 구체적으로 적용되거나 개발된 이론적 모델을 조사함으로써 본장을 마쳤다. 설명의 다양성은 아동음란물 범죄의 원인이 되는 여러 요인을 반영하는 것으로 보이며, 이는 인터넷의 시작과 함께 만들어졌을 뿐 아니라 오프라인 영역에서 가상 영역으로 단숨에 확장되었다.

토론 질문

1. 당신은 성행위가 정상적인 청소년의 성적 발달에 대한 새로운 표현일 뿐이라고 생각하는가? 당신은 성행위 사건의 미성년자들이 기소되어야 한다고 생각하는가, 아니면 그러한 기소가 아동음란물법의 중대한 오적용에 해당한다고 생각하는가?

2. 당신이 보기에, 법은 성적인 가상 사진을 어떻게 취급해야 하는가? 실제 아동은 없는 상태(예를 들어, 컴퓨터로 생성된 아동의 아바타)에서 생성된 성적인 가상 사진과 성적인 이미지는 법률상 아동의 실제 이미지와 동일하게 취급되어야 하는가?

3. (성추행을 목적으로) 온라인상에서 아동과 접촉을 시도하지 않고 아동 포르노에 접근하는 특정 아동 포르노 범죄자 집단이 존재한다는 증거가 있다. 당신은 그러한 행동이 어느 정도까지 확대될 것이라고 생각하는가? 즉, 당신은 이러한 초기 행동이 아동에 대한 추행으로 이어질 것 같거나 그럴 가능성이 있다고 주장하는 이론을 지지할 것인가?

4. 위 질문과 관련하여, 당신은 아동에게 치근덕대거나 추행 행위를 한 적이 없는 아동 포르노 범죄자들이 가상 아동의 성적 이미지(즉, 디지털로 제작된 아동 표상)에 접근하는 것이 도덕적으로 그리고 법적으로 허용될 것이라고 생각하는가?

추천하는 읽을거리

Berlin, F. S. & Sawyer, D. (2012). Potential consequences of accessing child pornography over the Internet and who is accessing it. *Sexual Addiction & Compulsivity, 19*(1-2), 30 – 40.

Quayle, E. & Ribisl, K. M. (2012). *Understanding and preventing online sexual exploitation of childre*n. London, UK: Routledge.

Seto, M. C. (2010). Child pornography use and Internet solicitation in the diagnosis of pedophilia. *Archives of Sexual Behavior, 39*, 591- 593.

Taylor, M., Holland, G. & Quayle, E. (2001). Typology of paedophile picture collections. *Police Journal, 74*(2), 97-107.

Wortley, R. K. & Smallbone, S. (2012). *Internet child pornography: Causes, investigations and preventions*. Santa Barbara, CA: Praeger.

15

온라인 지원 및 건강 관리

이 장의 목적은 건강 관련 정보, 지원 및 치료의 가용성 측면에서 인터넷과 관련 기술이 건강 관리에 미치는 영향을 살펴보는 것이다. 우선 온라인으로 건강 정보를 검색할 가능성이 높은 사람들의 유형과 그들이 그렇게 하는 이유, 그리고 이것이 개인에게 미치는 잠재적인 부정적 영향을 '사이버콘드리아' 방식으로 검토할 것이다. 다음으로, 건강 관련 문제를 가진 사람들을 위한 지식과 지원의 장소라는 측면에서 온라인 포럼을 살펴볼 것이다. 치료를 위해 인터넷을 활용하는 것은 초창기부터 있어 왔기 때문에, 온라인 치료(또는 e-테라피)에 대해 논의하고 그 효과를 평가하는 것은 무척 중요한 일이다. 마지막으로, 몰입형 가상 환경이 여러 건강 관련 조건에 대한 치료로 사용되는 방법의 사례를 제시하고자 한다.

15.1 인터넷과 건강

인터넷은 건강 관련 정보와 우리의 관계를 변화시켰다. 연구에 따르면 건강 문제가 있는 사람들 대다수가 우선적으로 접촉하는 대상은 여전히 건강 관리 전문가들이지만(Berle et al., 2015; Fox, 2011), 특히 미국의 경우 건강 검색이나 포럼과 같은 온라인 리소스(자문을 구할 수 있는 곳)가 건강 정보의 중요한 출처가 되고 있다(Fox, 2011). 그래서 '인터넷이 보건 시스템의 문화적 관행과 조직에 있어 구조적인 변화를 가져오고 있다'고 해도 과언이 아니다(Rossi, 2006, p.9). 2003년 Eysenbach와 Kohler는 구글에서 매일 675만 건의 건강 관련 인터넷 검색이 이루어졌다고 했고, Rossi는 Pew Internet & American Life Project를 인용하여 21세기 초 인터넷에 접속한 미국인의 55%(5,200만명에 해당)가 건강 관련 정보를 얻기 위해 인터넷을 사용하거나 온라인 건강 서비스를 이용했다고 보고했다(당시 유럽 국가 평균은 약 23%로 더 낮음). 이들 중 92%는 그 정보가 유용하다고 보고했다. 2008년에는 온라인으로 건강 정보를 검색하는 미국인의 비율이 인터넷에 접속하는 미국인 중 약 75~80%로 증가했다(Fox, 2008). Lauckner and Shieh(2013)는 구글이 일반-건강 관련 사이트의 월간 방문자 수가 약 1억 1,780만 명이라고 발표했으며, WebMD도 마찬가지로 월간 방문자 수가 1억 1,180만 명이라고 보고했다.

건강 관련 정보에 대한 이러한 관계 변화의 일부로, Powell(2011)은 인터넷과 함께 성장한 젊은이들('디지털 토착민'이라고 부르기도 함)은 의사소통과 정보 탐색, 상호작용 방식에 있어 이전 세대와는 근본적으로 다르다고 주장한다. 왜냐하면 이들은 디지털 기술에 익숙하고 의존하기 때문이다(제7장에서 논의한 바와 같이). 그들은 의료와 같은 공공 서비스가 디지털화될 것이라고 기대한다(Powell, 2011, p. 368; Owens et al., 2012 참조). 이에 대응하여 소셜 미디어는 응급 경보를 제공하고 환자를 돌봄 시 모니터링에 도움을 줌으로써 건강 관리 환경에 통합되고 있다. 세계보건기구(WHO)도 사람들이 건강을 유지할 수 있도록 소셜미디어(트위터, 유튜브 등)를 통해 최신 건강 관련 소식을 제공한다(Catford, 2011). 그러므로 인터넷은 환자와 의료 전문가 모두에게 건강과 관련하여 도움이 된다고 할 수 있다(Wright, 2012).

15.2 특징 및 동기부여

어떤 사람이 온라인 검색을 활용할 가능성이 높을까? 그리고 그 활동의 동기는 무엇일까? Lee와 Hawkins(2010)에 따르면, 건강에 문제가 있는 사람들은 자기 상태에 대한 진단, 예후, 치료에 도움이 되는 정보를 찾는 경향이 있다. 하지만 자신을 건강하다고 생각하는 사람들 또한 자신들의 신체적 건강에 대해 더 알고자 건강 관련 정보를 찾아본다(심리적/정신적 건강에 대해서는 이후 e-therapy 부분에서 더 자세히 다룰 것이다). 또한 Rice(2006)는 다수의 미국 데이터베이스를 분석한 후에 인터넷으로 건강 관련 정보를 검색할 가능성이 가장 높은 사람들은 방금 질병 진단을 받았거나, 주변 사람의 의료 문제(예: 친구나 부모, 만성 질환을 앓고 있는 아이를 돌보는 기타 가족 보호자 등)를 도우려는 사람들이라고 결론 내렸다. 또한 Rice는 취업한 여성들이 온라인에서 건강과 관련된 정보를 찾을 가능성이 가장 높다는 것을 발견했다. 정리하면, 건강 관련 웹사이트의 발전과 유럽과 북미 전역에서 수행된 다수의 연구 결과(예: Health on the Net Foundation, 2001; Skinner, Biscope, Poland & Goldberg, 2003)를 고려해 볼 때, 매우 많은 사람들이 질병, 치료, 지원에 대한 정보를 얻기 위해 인터넷을 사용하고 있다고 할 수 있다(Horgan & Sweeney, 2010; Ybarra & Suman, 2006).

15.3 온라인 건강 검색 및 사이버콘드리아

온라인에서 건강 관련 정보를 찾으려면 검색 엔진에 키워드를 입력하거나 전문 보건 기관의 웹사이트(예: 영국의 NHS Choices)를 찾아보면 된다. 건강 관리 전문가 자문 및 연구에 따르면, 이러한 비교적 단순한 전략은 전문가로부터 받은 정보보다 좀 더 편하게 느낄 수 있다(Parker et al., 1999; Ybarra & Suman, 2008). 그리고 이러한 방법으로 온라인 건강 콘텐츠를 찾는 것은 개인의 약물 복용(Samal et al., 2011) 및 건강 관리 정보에 기반한 의사 결정 능력에 긍정적인 영향을 미치는 것으로 나타났다(Seckin, 2010). 그러나 중요한 것은 이러한 종류의 정보 추구와 관련된 이점이 분명히 있지만, 그러한 접근 방식에 문제가 없는 것은 아니다. Helft, Eckles, Johnson, Calley 그리고 Daugherty(2005)는 연구에 참여한 암 환자들이 온라인 암 정보를 읽는 데 부정적인 경험을 했다고 보고한다. 3분의 1은 더 혼란스러웠고, 4분의 1 정도는 더 긴장되어 불안하거나 화가 났다.

온라인으로 의료 정보를 검색하는 이유는 대부분 의학적으로 문제가 없거나 적어도 심각한 문제가 없다는 확신을 얻기 위함이다(Baumgartner & Hartmann, 2011; Muse, McManus, Leung, Meghrebian & Williams, 2012). 그러므로 사람들이 인터넷으로 건강 관련 정보를 찾는 주된 이유는 불확실성에서 오는 불안을 줄이고자 하는데 있다. 그러나 온라인 의료 검색은 우울증 증가와 관련이 있으며(Bessière, Pressman, Kiesler & Kraut, 2010), Fergus(2013)가 지적한 바와 같이, 종종 더 위험한 의학적 상태를 초래할 가능성도 있다. White와 Horvitz(2009)는 자가 진단을 위해 일반 검색 엔진(예: Google)을 사용하는 사람들이 심각한 질병에 대한 정보에 불균형적으로 노출된다는 것을 발견했다. 평범하고 해가 없는 증상을 자가 진단하기 위해 일반 검색 엔진을 사용한 사람들의 약 70%는 더 드물고, 심각한 상태를 검색하게 되었다(McManus, Leung, Muse & Williams, 2014). 이러한 행동은 당사자를 안심시키기보다는 불확실성을 증가시킴으로써 오히려 상황을 악화시킬 수 있으며, 특히 개인이 불확실성에 취약한 경우 건강 관련 불안을 증가시킬 수 있다(Fergus, 2013; Norr, Albanese, Oglesby, Allan & Schmidt, 2015). 인터넷으로 알게 된 건강 관련 정보로 인해 불안이 증가된 상태를 일컬어 '사이버콘드리아'라고 하는데, 이는 안심 추구의 한 유형이며, 건강 불안 및 건강염려증의 징후로 해석된다(Starcevic & Berle, 2013).

McManus 등(2014)은 사이버콘드리아의 발현이 건강 불안의 인지 행동 모델에 부합한다고 주장한다. 앞서 언급한 대로 온라인에서 의료 정보 출처를 반복적으로 확인하는 것은 안심 추구의 한 형태로 작용한다. 하지만 이는 개인의 건강 불안을 감소시키는 것이 아니라 오히려 유지시킨다. McManus 등은 다수의 연구를 인용하여(Haviland, Pincus & Dial, 2003; Lemire, Paré, Sicotte & Harvey, 2008; Muse 등, 2012) 건강 문제에 더 불안한 사람들이 온라인에서 건강 정보를 더 자주 검색하지만, 중요한 것은 건강 정보를 검색하는 것이 오히려 불안을 더 증가시킬 수 있다고 보았다. 아마도 이것은 안심 추구 및 온라인 건강 정보 검색 빈도를 증가시켜 불안을 유발하는 주기가 반복되는 것으로 보인다.

사이버콘드리아는 다차원 사이버콘드리아 심각도 척도를 사용하여 측정되었다(McElroy & Shevlin, 2014; Fergus, 2014; Norr, Allan, Boffa, Raines & Schmidt, 2015). 척도 항목은 McElroy & Shevlin(2014)가 개발한 문항을 번안했으며, 충동성, 고통, 과잉, 안심, 불신의 하위 요인과 33개 문항으로 구성되어 있다. 5점 리커트 척도(1: 전혀, 2: 드물게, 3: 가끔, 4: 자주, 5: 항상)로 측정되며, 예시 문항은 다음과 같다.

- 온라인에서 의학적 증상이나 상태에 대해 조사하는 것은 나의 오프라인 사회 활동을 방해한다(충동).
- 온라인에서 의학적 증상이나 상태를 조사한 후에는 긴장을 푸는 데 어려움이 있다(고통).
- 동일한 증상에 대해 두 번 이상 입력해 찾아본다(과잉).
- 온라인에서 찾은 의학적 내용을 보건소 의사나 보건 전문가와 논의한다(안심).
- 나는 온라인에서 찾은 내용보다 보건소 의사나 의료 전문가의 의견을 더 진지하게 받아들인다(불신).

건강과 관련된 정보를 찾을 때, 일반적인 인터넷 검색 외에도 건강 관련 토론 포럼을 이용하는 사람들이 늘어나고 있다(Tanis, 2008). 인터넷의 시대에 가상 커뮤니티는 점점 더 보편적인 건강 커뮤니케이션의 형태로 성장하고 있다. 다음 장에서는 이러한 유형의 온라인 활동에 대해 좀 더 살펴보고자 한다.

15.4 소셜 미디어, 그룹 포럼, 지원 사이트

Liang과 Sammon(2011)은 오늘날 건강 관리 환경에서 환자가 의사와의 짧은 대면 진료를 통해 필요한 모든 정보와 지원을 얻는다는 것은 매우 어렵고 실제로 가능하지 않다는 점에 주목한다. 21세기에 들어서면서 친구 혹은 특정 건강 관련 문제에 대해 더 잘 알고 있는 사람들(아마도 직접 경험을 통해)로 구성된 가상 커뮤니티의 형태로 SNS가 등장하기 시작했다. 이는 과민성 대장 증후군(Coulson, 2005)에서 불임(Malik & Coleson, 2008), 유산(Gold, Boggs, Mugisha & Palladino, 2012), 우울증(Griffiths et al., 2012), HIV/AIDS(Mo & Coleson, 2008)에 이르기까지 다양한 문제를 포함하고 있다. 이러한 포럼에서 사람들은 도움과 조언을 요청할 수 있다(Silence, 2013). 이는 처음 질문에 대한 일련의 답변과 그 답변에 대한 토론으로 구성된 스레드로 발전하기도 한다. 또한 정보를 제공하거나 그 사람이 겪고 있는 일을 이전에 겪어 본 경험을 토대로 공감할 수 있는 '경험적 전문가'가 있다는 것을 알리는 등 관련된 일화를 전달하는 사람이 포함될 수도 있다(Donelle & Hoffman-Goetz, 2009). 그것은 아마 그 사람이 자신의 오프라인 소셜 네트워크에서 다른 사람들에게 말할 수 있는 것 이상일 것이다. Tanis(2008)는 이러한 포럼이 치료나 대처 전략에 관한 유용한 정보를 수집하기에 좋은 장소로 활용되거나, 소속감을 제공하는 격려와 지원의 장소가 될 수 있는 방법을 소개하고 있다. 이는 최근에 진단을 받은 개인이 자신의 상태를 더 잘 통제하거나, 안정을 찾는 데 도움이 될 수 있다. 또한 당황스럽거나 낙인에 대한 두려움 때문에 직장 동료나 친구, 가족에게 드러내지 못하는 사람들에게는 자신이 겪고 있는 일과 관련된 문제에 대해 더 편안하게 토론할 수 있는 장소가 될 수 있다(Berger, Wagner & Baker, 2005; Webb, Burns & Collin, 2008). 포럼 회원들의 잠재적이고 가능성 있는 다양성은 오프라인에서는 접근하기 어려울 수 있는 다양한 정보로 가득 찬 광맥이 있을 수 있다는 것을 의미한다. 이러한 다양성은 다양한 개인의 요구를 충족시키는 데 어느 정도 도움이 될 수 있다. Liang과 Scammon(2011)의 연구에 따르면 가장 효과적인 건강 커뮤니케이션의 형태는 맞춤형이다. 따라서 건강 관련 정보와 의사소통은 개인의 요구와 특성, 재주, 역량(예: 읽기와 이해, 컴퓨터 사용 능력) 및 동기를 충족시킬 수 있도록 조정될 필요가 있다.

온라인 포럼이 맞춤형 의사소통의 목적을 충족하더라도 정보가 항상 믿을 수 있거나 의학적으로 타당한 것은 아니므로 정보의 유용성에 대해서는 완급 조절이 필요하다(Owens et al., 2012). 또한 그런 포럼이 의학 전문가들이 자주 방문하여 검증이 되는 것도 아니다. Horgan과 Sweeney(2010)는 인터넷으로 알게 되는 건강 관련 정보의 질에 대해 우려를 표한다. 그 근거로 온라인상의 건강 정보의 질을 평가한 79개 연구에 대한 Eysenbach, Powell, Kuss 그리고 Sa(2002)의 리뷰를 인용한다. 그 중 일부 연구의 질적 수준에 대한 우려가 있지만, Eysenbach 등은 해당 연구의 70%가 온라인에서 이용 가능한 건강 관련 정보의 표준에 문제가 있다는 결론을 내렸다고 보고했다.

건강 관련 포럼이 사용자에게 미치는 영향을 조사한 많은 연구가 긍정적인 효과를 보고했다. 예를 들어, Kramer 외 연구진(2015)은 자살 유가족을 위한 온라인 지지 포럼을 조사했는데, 그 중 많은 사람들이 우울 증상과 건강 관련 문제를 제시했다. 그들은 연구 참여자의 3분의 2가 포럼이 사회적 지원 측면에서 어떻게 유익하다고 생각하는가에 대해 설명했다. 또한 참가자들은 대체로 우울한 증상과 1년 후 건강 상태에 대한 느낌을 묻는 질문에 약간에서 중간 정도의 개선이 있었다고 보고했다(참가자 중 일부는 여전히 자신의 정신 건강 문제로 힘들어함). Jones 등(2011)은 자해하는 사람들을 위한 온라인 포럼에 초점을 맞춘 설문조사에서 참가자들이 자신의 자해 문제에 대해 낯선 사람들과 익명으로 의사소통할 수 있는 것을 중요시한다는 것을 발견했다. 그들은 이런 방식으로 공개하는 것이 직접 만나거나 전화로 말하는 것보다 더 쉽다는 것을 확인했으며, 참가자들은 온라인 정보 사이트보다 포럼에서 자신의 상태에 대해 더 많이 배우고, 자신과 비슷한 감정을 가진 다른 사람들과 상호작용하는 것이 도움되었다고 말했다. Kirk와 Milnes(2015)는 낭포성 섬유증이 있는 젊은이와 그 부모를 위한 온라인 지원 포럼의 효과를 살펴보았다. 낭포성 섬유증을 가진 사람들은 온라인 커뮤니티가 자신의 경험과 그 경험에서 나오는 조언, 견해를 서로 나눌 수 안전한 장소를 의미한다고 했으며, 여기에서 그들은 자신들이 치료를 관리하는 방법에 대한 경험뿐만 아니라, 그들의 감정, 관계, 정체성, 보건 서비스로부터 받은 지원 등 그들의 삶을 공유했다. 낭포성 섬유증 아동의 부모는 특정한 치료법을 포함하여 자녀의 건강 관리에 대한 조언을 주고받았다. Kirk와 Milnes는 포럼이 전문적인 지원을 보완하는 방법, 부모와 아이들이 의료진과 상호작용할 때 스스로에게 힘을 실어줄 수 있도록 전문 지식을 습득하는 방법에 대해서도 설명했다.

Qwens 외 연구진(2012)은 자해하는 젊은이들을 지원하는 온라인 포럼에 의료 전문가를 초대하여 함께 토론함으로써 발생할 수 있는 이점에 관심이 있었다. 이들은 참여에 동의한 보건 전문가들을 모집하는 과정에서 이러한 관심사를 알렸는데, 이로 인해 포럼에 적극적으로 참여하는 것을 꺼려하는 상황이 벌어졌다. 토론에 참여하는 일부 전문가에 대한 신뢰 부족, 민간-전문가 경계 문제, 보호에 대한 의무와 책임에 영향을 주는 명확한 역할 필요성 등이 원인이었던 것으로 보인다. 비공식적이며 익명인 온라인 지원 토론의 세계에 의료 전문가들을 초대하려던 이들의 시도가 실패한 것은 정보와 지원이라는 두 가지 메커니즘을 실행 가능한 전체로 통합하는 문제가 중요함을 보여주는 사례라고 할 수 있다.

이 절을 정리해 볼 때 온라인 지원 그룹 내의 메커니즘이 기존의 전통적 그룹에서 만들어진 메커니즘(상호 문제 해결, 정보 교환, 경험 표현, 카타르시스, 상호 도움 및 지원, 공감 등)과 동일하다는 것은 명백하다(Rossi, 2006, p.11). 그러나 온라인 포럼은 신체적 장애나 기타 실제적인 어려움(예: 시간, 거리)으로 인해 오프라인 지원 그룹에 접근하기 어려운 개인이 훨씬 더 쉽게 접근할 수 있다는 장점이 있다. 어떤 사람들은 이러한 어려움 때문에 e-테라피를 더 선호하기도 한다.

15.5 e-테라피

'e-테라피'라는 용어는 대면이 아닌 온라인에서 이루어지는 모든 형태의 심리치료를 말한다(Skinner & Latchford, 2006). 보다 구체적으로는 다음과 같이 정의된다.

공인 정신 건강 관리 전문가가 이메일, 화상 회의, 가상 현실 기술, 채팅 및 이들의 조합을 통해 제공하는 정신 건강 서비스(Manhal- Baugus, 2001, p. 552).

최근에는 아래와 같이 정의하기도 한다.

전자 장비를 통해 내담자가 삶과 관계 문제를 해결하도록 돕는 것을 목표로 하는 새로운 치료 양식. 내담자와 상담자가 멀리 떨어져 있을 때, 전자 장비를 활용하여 온라인으로 대화하면서 상호작용하는 과정(Olasupo & Atiri, 2013, p.408)

물론 거리를 두고 치료하는 것이 새로운 일은 아니다. 17, 18세기 의사들은 신체 검진 보다 서면에 기록된 환자의 증상을 중심으로 진찰하는 경우가 더 빈번했다(Spielberg, 1999). 19세기에 Freud 또한 서신을 통해 진료하기도 했다(Bravant, Falzeder & Giampieri-Deutsch, 1993). 그러다가 1980년대 심리상담 장면에서 e-테라피가 등장하기 시작했다(Alleman, 2002; Oravec, 2000; Skinner & Zack, 2004). 인터넷을 이용하는 다양한 매체를 활용하는데, e-테라피가 치료 그 자체라기보다는 치료를 전달하는 한 형태로 봐야 한다(Sucala, Schnur, Brackman, Constantino & Montgomery, 2013).

예를 들어 문자 기반 회기에는 이메일, 채팅, 문자 메시지가 포함될 수 있다(Andersson, Sarkohi, Karlsson, Bjärehed & Hesser, 2013; Hucker & McCabe, 2014). 비문자 기반 회기는 전화 통화나 화상 회의로 진행될 수 있다(Dunstan & Tooth, 2012; Nelson & Lillis, 2013; Santhiveeran, 2005). 이러한 방법들은 동기적(실시간으로 발생하여 즉각적인 피드백을 제공함)이거나, 비동기적(시간 지연이 있으며 그로 인해 즉각적인 반응이 안 될 수 있음)일 수 있다. 21세기가 시작되는 시점에 상담자의 약 10%만이 환자/내담자와의 소통을 위해 온라인 미디어를 사용한다고 보고했다(VandenBos & Williams, 2000; Wright, 2002). 최근 노르웨이에서 수행된 한 연구에서 이 비율은 45%까지 증가했다(Wangberg, Gammon & Spitznogle, 2007).

e-테라피는 상담에서의 비밀보장 외에도 사용하는 매체에 따라 대면 상담에 비해 더 높은 수준의 익명성을 제공한다. 누군가에게는 이것이 좀 더 매력적으로 느껴질 수 있다(Hucker & McCabe, 2014; Qian & Scott, 2007; Rains, 2014; Tanis, 2008). 또한, Prabhakar(2013)는 '내담자는 대면 상담보다 온라인 세션에서 더 정직하고 협조적이며, 더 짧은 회기 내에 더 깊은 통찰을 하는 경향이 있다.'는 견해를 지지하는 연구가 입증되었다고 주장한다(p.213; 이 주장에 대한 잠재적 위험에 대해서는 아래의 논의를 참조). e-테라피의 장점은 다음과 같다(Olasupo & Atiri, 2013).

- 먼 거리, 이동 등 지리적 한계로 인한 불편 미발생 및 감소
- 시간 제약을 받거나 다른 해야 할 일(예: 아이 돌봄)이 있는 경우, 사회적으로 고립되었다고 느끼는 사람들에게 더 편리함
- 자신의 집에서 편안하게 상담받을 수 있는 것
- 어색함, 낙인에 대한 두려움으로 대면 상담을 피하고자 하는 사람들을 위한 대안

- 전산화된 진료 기록으로 활용할 수 있는 치료 회기의 서면 기록 생성(텍스트 기반 e-테라피의 경우에 해당)

Recervo와 Rainey(2005)에 따르면 환자 선호도는 e-테라피가 가진 장점에 대한 가장 명확한 지표 중 하나일 수 있다. Postel, de Jong, de Haan(2005)은 네덜란드에서 수행한 연구에서 오프라인(대면) 치료에 참여하는 것을 꺼리는 사람들에게 e-테라피는 알코올 문제를 치료하는 방법으로 더 선호된다는 것을 발견했다. 이동하기 어려운 물리적 거리의 제약을 받지 않는 것도 장점이다. 먼 거리에 있는 군인에게 상담을 제공하기 위해 e-테라피가 사용된 적도 있다(Jerome et al., 2000). 아래에서 소개하겠지만 일부 환자들은 e-테라피를 통해 사생활이 늘어남과 동시에 비밀 보장과 관련해서 위험할 수 있다고 인식하기 때문에 e-테라피를 선호하는 것만은 아닐 수 있다. Recervo와 Rainey는 어떤 사람들에게는 대면 상호작용을 하지 않는 것이 자기개방과 솔직함을 촉진할 수 있다는 점에 주목한다(다시 말하지만, 증가된 억제로 인한 잠재적 위험에 대한 논의는 아래를 참조). Skinner와 Latchford(2006)는 익명성의 확장과 더불어 편재성과 편의성은 상담을 제공함에 있어 인터넷을 이상적인 매체로 만든다고 보았다. 반면에 e-테라피에는 다음과 같은 단점도 있다(Olasupo & Atiri, 2013).

- 믿을 만한 인터넷 연결에 의존, 통신에 필요한 장비 및 소프트웨어 보유, 장비 사용에 필요한 기술이 요구됨(이로 인해 저소득층이나 저학력자가 제외될 수 있음)
- 사기꾼을 만날 위험
- **비밀보장 위험**: 주고받은 메일 등이 해킹될 수 있으며, 그 과정에서 거치게 되는 서버에 메일 사본이 남을 수 있음
- 텍스트 기반 소통 시 비언어적 단서 부족으로 오해가 발생할 수 있으며, 이로 인해 명확한 의사소통과 상담에 방해받을 수 있음. 또한 직접적인 관찰이 부족하여 치료의 효과에 대한 평가를 방해할 수 있음

- 기술적 어려움이나 내담자 동기 부족으로 회기가 정기적으로 진행되지 않아 치료의 일관성이 손상될 위험
- e-테라피로는 긴급 서비스 제공이 어려움

　e-테라피의 잠재적인 단점은 새로운 윤리적 문제에서도 확인된다. e-테라피가 많이 활용되면서 이 매체에 대한 윤리적 문제를 인식한 미국심리학회(American Psychological Association, 2002)는 인터넷 치료를 보다 포괄적으로 포함하도록 윤리 지침을 개정했다. 국제정신건강학회 온라인(International Society of Mental Health Online, 2009) 또한 미국심리학회의 지침에 유용한 자료를 제공한다. 이들은 e-테라피스트들이 직면한 미묘한 윤리적 문제에 대해 통찰력을 제공한다(Lee, 2010). 그중 일부를 살펴보자.

　대부분의 e-테라피 형태에 내재된 잠재적 위험 중 하나는 얼굴 표정 단서의 부족이다. 텍스트 기반 의사소통은 사람들의 억제를 줄이는 경향이 있다(탈억제 효과, Suler, 2004; 3장 참조). Recervo와 Rainey(2005)에 따르면 수줍음이 많은 내담자는 상담실보다 채팅방에서 자신의 자살 사고를 개방할 가능성이 더 높을 수 있다. 즉, 상담자는 이제 멀리 떨어져 있을지도 모르는 환자의 안전에 대해 걱정해야 한다(p.322). 그러한 사건으로부터 보호하고, 오프라인 위기 개입을 위해 상담자는 온라인 상담의 범위를 지역 내로 제한하는 것을 고려해 볼 수 있다. 실제로 일부 웹사이트는 특정 잠재 내담자/환자(예: 자살경향성이 있는 사람)는 상담 접수를 받지 않는다(Recervo & Rainey, 2006). 특히 전통적으로 심리치료사가 진단할 때 비언어적 단서를 신뢰한다는 것을 고려하면 오진의 위험 또한 존재한다. 물론 화상회의는 이러한 가능성을 줄일 수 있지만, Santhiveeran과 Grant(2006)가 73개의 e-테라피 웹사이트를 조사한 결과, 이러한 사이트에서 제공하는 치료의 대부분은 이메일로 이루어졌으며, 화상회의를 제공하는 e-테라피스트는 거의 없었다. Recervo와 Rainey(2005)는 또한 시각적 단서 부족으로 인해 약물의 해로운 부작용이 간과될 수 있다는 것이 무엇을 의미하는지 주목한다. 그래서 일부 치료사들은 온라인으로 약을 처방하지 않을 것이다.

Heinlen, Welfel, Richmond, O'Donnell(2003)은 44개의 치료 웹사이트를 연구한 후, "e-테라피를 제공하는 심리학자의 수가 적고, 그들의 서비스가 다양하며, 확립된 윤리적 원칙에 대한 준수가 제각각이다."고 결론지었다(p.112).

15.6 e-테라피 효과 평가

다양한 심리사회적 문제에 대한 e-테라피의 효과를 지지하는 증거가 있지만(Barak, Hen, Boniel-Nissim & Shapir, 2008; Rochlen, Zack & Speyer, 2004), 그 효과를 포괄적으로 다룬 연구는 제한적이며 엇갈린 결과를 보고한다. Aardoom, Dingemans, Spinhoven, Van Furth(2013)와 Dölemeyer, Tietjen, Kersting, Wagner(2013)의 연구는 섭식 장애 치료에 대한 e-테라피의 효과가 긍정적이라는 결론을 내렸다. 이와는 대조적으로 Loucas 등(2014)은 20개 연구에 대한 메타분석을 토대로 섭식 장애에 대해 e-테라피가 효과가 있다고 할 수 없으며, 적어도 섭식 장애에 국한하여 e-테라피는 대면 치료의 효과적인 대안이라는 주장 또한 확고한 근거가 없다는 결론을 내렸다.

e-테라피 효과 연구에서 해결해야 할 문제는 치료 프로그램의 준수와 치료 결과 간의 관계를 더 신뢰롭게 측정하기 위해 '프로그램 준수'를 어떻게 조작할 것인가 하는 것이다. Donkin 등(2011)은 다양한 e-테라피 개입 연구들을 살펴본 결과 프로그램 준수와 성과 간 연관성에 변량 차이가 크고, 그로 인해 연구 결과가 매우 다양하다는 것에 주목했다. 그래서 Donkin 등은 프로그램 준수를 측정할 때, '온라인 시간, 활동 완료, 개입에 대한 적극적 참여'를 하위요인으로 하는 복합적인 척도 사용을 제안한다.

Sucala 등(2013)은 치료적 동맹의 문제와 이를 온라인 환경에서 만들어가는 과정에서 생길 수 있는 잠재적인 어려움을 언급하였다. 치료적 동맹은 '환자와 치료사 간의 작업 관계의 본질'로 정의되며(Sucala et al., 2013. p. 283), Sulcala 등은 대면 회기 장면에서 치료적 동맹과 치료 성과 사이에 강한 정적 상관관계가 있음을 보고했다(예: Horvath, Del Re, Fluckiger & Symonds, 2011; Lambert & Balley,

2001 참조). 그러나 e—테라피 맥락에서 이 관계에 대한 연구는 거의 없다. 때문에 e—테라피 분야에서 치료적 동맹에 대해 아직 확실한 결론을 도출할 수는 없지만, 적어도 대면 치료와 동등한 몇몇 징후가 있는 것으로 보인다. Sucala 등 (2013)은 e—테라피 맥락에서 치료적 동맹의 중요성에 대한 임상의의 인식에도 관심이 있었는데,

> 대면 치료에서 동맹의 중요성에 대한 임상의의 평가는 e—테라피에서의 중요성에 대한 평가보다 높았고, 이러한 결과는 그들이 e—테라피에서 치료적 동맹이 잠재적으로 중요하다는 것을 덜 인식하고 있음을 나타낸다(p. 290).

이를 토대로 다음과 같이 결론을 내렸다.

> 이 결과는 e—테라피 관련 분야에서 치료적 관계에 대한 연구가 드문 현재 상태를 반영하고 있는 것 같다. 만일 치료 과정에서 치료적 동맹이 수행하는 역할 인식과 관련해 e—테라피 문헌이 일반적인 심리 치료 문헌을 따라 잡아 대등한 수준이 된다면, e—테라피에서 치료적 동맹의 중요성에 대한 임상의의 인식이 바뀌는 것도 가능하다(p.290).

이번 절을 마무리하면서 Castelnuovo, Gaggioli, Mantovani 그리고 Riva (2003)의 견해가 적절해 보여 소개한다. 이들은 새로운 온라인 기술의 도입은 심리 치료에 대한 새로운 이론적 접근법이나 대안적 치료법으로 생각되어서는 안 되며, 그보다는 전통적인 심리 치료 접근법을 보완하는 방편으로 단순하게 취급되어야 한다고 보았다. 그들은 다음과 같이 언급하고 있다.

> e—테라피는 기술 도구와 기존의 전통적 임상 기법 및 규준을 통합함으로써 치료 과정의 효과 및 효율성을 증진시킬 수 있다. (중략) 그러나 e—테라피를 보다 확대하려면 추가 연구가 필요하다. 임상 성과, 조직화 효과, 건

강 관리 서비스 제공자와 사용자가 얻게 되는 이득, 품질 보증에 대한 더 많은 평가가 필요하다. 현재까지 수행된 경험적 연구는 e-테라피의 모든 이점과 한계를 객관적으로 평가하기에는 아직 충분하지 않다(pp.380-81).

Loucas 등(2014)은 현재 활용할 수 있는 e-테라피 효과 관련 연구 수준을 토대로 e-테라피 개발의 불가피성과 안전장치 필요성 측면에서 현재 상황을 잘 정리하고 있다.

인터넷과 모바일 기기 애플리케이션(앱)이 가진 광범위한 가용성과 이를 활용하여 특정 심리 치료를 사용자에게 직접 전달할 수 있게 되면서 정신 건강 문제의 치료는 향후 10~20년 사이에 현저하게 변화할 것으로 보인다. 이러한 변화는 치료의 가용성을 크게 증가시킬 텐데, 그에 따른 위험도 수반될 것이며, 더 중요한 문제는 비효율적이거나 심지어 해로울 수 있는 치료법도 보급될 수 있다는 것이다. 그러므로 사용자들은 온라인 앱 기반 개입방안에 권위있는 가이드라인의 최신 정보를 통해 임상적 유용성 등을 살펴볼 필요가 있다(p.122).

15.7 치료를 돕는 몰입형 가상 환경

끝으로 '몰입형 가상 환경' 형태의 디지털 기술이 다양한 심리적 문제를 치료하기 위한 도구로 점점 더 많이 활용되고 있다는 점에 주목할 필요가 있다. 이러한 몰입형 환경은 수많은 실제 상황을 시뮬레이션할 수 있으므로 환자는 상대적으로 안전하고 제어 가능한 디지털 시뮬레이션 환경으로 현실의 방식을 경험할 수 있다.

주요 인지 및 그에 따른 행동 장애는 외상성 뇌 손상과 뇌졸중을 동반하는 경우가 많은데, 환자들이 재활치료를 받을 때 일상생활 활동을 얼마나 할 수 있는가를 평가할 필요가 있다. Lee 등(2003)은 환자의 재활 수준 평가에 필요한 슈퍼마켓 형태의 몰입형 가상 환경을 설계했다(환자가 가상 슈퍼마켓 주변을 탐색하는 정도, 물건을 집어 들고 문을 열거나 닫는 정도 등). Cárdenas, Munõz, González 그리고 Uribarren(2006)은 광장 공포증 치료를 위한 몰입형 가상 환경의 유용성을 보고했는데(Alcaniz et al., 2003; Martin, Boteella, Garcási Palarios & Osma, 2007 참조), 이 경우 환자는 치료의 일환으로 공포 상황(이 경우 가상의 열린 공간을 시뮬레이션 함)에 노출될 수 있다. Freeman(2008)은 이러한 몰입형 기술이 조현병 환자의 사회적 환경(지하철에서 가상 캐릭터와 상호작용하기)을 제어하는 수단으로 유용하다는 것을 발견했는데 이에 대해 Freeman은 편집증적 공포를 포함한 정신병에 대한 이해에서 중요한 단계라고 주장했다(Freeman et al., 2008; Ku et al., 2007 참조). 몰입형 가상 환경은 거미 공포증(Carlin, Hoffman & Weghorst, 1997) 및 담배 의존증(Culbertson, Shulenberger, De La Garza, Newton & Brody, 2012) 치료, 치과 수술에서의 통증 제어(Hoffman et al., 2001), 사회 공포증(Roy et al., 2003) 및 환지통을 겪는 사람들의 통증 감소에도 사용되었다(Murray, Patchick, Pettifer, Caillett & Howard, 2006). 외상 후 스트레스 장애(PTSD)를 겪고 있는 환자는 외상사건을 피하려고 하기보다는 다시 경험할 필요가 있는데, 몰입형 가상 환경은 지연 노출 치료를 돕기 위해서도 사용된다. 전투로 인해 PTSD를 겪는 참전용사의 경우 지뢰 폭발, 매복, 사상자 치료 등 전장 시뮬레이션을 경험할 필요가 있다.

15.8 결론

인터넷은 환자들을 위한 전통적 치료와 지원에 유용한 보완재임이 입증되고 있다. 그러나 보건 및 보건 교육에 인터넷과 가상 기술이 미치는 영향과 범위는 완전히 알려지지도 검증되지도 않았다. 인터넷은 의료 지식과 지원에 대한 사용자 접근을 증가시킴으로써 협업과 관리 확대 가능성을 높인다.

토론 질문

1. 인터넷을 통해 의료 정보(예: 질병 증상 및 치료)를 얻는 것은 어떤 이점이 있는가? 이것과 관련된 잠재적인 문제나 위험이 있다면 무엇인가?
2. 전통적인 사회적 지원이나 의료 지원이 환자에게 제공할 수 없는 것 중 (온라인)포럼이 제공할 수 있는 지원에는 어떤 것들이 있는가?
3. 의료 전문가들이 온라인 의료 포럼에 참여하는 것을 꺼리는 이유는 무엇인가?
4. e-테라피의 장점과 단점은 무엇인가?
5. 몰입형 가상 환경을 활용하여 환자를 치료하거나 의사(외과의 포함)를 훈련할 때 어떤 이점이 있는가?

추천하는 읽을거리

Barak, A., Hen, L., Boniel-Nissim, M. & Shapira, N. (2008). A comprehensive review and a metaanalysis of the effectiveness of Internet-based psychotherapeutic interventions. *Journal of Technology in Human Services, 26,* 109–160.

Berle, D., Starcevic, V., Milicevic, D., Hannan, A., Dale, E., Brakoulias, V. & Viswasam, K. (2015). Do patients prefer face-to-face or Internet-based therapy? *Psychotherapy and Psychosomatics, 84*(1), 61–62.

DeJong, S. M. (2014). Blogs and tweets, texting and friending: Social media and online professionalism in health care. San Diego, CA: Elsevier Academic Press.

Fergus, T. A. (2013). Cyberchondria and intolerance of uncertainty: Examining when individuals experience health anxiety in response to Internet searches for medical information. *CyberPsychology, Behavior, and Social Networking, 16,* 735–739.

Hsiung, R. C. (2002). *E-therapy: Case studies, guiding principles, and the clinical potential of the Internet.* London, UK: W. W. Norton.

16

마무리하며

2050년이 되면 90억 명의 사람들이 먹고, 입으며, 운송하고, 고용하며, 교육할 것이다. 우리는 수세기 동안 모두에게 무한한 소비를 제공하면서 팽창하는 성장 주도의 세계 경제에 전념하고 있다. 여기에 모든 사람들이 함께 일하면서 성공하고 번영하도록 돕는 디지털 세상을, 새로운 기술을 통해 연결할 수 있을까? 위대함이 일상이 되는 성공적인 세상이 될 수 있을까? (Abelow, 2014)

인터넷은 사람보다는 컴퓨터를 서로 연결하려는 의도로 고안되었다. 그럼에도 사람들은 이 기술의 사회적 용도를 찾기 시작했는데, 개인들은 이메일 형태로 메시지를 주고받았으며, 온라인 커뮤니티는 전 세계 사람들을 연결하기 위해 생겨나기 시작했다. 이러한 디지털 기술을 통해 연인관계와 우정을 시작하고 발전시키는 이들도 등장했는데, 이를 옆에서 지켜보는 이들은 물리적 세계에서 만나지 않은 사람들과 '강한 유대'를 형성할 수 있다는 것을 이해하기 어려워했다. 위에서 인용한 것처럼 디지털 기술은 미래에도 계속 발전하고 변화할 것인데, 인터넷이 어떻게 성장할지는 아직 알 수 없다. '사물인터넷'은 물리적 사물이 연결되면서 세상이 어떻게 변화하고 있는가를 보여주는 사례로, 사람들이 삶을 살아가는 것뿐만 아니라 연결할 수 있는 새로운 기회를 제공한다. 사물을 연결하는 것은 일상 업무를 덜어주면서 우리의 삶을 좀 더 쉽게 만드는 데 기여할 수 있지만, 이 새로운 기술에 문제가 없는 것은 아니다(예: 보안 및 사생활 보호 문제).

　이 책에서 우리는 사람과 기술 간에 생긴 새로운 관계를 설명하기 위해 개발된 새로운 이론들을 강조하고, 더불어 기술의 변화 중 일부를 개략적으로 설명하고자 했다. 연구자들이 디지털 기술의 잠재적 효과와 실제 효과에 모두 동의하는 것은 아니다. 이 책에서 분명히 알 수 있듯이 디지털 기술이 개인에게 제공하는 잠재적인 심리적 이점에 대해 찬성하거나 반대하는 데 있어 강경한 입장을 취하는 일부 학자들이 있다. 초기 사이버 심리학 분야에서 일부 연구자들은 '현실 세계'와 '사이버 세계'를 구별했다(디지털 기술을 통해 일어나는 것은 실제가 아니거나 실제와 거의 유사한 것으로 제안함). 독자들은 이 책에서 제시된 많은 이론과 연구에서 이러한 구별이 이루어진다는 것에 주목할 것이다. 그러나 이제 우리가 하는 일 중 많은 부분이 디지털 기술을 필요로 하게 되면서 이러한 분류는 유용성이 떨어지고 있다(어떤 이들은 그것이 절대 정확한 묘사가 아니라고 주장한다). 사이버공간에서 우리가 하는 일은 분명히 현실이며, 물리적 세계와 사이버 세계 사이의 경계는 점점 더 불분명해지고 있다. 보다 중요한 것은 디지털 기술의 결과로 우리의 현실과 삶이 어떻게 변해왔는가를 인식하고 더 자세히 연구하는 것이라고 생각한다.

　이 책은 사이버 심리학 분야에서 다루는 주제와 연구에 대한 종합적인 고찰을 제공하고자 하였다. 이 책이 심리학에 기초를 두고 있긴 하지만, 다루는 주제는 미디어 및 통신, 철학, 사회학, 범죄학, 보안 분야에 관심이 있는 사람들에게도 의미가 있다. 사이버 심리학은 광범위한 주제에 걸쳐 있으며, 이 책에서 다루지 못한 부분도 있다. 그럼에도 잘 연구된 주제와 더불어 개인 및 사회 전반에 관련된 분야를 많이 제시하고자 노력했다. 최대한 실제 사례를 들고, 온라인에서 발생한 특정 행동과 사건(예: 온라인 급진화, 디도스 공격, 애슐리 매디슨 해커 공격)을 설명하기 위해 심리학을 어떻게 적용할 수 있는지 조사했다. 독자, 학교 수업 등에서 참여하기를 바라는 마음으로 거의 모든 챕터에 '제안 활동'과 '토론 질문'을 포함하였다. 많은 독자들이 책에 제시된 이론과 경험적 연구에 비추어 자신의 삶을 숙고해 보길 바라고, 이를 통해 그들이 자신의 삶에 대한 새로운 통찰을 경험하는 데 기여할 수 있기를 바란다. 나아가 이러한 활동과 질문을 통해 독자들이 연구를 비평적 관점으로 보는데 도움이 되고, 추후 연구가 필요한 분야에서 부족한 부분을 파악하는 데 도움이 되기를 기대한다.

우리는 인터넷이 있기 전에 개발된 자아와 정체성에 대한 몇 가지 핵심 이론을 제시하는 것으로 이 책을 시작했고, 이러한 이론들이 사이버 분야에서 정체성을 설명하기 위해 어떻게 관련되고 적용되었는지를 검토하기 시작했다. 또한 우리는 자기와 정체성에 대해 개발된 새로운 이론의 일부에 대한 비판적 개요를 제공했다. 이 이론들은 사이버공간이 자기 재창조를 제공하는 새로운 기회임을 설명하는 데 사용되었는데 책의 여러 장에 걸쳐 재검토되었다(온라인 환경에서의 관계 형성, 아동 및 청소년의 디지털 기술 사용, 가상 환경에서의 게임, 다양한 형태의 온라인 범죄 등). 그 외에 오직 사이버 영역에서만 일어나는 행동을 설명할 목적으로 개발된 이론들은 책 전반에 걸쳐 검토되었다. 예컨대 책의 여러 곳에서 언급된 '탈억제 효과'(사이버공간의 특성 때문에 사람들이 억압을 덜 느끼게 되는 것)는 사람들이 물리적 세계에서는 할 가능성이 훨씬 낮은 몇몇 행동을 사이버공간에서 하는 이유를 설명한다.

우리는 지금까지 사이버공간이 제공하는 사회적, 심리적 이점과 더불어 문제와 단점도 다루고자 했다. 긍정적인 예로는 새로운 교육의 기회, 새로운 사람들을 만나고 관계를 발전시키는 것, 사회적 지원과 건강을 위한 방법 개선 등이 있다. 한편 디지털 기술의 결과로 여러 문제도 새롭게 등장했는데, 아직 효과적으로 예방, 억제할 수 있는 전략이 부재한 이른바 새로운 범죄의 물결이다. 몇몇 문제는 인간과 기술의 상호작용 메커니즘이 충분히 파악되지 않았기 때문에 생겨났다. 만약 파악이 된다면 디지털 기술은 잠재적으로 훨씬 더 많은 기회를 제공할 것이다(예: 교육 및 보건 분야).

우리는 독자들이 우리가 책을 쓸 때 그랬던 것만큼 책에 끌리기를 바란다. 그것은 우리에게 여행이었고, 책을 쓰는 것은 우리 자신의 일에 대해, 또한 더 많은 검토가 필요한 중요한 분야에 대해 생각하는 데 도움을 주었다. 우리는 독자 여러분의 개인적인 삶에서나 연구에서 새로운 탐구의 길이 열리기를 바란다. 사이버 심리학은 새롭고 흥미로운 분야이며 학생들의 논문이나 학자들의 연구 프로젝트, 더 나아가 사람들의 직장과 가정의 삶에 기여할 수 있는 충분한 기회가 있는 분야이다.

INDEX
찾아보기

역자 소개

신성만 (현) 한동대학교 상담심리사회복지학부 교수

학력 및 주요 경력

박사 보스턴 대학교 재활상담학 전공
석사 위스콘신-매디슨 대학교 재활심리학 전공
현) 한국중독상담학회 학회장
현) 한국상담학회 대구경북상담학회 부회장
현) 법무부 교정심리치료 중앙자문위원
현) 한국도박문제관리센터 경북센터 운영위원장

주요 저서 및 역서

역서: 불안장애를 위한 동기강화상담, 정신재활, 실존치료, 중독상담, 용서치료

금창민 (현) 한국기술교육대학교 고용서비스정책학과 교수

학력 및 주요 경력

박사 서울대학교 사범대학 교육상담 전공
석사 서울대학교 사범대학 교육상담 전공
현) 한국중독상담학회 이사
현) 한국중독심리학회 이사
현) 한국실존주의 상담학회 이사
전) 서울대학교 대학생활문화원 전임상담원

주요 저서 및 역서

저서: 심리상담의 이론과 실제, 상담학 연구방법론: 연구논문 작성의 리얼스토리

김병관 (현) 동국대, 인하대, 청주교대 출강

학력 및 주요 경력

박사 서울대학교 교육학과 교육상담 전공
석사 서울대학교 교육학과 교육상담 전공
현) 마음봄연구소 책임상담원
전) 한국기술교육대학교 테크노인력전문대학원 초빙교수

주요 저서 및 역서

공저: 소년원 또래상담
역서: 상담심리학

김예나 (현) 한국침례신학대학교 상담심리학과 교수

학력 및 주요경력

박사 한국침례신학대학교 상담 및 임상심리 전공
석사 한국침례신학대학교 상담 및 임상심리 전공
현) (사)한국심리학회 일반지 부편집위원장
전) (사)한국심리학회 제50대 총무이사

주요 논문

양측성 안구운동이 손실에 민감한 대학생의 도박 갈망 및 행동 조절에 미치는 효과
인터넷 게임 중 사행심 촉발경험 척도 개발 및 타당화

신윤정 (현) 서울대학교 교육학과 교수

학력 및 주요 경력

박사 퍼듀대학교 교육대학 상담심리 전공
석사 서울대학교 심리학과 임상 및 상담심리 전공
현) 서울대학교 대학생활문화원 심리상담부장
현) 한국상담심리학회 학술위원회 위원장
전) 한국상담학회 내 서울경기인천상담학회 회장

주요 저서 및 역서

공저: 학교폭력 예방 및 학생의 이해, 청소년 진로특성 진단 및 활용
역서: 상담자 자기돌봄, 아동청소년상담, 청소년을 위한 학교기반 인지치료

정여주 (현) 한국교원대학교 교육학과 교수

학력 및 주요 경력

박사 서울대학교 교육학과 상담 전공
석사 서울대학교 교육학과 상담 전공
현) 한국아동청소년상담학회 부회장
전) 게임물관리위원회 위원

주요 저서 및 역서

저서: 청소년 사이버폭력 문제와 상담
공저: 학교폭력 예방 및 학생의 이해, 상담학 연구방법론: 연구논문 작성의 리얼 스토리,
　　　재활상담학 개론
역서: 상담자 자기돌봄, 상담연구방법론: 양적, 질적, 혼합적 방법론

사이버 심리

초판발행	2024년 1월 30일
지은이	Monica T. Whitty and Garry Young
옮긴이	신성만·금창민·김병관·김예나·신윤정·정여주
펴낸이	노 현
편 집	전채린
표지디자인	Ben Story
제 작	고철민·조영환
펴낸곳	㈜ 피와이메이트
	서울특별시 금천구 가산디지털2로 53, 210호(가산동, 한라시그마밸리)
	등록 2014. 2. 12. 제2018-000080호
전 화	02)733-6771
f a x	02)736-4818
e-mail	pys@pybook.co.kr
homepage	www.pybook.co.kr
I S B N	979-11-6519-469-7 93180

* 파본은 구입하신 곳에서 교환해 드립니다. 본서의 무단복제행위를 금합니다.

정 가   22,000원

박영스토리는 박영사와 함께하는 브랜드입니다.